Dieter Müller · Angekommen

Dieter Müller

ANGEKOMMEN

Erlebnisse · Erfahrungen · Erinnerungen

Verlag Erhard Lemm · Gera

Inhaltsverzeichnis

Vorwort

Was hatte ich mir nur dabei gedacht, als ich vor 20 Jahren begann, einige Episoden aus meinem Leben aufzuschreiben. Zuerst war es nur der Wunsch, mein Dasein auf dieser Erde nicht im Dunkel der Zeit verschwinden zu lassen. Gedrucktes wird, wenn vorhanden, doch vielleicht noch einmal beachtet, so meine Überlegung. Dann die Zweifel, wer soll denn die Episoden aus deinem Leben lesen? Im digitalen Zeitalter, in dem man nur noch dem Gesagten von Prominenz oder Scheinprominenz Bedeutung beimisst, ein gewagtes Unterfangen.

In erster Linie geht es mir aber um mich selbst, ich möchte einfach geordnet und sortiert wissen, was ich in meinem Leben so gemacht habe und was mit mir gemacht wurde. Vielleicht gibt es auch einen Verwandten, der eine Frage in diese Richtung stellt. Er kann dann auf die Episoden aus meinem Leben verwiesen werden. Eine Lehre für irgendjemand auf dieser Welt sollen die Zeilen nicht sein. Sollte der eine oder andere geneigte Leser einen Gewinn aus den Zeilen ziehen, so freut mich das natürlich.

Wesentlicher Antrieb für das Niederschreiben war das Schicksal meines Vaters, der sich am Tag meiner Geburt im Krieg befand und wenige Wochen nach meinem 1. Geburtstag starb, der keine Chance hatte, ein normales Leben mit allen Höhen und Tiefen zu führen.

Die ersten Episoden machen deutlich, zu welch furchtbaren Ergebnissen die Ideologie der deutschen Faschisten, der Kampf um Lebensraum im Osten, führte. Dieser Teil meiner Zeilen soll durchaus als Lehre verstanden werden, dass wir unsere Freiheit nicht am Hindukusch oder anderswo in der Welt verteidigen müssen.

Ganz herzlichen Dank an meine Frau Carmen, die sich mit großem Engagement um die Übertragung der in Sütterlin geschriebenen Briefe meines Vaters bemühte.

Dieter Müller

1

Mein Geburtstag

Freitag, 8. Mai 1942

Was mag meine Mutti bei meiner Geburt an diesem Freitag im Mai 1942 gedacht haben, oder überwogen die Schmerzen? Gedacht hat sie ganz bestimmt an Ihren Mann, meinen Vati, der zu dieser Zeit an der Ostfront war. Leider habe ich Sie nie gefragt, und als ich über diese Frage nachdachte, da war es zu spät, denn meine Mutti starb kurz nach meinem 17. Geburtstag im Alter von nur 37 Jahren.

Glücklich und stolz auf ihren ersten Sohn war meine Mutti auf jeden Fall, denn Sie hat es in vielen Briefen an meinen Vati immer wieder geschrieben. Mein Vati hat von meiner Geburt erst viele Wochen später erfahren, denn die Feldpostbriefe an die Ostfront dauerten damals recht lange.

Die Deutsche Armee stand nach den Aufzeichnungen im Kriegstagebuch des Oberkommandos der Wehrmacht (OKW) auf der Krim und am Don. Am 8. Mai 1942 wurde im Kriegstagebuch vermerkt:

Osten – Heeresgruppe Süd
11. Armee: An der Sewastopol-Front (Krim) verstärkt der Feind weiter seine
Stellungen ... Bei der 6. und 2. Armee keine bes. Kampfhandlungen. Wetter
bei 6. Armee +15 Grad, bewölkt, mittags klar, starker Wind, rasches Abtrock-
nen der Wege. 2. Armee: +4 Grad, stürmisch.

Aus Gesprächen hatte ich gehört, dass die Einheit meines Vatis zur 6. Armee gehört haben soll, er müsste demzufolge um diese Zeit in der Gegend von Charkow (heute Ukraine) gewesen sein, hier fand im Mai 1942 die zweite Schlacht bei Charkow statt, die letzte erfolgreiche Kesselschlacht der Wehrmacht.

Mit großer Sicherheit hat Mutti an diesem Tag an ihren geliebten Mann gedacht, verbunden mit der Hoffnung, dass er noch lebt, dass er nicht verwundet wurde. Sie konnte nur hoffen, denn sollte etwas passiert sein, dann hätte sie es erst mehrere Wochen später erfahren. Es muss für Sie eine furchtbare, quälende Ungewissheit gewesen sein. Ein Leben in ständiger Angst. Damals millionenfache Normalität. Mutti hatte täglich die Wehrmachtsberichte von der Ostfront gelesen, in denen die Verluste an Menschen nicht erwähnt wurden.

Welcher Zynismus, dieses Glückwunschschreiben des Ortsgruppenleiters der NSDAP in Greiz. Die deutsche Frau erfüllt ihre vaterländische Pflicht, wenn sie Söhne dem deutschen Volk für neue Feldzüge gebiert. Einfach furchtbar! Ich hätte schon gerne gewusst, was meine Mutti von diesem Schreiben gehalten hat. Vielleicht war sie aber auch eine treue Anhängerin des Systems? Leider weiß ich es nicht, ich habe sie nicht gefragt.

Nach alter Familientradition wurde ich am 8. Juli 1942 in der »Gottesackerkirche« zu Greiz evangelisch getauft. Für meine Mutti wurde mein Geburtstag nach 1945 ein Trauertag, an dem sie in jedem Jahr daran erinnert wurde, dass aus dem am 8. Mai 1945 beendeten 2. Weltkrieg ihr geliebter Mann nicht zurück kam. An meinem Geburtstag war Mutti immer traurig. Erst viel später begriff ich, dass die Trauer über den Verlust an diesem Tag übermächtig wurde.

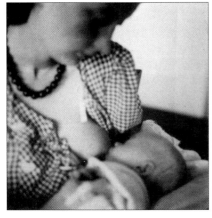

Das erste Foto von mir

Dankschreiben der NSDAP

Der Führer sagt:
„Jedes Kind, das die Mutter zur Welt bringt, ist eine Schlacht, die sie besteht für Sein oder Nichtsein ihres Volkes!"

Die Partei dankt Ihnen für das Kind, das Sie unserem Volke geschenkt haben, und spricht Ihnen die herzlichsten Glückwünsche aus.

Heil Hitler !

Greiz im Mai 1942

Ortsgruppenleiter

2

Vati auf Heimaturlaub

20. April 1943

An meinen Vati kann ich mich sehr genau erinnern. Er war ein gut aussehender junger Mann, der mit mir gespielt und gelacht hat. Kurz vor meinem ersten Geburtstag hat er mich liebevoll und stolz in seinen Armen gehalten. In Wirklichkeit habe ich meinen Vater nie bewusst gesehen und erlebt, denn im Alter von knapp einem Jahr ist das nicht möglich. Und doch, ich habe mit meinem Vater gespielt, ich kann mich ganz genau erinnern. Im Alter von sechs bis acht Jahren hätte ich jeden Eid geschworen, dass die Sache stimmt. Vermutlich hätte ich mich sogar geschlagen, nur um den Wahrheitsgehalt meiner Erinnerung nicht in Zweifel ziehen zu lassen.

Ursache dieser kindlichen Lebenslüge war ein Bild, das im Wohnzimmer an der Wand hing. Das Foto zeigte mich gemeinsam mit Mutti und Vati, ich habe es in Erinnerung, seit ich denken kann. Es hatte sich mir so stark eingeprägt, dass ich es vom Bild in die eigene Erinnerung übertragen und dort als erlebte Realität gespeichert hatte. Erst in meiner Jugend, als von mir jede Feststellung und Behauptung auf Realität hinterfragt wurde, habe ich das Bild meiner frühen Kindheit wieder aus dem Gedächtnis verbannt. Ganz ist es mir vermutlich nicht gelungen, aber es verlor die Dominanz.

Beim Recherchieren in alten Briefen und Unterlagen habe ich herausgefunden, dass Vati Ende April 1943 auf Fronturlaub bei uns zu Hause war. Gefunden habe ich eine Quittung des Hotels »Nordischer Hof« in Kassel, in der die Übernachtung von Herrn Müller und Frau in der Nacht vom 20. auf den 21. April 1943 bestätigt wird. Die Übernachtung kostete 8,10 RM zuzüglich 10 Prozent Bedienung, in Summe 8,91 RM. Der einzige Urlaub in der kurzen Ehe meiner Eltern.

Im Familienalbum aus dem Jahr 1939, das kurz nach der Verlobung meiner Eltern am 12.11.1939 angelegt wurde, habe ich auf der Titelseite folgenden Eintrag meines Vaters gefunden:

> »Ein Buch – nur klein. Doch groß genug – zu halten die
> Erinnerung von unserm glücklich sein. Werner«

Das Familienalbum beginnt mit den klassischen Abschnitten Verlobung und Hochzeit. Dann folgen die Abschnitte, die in keinem Familienalbum dieser Erde vorkommen sollten. Es geht um den »Reichsarbeitsdienst« und die »Dienst-

Zwischen Mutti und Vati kurz vor meinem 1. Geburtstag

zeit«, die feine Umschreibung für die Verwendung als Kanonenfutter an den Fronten des 2. Weltkrieges. Dieser Abschnitt endet mit dem Ehrensalut einer Kompanie am Grab meines Vaters in der Ostukraine. Die letzten Abschnitte »Unser Heim« und »Unsere Reise« blieben leer. Meine beiden Eltern haben nicht eine gemeinsame Urlaubsreise gemacht, wenn man von den zwei Tagen in Kassel absieht.

Nach der Abreise meines Vatis an die Front am 22. April 1943 haben sich meine Eltern nie mehr gesehen. Die Auszüge aus den Briefen Vatis auf dem langen Weg an die Front im April/Mai 1943 sind eine einzige Liebeserklärung an meine Mutti.

Brief vom 23.04.1943:

Mein liebstes Frauchen!

Noch bin ich bei Dir, wenn ich diese Zeilen schreibe. Du sitzt mir gegenüber, kannst Du Dich entsinnen? Wir sprechen von Dir und Deiner Gesundheit! ... Die Zeilen, die ich Dir sende, sind für Dich und Dieter, für Dich eigentlich. Ja, sie sind für Dich ... Mögen Dir, meinem Frauchen, die kommenden Tage mit Dieter nur Freude bringen. Er ist ein Goldkind, ich habe ihn sehr gerne. Wenn ich ihn nur recht bald wiedersehen könnte.

Viele liebe Küsse, immer Dein Werner

Brief aus Brest vom 01.05.1943, 16 Uhr:

Meine Ursula!

Noch kann ich es auch gar nicht fassen, dass ich nicht mehr bei Dir sein soll. Ich kann es einfach nicht fassen. Es waren die schönsten Tage unseres bisherigen Zusammenseins.

Ursula, Du mein Frauchen, ich kann es nicht glauben, dass diese herrliche Zeit zu Ende sein soll. Warum kann es denn nicht immer so sein, warum nur nicht? Ich weiß nicht, wie ich Dir auch alles sagen soll.

Meine Liebe zu Dir ist grenzenlos, mein Leben, meine Liebe gehören Dir.

Nun das Abreisen …

Die Fahrt nach hier hat nicht ganz so geklappt wie es sollte. Doch bin ich immerhin mit einem Munitionszug ab Warschau um 15:30 Uhr hier gelandet. Habe mich hier gemeldet, und erfahren, dass ich erst morgen um 14 Uhr weiterfahren kann …

Ich bin furchtbar müde, habe noch nicht schlafen können. Von Reichenbach bis Werdau habe ich gestanden, von Berlin bis Warschau ebenso. Ich bin bald zusammengefallen, doch es ist gegangen. Ursula, mein Ursulein …

Ich küsse Dich … Ich habe Sehnsucht, viel Sehnsucht

Dein Werner

PS: Ein Küsschen für meinen Dieter! Was macht er, hat er mich gesucht? …

3

Tod meines Vaters – Eine Dokumentation

August 1943

Greiz, den 02.08.1943 – Brief von Mutti an Vati

Du mein einzig Geliebter,
Heut hab ich Post von Dir erhalten, Du mein Werner! Ich danke Dir tausend-
mal, ich bin ja gleich viel ruhiger. Und Dein Brief war auch so lieb, wie alle
Deine Briefe …
Ein Brief war vom 20., und da schreibst Du mir, dass ein heftiges Gewitter
tobt, und Du meinst, dass dieses Unwetter gerade so richtig für einen feindli-
chen Angriff ist …
Heute hörte ich im Wehrmachtsbericht, dass ein eigener Angriff an der Mi-
usfront erfolgreich gewesen ist, und unsere Stellungen ausgebaut wurden.
Bist Du dabei gewesen? Ach Liebster, wann hat das ein Ende? … Und macht
sich mein Geliebter Sorgen um sein Frauchen …
Aber nun genug, ich hab Dich lieb und küss Dich innig und zärtlich und
immer
Deine Ursula.

PS: Seit gestern läuft unser Junge allein, d. h. auf dem Balkon ist er schon
vorige Woche hin und her gelaufen. Nun gestern musste ich ihn lang bet-
teln, bis er es wieder versuchte und dann mit einem Mal lief er mir hinterher. Heute versuchte er sogar umzukehren. Er geht noch ganz langsam, aber
das wird nun jetzt von Tag zu Tag besser. Freust Du Dich? Nun läuft er Dir
schon entgegen, wenn Du auf Urlaub kommst.
Ein Küsschen von Deinem Bub.

**Auszug aus dem Kriegstagebuch des OKW (Oberkommando
der Wehrmacht)**

2. August 1943 – Osten
Frontlage: Der Angriff der 6. Armee an der Einbruchstelle am Mius-Brücken-
kopf war erfolgreich …

Russland, den 13.08.1943 – Brief von Vati an Mutti

Du mein einzig geliebtes Frauchen, Du!
Vor mir liegt Dein lieber Brief, der mich gestern Abend erreichte, liebe Zeilen von Dir, meine Süße, vom 02.08., ich habe mich riesig gefreut. Du meine Ursula, Du schreibst ja jetzt immer so lieb. Du, es ist herrlich, so einen Brief immer von Dir zu haben. Die einzige Freude die ich hier habe, sonst habe ich keine! ...
Unser Bub läuft auch allein, er ist Dir hinterher gelaufen und sogar herumdrehen kann er sich schon, ist ja goldig. Nun wenn ich jetzt auf Urlaub komme, dann läuft er mir schon hinterher und sagt: »Papa, mein guter, lieber Papa, bist du endlich auch wieder einmal da«. Unser Junge läuft und das macht mich sehr glücklich! ...

Russland, den 15.08.1943 – Brief von Vati an Mutti

Du, mein Alles!
Nimm an, es gäbe einen Himmelsherrn,
so wollen wir von ihm für mich erflehen:
Er lasse uns auf irgend einem Stern
als einen Strauß von Rosen auferstehen.
Ich will die Wurzel sein, Du sei der Strauch.
Ich will die Zweige sein, Du sei das Blatt.
Ich sei die Rose, Du sei ihr Aroma.
So ineinander unaufhörlich satt,
so eins in jeder Form, jedem Hauch,
sei unser Leben dann – ein Dankestraum.

Mit diesem sinnreichen Spruch habe ich heute den Tag begonnen, diesen Tag – weil heute Sonntag ist. Ich habe jede Zeile, jedes Wort, ganz auf unsere Liebe aufgebaut. Ist das nicht unser Glück – Du Liebste, Du süßeste Frau?
Ja, so gehören wir zusammen Du und ich. So ist unser Leben! So hat es sich gestaltet, für uns sich verwirklicht. So sind wir eins geworden – das kleine Gedicht sagt Dir alles. Meine Gedanken sind ganz bei Dir, liebste, süße Frau!
Heut früh habe ich bis um 10 Uhr hellwach auf meiner Krankentrage – die als mein Bett dient – gelegen.
Ich habe meine Augen geschlossen, meine Gedanken waren ganz bei Dir gewesen, liebste, süße Frau Du! Ich habe Sehnsucht, schlimmer noch als es sonst immer ist – bis ich es nicht mehr habe aushalten können, und ich aufgestanden bin ...

Meine Liebe ist zu groß, nichts aber gar nichts kann mich davon abbringen, auch nur meine Gedanken von Dir zu bringen. Schatz, Du süße Frau Du, ich habe Dich ja so unsagbar lieb. Immer und immer muss ich Dein Bild anschauen, Dein und Dieters Bild. Am schönsten ist doch unser Urlaubsbild, das bist du so ganz niedlich, so lieb und süß! ...

Ja meine Ursula! Halte beide Daumen mein Schatz, vielleicht kann ich bald bei Dir sein? Dies ist mein Sonntagsgruß für Dich mein Liebstes.

Mit innigen lieben süßen Küssen bin ich immer

Dein Werner

Auszüge aus dem Kriegstagebuch des OKW

16. August 1943 – Osten
Frontlage: Die fortgesetzten Angriffe des Gegners blieben dank der hartnäckigen eigenen Abwehr überall erfolglos. Eigene örtliche Angriffe führten zu Stellungsverbesserungen und zur Einschließung feindlicher Kräfte ... Die Masse der eigenen Luftwaffeneinsätze lag im Raum Charkow. 100 feindliche Flugzeuge wurden bei 7 deutschen Verlusten abgeschossen. Die Transportlage im Osten ist durch die ständig wachsende Bandentätigkeit gespannt ...

17. August 1943 – Osten
Frontlage: Während der Feind bei der 6. Armee nur Angriffe bis zu Rgt.-Stärke führte, die in harten Kämpfen abgewiesen wurden, trat er bei Isjum nach artilleristischer Vorbereitung durch 130 Batterien mit 11 Schützendivisionen zu dem erwarteten Großangriff an. Bis auf örtliche Einbrüche wurden alle Angriffe abgewiesen. Bei Charkow waren weitere eigene Gegenangriffe erfolgreich. Bei der 9. und 4. Armee griff der Gegner nach starker Artillerievorbereitung wiederholt an. Die Angriffe konnten in schweren Kämpfen im Allgemeinen zum Stehen gebracht werden.

Russland, den 18.08.1943 – Brief vom Abteilungschef an Mutti

Sehr verehrte Frau Müller!
Ich habe die schwere Pflicht zu erfüllen, Sie von dem Heldentode Ihres Mannes, Sanitätsunteroffizier Werner Müller, in Kenntnis zu setzen.
Er ist am 16. August 1943 nachmittags bei einem Besuch einer am Feind liegenden Messstelle, die unter schwerem Artilleriebeschuss lag, in soldatischer Pflichterfüllung treu seinem Fahneneide für das Vaterland gefallen. Der Tod war sofort eingetreten, er hat auf keinen Fall mehr leiden müssen.
Seit Ihr Mann im Herbst letzten Jahres aus der Heimat zu uns an die Front

bei Stalingrad kam, brachte er uns, seinen ihm besonders eng verbundenen Kameraden der Sanitätsstaffel wieder frischen Mut und neue Zuversicht mit; wir fühlten innerlich, dass wir in Ihrem Mann einen Kameraden und Soldaten des besten und lautersten Charakters gefunden hatten, der zu uns passte. Schon in diesen ersten Tagen gewannen wir ihn gerne, seine immer frohe Laune und seine sprühende Lebensfreude lösten in uns und besonders wohl bei mir ein Gefühl der innigsten Freundschaft aus, das man nur draußen an der Front empfinden kann und das nicht in Worte zu fassen ist. In seiner Batterie erwarb sich Ihr Mann – bei Batteriechef und Männern – durch sein frisches und frohes Wesen und seine immer während Einsatzbereitschaft bei Tag und Nacht im schweren Dienst an Kranken und Verwundeten das uneingeschränkte, tiefe Vertrauen, die höchste Achtung und treue Freundschaft aller. Dies kann ich als sein Truppenarzt, der ich täglich mit ihm in derselben Aufgabe vereint war, nur immer wieder hervorheben. In den schweren Rückzugskämpfen des letzten Winters hatte ich an seiner ernsten, verantwortungsbewussten Haltung und seiner sicheren Entschlusskraft eine menschliche Hilfe, die ich in der Erinnerung an diese schwersten Tage meiner Truppe nie vergessen werde.

An der Miusfront hat er gerade in den letzten Tagen wieder ein hohes Beispiel für persönliche Opferbereitschaft und tapferen persönlichen Einsatz gegeben. Es hat uns alle schwer getroffen, Ihren Mann in diesem schwersten Ringen um Deutschlands Bestand und seine Zukunft so jäh und unbarmherzig verlieren zu müssen. Ich spreche Ihnen, zugleich im Namen aller Kameraden unserer Abteilung, meine wärmste Anteilnahme aus. Wir werden sein Andenken immer in Ehren bewahren.

Wir haben Ihren Mann heute, den 18. August 1943, auf einem Heldenfriedhof unter dem Geleit mehrerer Offiziere und eines Ehrenzuges feierlich mit militärischen Ehren begraben. Der Divisionspfarrer, der den tief empfundenen Nachruf sprach, lenkte unsere Gedanken auf den Herrgott, der alles Leben gibt und wieder nimmt, als die Quelle allen Trostes. Möge Ihnen auch die Gewissheit, dass Ihr Mann sein Leben für die Größe und den Bestand von Volk, Führer und Reich hingegeben hat, ein weiterer Trost in Ihrem schweren Schmerz sein, der Sie jetzt betroffen hat.

Ich grüße Sie in aufrichtiger Trauer und tiefstem Mitgefühl,

Ihr

Günther Eichenhofer, Oberarzt

Greiz, 18.08.1943 – Brief von Mutti an Vati, zurück am 14.09.1943

Du, mein Werner!

Zu deinem 25. Geburtstag wünsch ich Dir, Du mein einzig geliebter Mann,

Ehrensalut am Grab meines Vatis

alles nur erdenklich Gute. Mögest Du in Deinem neuen Lebensjahr immer gesund bleiben und eine baldige gesunde Heimkehr haben. Das Schicksal wird Dir weiter helfen, dass Du aus diesem schweren Ringen unverletzt herauskommen wirst. Meine Gedanken sind bei Dir Tag und Nacht und ich warte nur auf Deine Heimkehr. Denke immer daran, dass Dich daheim Deine Frau und Dein Kind erwartet, und dass erst für uns das Glück beginnt, wenn Du immer bei mir bist. Möge der Krieg bald ein Ende haben, damit wir für immer vereint werden. Ich kann Dir nichts weiter geben, so gern ich das möchte, Du weißt ja, es ist Krieg. Vielleicht gelingt es mir aber doch noch, Dir nachträglich im Urlaub eine Geburtstagsfreude zu machen! Vielleicht! Daumen halten! ...

Du mein Geliebter, mein ganzes Leben und meine ganze große Liebe kann ich Dir aber schenken, ich will immer nur Dein Weib sein, Deine Frau und Kameradin, die in Freud und Leid neben Dir steht. Ich will alle Sorgen und allen Kummer mit Dir teilen, will immer nur für Dich da sein, wenn Du mich brauchst, dann darfst Du nur rufen und ich bin bei Dir. Liebster ich hab mich Dir ganz gegeben und will immer nur die Deine sein. Und Deinen Kindern will ich immer eine gute Mutter sein. Ich will sie, solange Du nicht bei uns sein kannst, nur in Deinem Sinne erziehen. Unser zweites Kindchen werde ich mit Freuden und Schmerzen dem Lichte entgegen tragen, um es Dir einmal voll Glück und Stolz in die Arme zu legen. Was ich dabei erleide, ertrage ich nur in Gedanken an Dich, an Deine Liebe und an das Glück, Dich zu besitzen.

Dir mein Werner sende ich noch unendlich viele liebe zärtliche Geburtstags-
küsse, sende ich meine ganze Liebe, ich bin bei Dir.
Deine Ursel
PS: Wenn Du auf Urlaub kommst, dann wird Dein und mein Geburtstag
gefeiert.

Weitere 10 Briefe kamen ungeöffnet zurück, mit dem Vermerk: »Zurück an Ab-
sender. Empfänger gefallen für Großdeutschland.« Mutti hat die Briefe nicht
geöffnet!

Auszug aus dem Kriegstagebuch des OKW

18. August 1943 – Osten
Frontlage: Bei Isjum konnte die 1. Pz. Armee gegenüber einem erneuten
feindl. Großangriff einen vollen Abwehrerfolg erzielen. Im Raum von Charkow drückte der Feind weiterhin mit starken Inf. und Panzerkräften auf die
Front der 8. Armee ...

Greiz, 19.08.1943 – Brief von Mutti an Vati

Liebster!
Heut endlich bekommst Du den Ölkanister. Es war immer noch ein bisschen
drin gewesen.
In ein 100 gr. Päckchen geht er leider nicht, ist zu schwer. Ferner findest Du
Vatels Kaffeeflasche vor, in die möchtest Du Vatel, wenn's irgend geht,
Wodka oder ähnliches füllen. Ihn bringt ja der Appetit bald um. Also sieh
mal zu, wenn es natürlich nicht möglich ist, ist es auch nicht schlimm. Du
wolltest doch einmal einen Geburtstagskalender haben, nun habe ich hier
noch einen alten von mir, vielleicht kannst Du den gebrauchen? Du kannst
da noch allerhand reinschreiben und kannst Dir auch Adressen drin notie-
ren. Damit das Päckchen voll wird, lege ich Dir noch ein paar Zigaretten und
Plätzchen mit bei. Und nun wünsche ich guten Empfang und küss Dich ganz
lieb und innig und immer
Deine Ursel

Auszug aus dem Kriegstagebuch des OKW

19. August 1943 – Osten
Frontlage: Bei der 6. Armee gelang dem Gegner nach Angriff mit überlegenen

Kräften ein Einbruch. Südwestlich Isjum wies die 1. Pz. Armee in erbitterten Kämpfen weitere starke Angriffe ab. Im Raum von Charkow halten die starken Abwehrkämpfe an …

Greiz, 26.08.1943 – Brief von Mutti an Vati
Einer von den zwei geöffneten Briefen!

Du, mein liebster Mann!
Heut läuten die Glocken, heut jubelt alles um mich her, denn heut gab es Post. 2 ganz liebe Briefe vom 13. und 15. des Monats flatterten in meinen Kasten. Endlich, endlich, ach wie bin ich froh und glücklich und doch kann ich noch nicht recht aufatmen, denn als Du, mein Liebster mir geschrieben hast, da war es noch ruhig dort und die Kämpfe noch nicht wieder entbrannt. Ich muss mich eben noch gedulden, es kann ja auch noch keine Post von diesen Tagen da sein …
Die Russen wären dort schon durchgebrochen. Ach Liebster ich kann es schon gar nicht mehr hören, es tut so weh …

Russland, den 16.09.1943 – Brief von Abteilungschef an Opa

Sehr geehrter Herr Reißmann!
Vorgestern habe ich Ihren Brief erhalten, ich kann es mir ja so gut vorstellen, wie schmerzerfüllt Sie und Ihre Familie sein müssen. So knapp unsere Zeit hier ist, will ich Ihnen auf dem schnellsten Wege alle Ihre Fragen beantworten. Wir befinden uns auf dem Rückzug, haben längst den Mius verlassen und damit auch die Grabstätte Ihres lieben Gefallenen.
Ich will Ihnen lediglich ein klares Bild, soweit es möglich sein darf, entwerfen, da Sie es im Namen Ihrer Tochter Ursula gewünscht haben.
Zunächst darf ich Ihnen versichern, dass ich persönlich einige Bilder vom Grab mit der Bestattungsfeier gesehen habe. Sie sind ausnahmslos gut, und selbstverständlich werden sie Ihnen geschickt, sobald mein Bildtrupp die Arbeiten erledigt hat. Das dürfte in diesen Tagen geschehen, ich will selbst noch danach sehen. Außerdem übersendet Ihnen die Batterie, der Werner Müller angehörte, nach gewissenhafter, genauer Feststellung, alle vorhandenen Privatsachen und Gegenstände. Sofern Sie etwas vermissen, wenden Sie sich getrost an mich, ich werde alles zu klären versuchen. Sollte unser Kamerad Müller beim Frontkreuz-Wettbewerb Erfolg gehabt haben, wird Ihnen auch Mitteilung gemacht werden. Das ist ganz natürlich. Ich will nun noch einmal auf Ihre Frage über den Hergang der letzten Stunden des Gefallenen eingehen, so schwer es mir wird. Ihr Sohn hat freiwillig und, wie ich wohl

mit Recht annehme, aus persönlichem Interesse an der Erkundung einer Messstelle teilgenommen, da er die betreffende Gegend durch gelegentliche Erkundungen mit mir zusammen genau kannte. Die Höhe, wo er gefallen ist, hatte schon mehrfach nach schweren Kämpfen den Besitzer gewechselt, so dass die Veränderungen durch die Kämpfe wohl von Interesse sein konnten. Bei seiner Abmeldung bei mir hat Ihr Sohn noch davon gesprochen, er hatte offenbar seine Freude an diesem Unternehmen. Er war von einem ihm eng befreundeten Wachtmeister begleitet. An Ort und Stelle angekommen, wurde zunächst ein Artilleriebeobachtungsbunker aufgesucht, in dem sich noch neun Artilleristen, u. a. ein Offizier, befanden; Da brach ein schwerer Feuerüberfall über die Höhe herein; auch dieser Bunker wurde so schwer getroffen, dass alle Insassen auf der Stelle getötet wurden. Ich habe Ihren Sohn gesehen, er hat – das kann ich mit aller Bestimmtheit versichern – einen schnellen Tod gehabt und auf keinen Fall Schmerzen erdulden müssen. Bei der Entnahme der Eigensachen, die er bei sich trug, konnten die Ringe nicht geborgen werden, da der rechte Arm fehlte. Leider musste auf weitere Suchaktionen verzichtet werden, da der Russe am nächsten Morgen die Höhe nahm, und wir haben sie nicht mehr zurückgewonnen.

Bevor ich meinen Bericht schließe, möchte ich mich noch einmal an Ihre Tochter wenden. Sagen Sie Ihr, dass wir Frontsoldaten immer den Tod vor Augen haben müssen. Wir betrachten alle Schicksalsfügungen als vorausbestimmt. Viele Soldaten, meist die Besten, müssen fallen, damit Deutschland leben kann. Ich habe durch Ihren Brief erfahren, dass Ihre Tochter Ursula ein zweites Kindchen erwartet. In allem Unglück und Schmerz muss Sie sich daran aufrichten und beherrschen. Das Glück, Mutter von zwei Kindern zu sein, muss gerade jetzt um so höher und größer zu schätzen sein. Ich hoffe im Innersten, dass das Andenken an den verlorenen Mann gerade die Vorstellung rechtfertigt, dass nun die vielfache Liebe auf die Kinder übergeht. Mögen sie ihr eine Stütze in ihrem schweren Leid sein und bleiben.

Ich versichere Sie meines tiefsten Mitgefühls und grüße in diesem Sinne besonders herzlich Ihre Tochter Ursula.

Ihr ergebener

J. Sichenhofer, Oberarzt

Auszug aus dem Tagebuch des OKW

16. September 1943 – Osten

Frontlage: In der Nacht vom 15. zum 16.09. hat die eigene Absetzbewegung aus dem Kubanbrückenkopf begonnen. H.Gr. Süd konnte an allen Abschnitten starke feindliche Angriffe im Allgemeinen abweisen ...

Auf die am 14.09. gestellte Anfrage hin lässt der Marschall Antonescu über

den Dt.Gen. beim Ob.Kdo. der rumänischen Wehrmacht antworten, dass er mit der Verlegung rumänischer Divisionen aus dem Kubanbrückenkopf zum Aufbau der Rückhaltefront Melitopol – Dnjepr einverstanden sei ...

Russland, am 01.12.1943 – Bericht von Uffz. Walther aus Schleiz über die letzten Stunden unseres Werners am 16.08. und 18.08.1943

Werner war am 13.08. noch bei Walther gewesen und haben sich gut über zu Hause unterhalten. Am Sonnabend den 14.08. ist er in Krassni Lutsch im Soldatenheim gewesen mit Wachtmeister Löffel, welcher mit ihm gefallen ist. Löffel, welcher aus Aschaffenburg ist, ist Junggeselle, er war vom Urlaub gekommen und sollte nun die Messstelle »Rot« übernehmen am 16.08.43. Er wusste aber den Weg nicht. Der Chef der 3. Batterie, ein Freund von Löffel, ist auch Aschaffenburger und zusammen ausgebildet, kam zu Werner und bat Werner doch mit Löffel hinzufahren, da er den Weg wisse. Werner war damit einverstanden und meldete sich beim Oberarzt ab und fuhren dann mit dem Horchwagen los, mit einem Fahrer. Sie haben die Messstelle gut erreicht ...
Der Russe kannte aber die Stelle sehr gut und hatte sich darauf eingeschossen, dies ist auch durch den dauernden Wechsel zu verstehen. Werner und Löffel sind nun zu dem Bunker hin und haben sich darin mit den Artilleristen, welche sie durch die Kämpfe dort kannten ca. 1 Stunde über die derzei-

tige Lage unterhalten. Es war darin 1 Oberleutnant als Batterieführer und 9 Mann. 2 Mann waren draußen auf Wache. Die Wache wurde durch 2 Mann aus dem Bunker abgelöst und die 2 Männer, die Wache hatten, sind zurück in den Bunker. Unmittelbar darauf beschoss der Russe den Bunker mit 17,2 Artillerie, wovon ein Geschoss mit Zeitzünder den Bunker direkt traf und alle 11 Kameraden tötete, nur die 2 Wachhabenden blieben verschont. Selbige haben nun sofort Nachricht gegeben und man hat alle ausgegraben. Werner hatte Splitter im Unterleib, aber sonst vollkommen kenntlich, dass Werner der rechte Arm fehlen sollte, war Walter neu, er hat Werner selbst nicht mehr gesehen ... Versichert hat er uns aber, dass Werner keinerlei Schmerzen hatte, denn die Gesichtszüge waren nicht verzerrt, dies hat ihm Kulike ausdrücklich bestätigt. Löffel ist am oberen Körperteil zerrissen worden und war deshalb etwas entstellt. Der Fahrer wartete in der Schlucht mit dem Wagen und es ist ihm nichts passiert. Er ist aber später, am 03.10., beim Rückzug gefallen. Werner und Löffel wurden beide in dem Auto in die Leichenhalle nach Nowa Palowka gebracht. In der Halle sind sie am 17.08. eingesargt worden und am 18.08. vormittags auf dem großen Heldenfriedhof von Nowa Palowka feierlich beigesetzt.

Auf Anordnung des Abt. Kommandeurs wurde für beide ein Offiziersbegräbnis befohlen. Der Abt. Kommandeur wollte persönlich um 9 Uhr zur Beisetzung anwesend sein, ist aber leider plötzlich zur Division abgerufen worden, so dass die Beisetzung um ½10 Uhr stattfand. Werner wurde von 4 sich dazu freiwillig gemeldeten Uffz. getragen, darunter befand sich auch Walther. Löffel wurde von 4 Wachtmeistern getragen. Über jeden Sarg war die Fahne gespannt, welche ihnen mit ins Grab gegeben wurde. Am Grabe sprachen der Batteriechef in Vertretung des Abt. Kommandeurs, der Oberarzt und der Div. Pfarrer Worte ehrenden Gedenkens ...

Über die Gräber wurde von dem beiwohnenden Ehrenzuge 30 Schuss Ehrensalut geschossen. Dies alles wird sonst nur bei Offizieren getan und waren alle Kameraden erstaunt und erfreut, dass man dies den beiden als Letztes gegeben ...

Damit ist nun der Lebensweg unsers lieben Werner abgeschlossen, alle die ihn gekannt, werden seiner ehrend gedenken.

Auszug aus dem Tagebuch des OKW

1. Dezember 1943 – Osten
Frontlage: Im Einbruchsraum der 8. Armee griff der Gegner mit neu herangeführten Kräften erneut nach Süden und Westen an. Im Raum beiderseits des Dnjepr setzte der Gegner am linken Flügel der 4. Armee seine Durchbruchsversuche mit starken Kräften fort, ohne wesentliche Erfolge zu erzielen ...

Briefe, die sich kreuzten!

Briefe von Vati	Briefe von Mutti
	02.08.1943 Ach Liebster, wann hat das ein Ende?
13.08.1943 Meine Gedanken sind ganz bei Dir, liebste, süße Frau!	
15.08.1943 Schatz, Du süße Frau Du, ich habe dich ja so unsagbar lieb. Ja meine Ursula! Halte beide Daumen mein Schatz, vielleicht kann ich bald bei Dir sein?	

16.08.1943 – Vati stirbt!

18.08.1943 Der Abteilungschef meines Vatis schreibt: Wir haben Ihren Mann heute, den 18. August 43, auf einem Heldenfriedhof unter dem Geleit mehrerer Offiziere und eines Ehrenzuges feierlich mit militärischen Ehren begraben.	*18.08.1943* Zu Deinem 25. Geburtstag wünsch ich Dir, Du mein einzig geliebter Mann, alles nur erdenklich Gute. Mögest Du in Deinem neuen Lebensjahr immer gesund bleiben und eine baldige gesunde Heimkehr haben. *Am 29.08.1943 wäre mein Vati 25 Jahre alt geworden.*
	19.08.1943 Liebster!
	14.09.1943 Die Nachricht vom Tod Vatis kommt in Greiz an, zusammen mit 10 ungeöffneten Briefen meiner Mutti!

Brief des Unteroffizier Ernst Schneider vom 16.05.1944 – Schilderung der Vorgänge am 16.08.1943

Sehr geehrte Frau Müller!
Ich will Ihnen den Vorfall nun ganz kurz schildern.
Ihr Mann hat Verletzungen am Arm, Unterleib, Beinen und mehrere kleine Splitter im Körper. Der rechte Arm hat ihm nicht gefehlt, sondern war nur stark versplittert, so dass man durch den Blutverlust wenig gesehen hat davon. An die Ringe konnte man schlecht kommen. Die Armbanduhr ist vorhanden gewesen, d. h. nur das Armband, die Uhr war aus dem Gehäuse geschlagen und somit total zusammengedrückt und in 2 Teile zerfallen ...
Für die Bilder habe ich für das Stück 15 Pfennig bezahlt.
In der Hoffnung Ihnen hiermit ein wenig gedient zu haben grüßt Sie bestens
gez. Ernst Schneider
R.O.B. Lehrgang Lemgo/Lippe

Am 24.08.1943 sandte die Dienststelle aus dem Nachlass meines Vatis an Mutti:

1 Toilettenkasten	1 Beutel Nähzeug
1 Foto	1 Sporthose
1 Tabakspfeife	Schreibzeug
1 Brieftasche mit Bildern	1 Badehose
3 Taschentücher	1 Handtuch
2 Paar Fußlappen	

Das wars!

4

Einquartierung

1948

Ich hatte eine schöne Kindheit in meiner Geburtsstadt Greiz. Einzige Ausnahme bei diesen Erinnerungen war für mich die heute noch spürbare große Kälte in den Wintern nach dem 2. Weltkrieg. Heizmaterial gab es nicht. Somit konnte in der Wohnung nur ein kleiner Ofen im winzigen Badezimmer geheizt werden. Die Badeeinrichtung, bestehend aus Wanne und Ofen, wurde im Keller gelagert. Für die sechs Familienmitglieder wurde die nur 6,5 m² Fläche des Badezimmers zum normalen Aufenthaltsraum und damit zum einzig warmen Ort. Der kleine Kanonenofen benötigte nur wenige Scheite Holz, um den Raum mollig warm zu machen. Schlimm war es im Schlafzimmer, in dem sich bei den niedrigen Temperaturen eine Eisschicht an der Innenwand bildete. Hier halfen nur Berge an Kissen und Decken. Vom Atem waren dann am Morgen Teile der Bettdecke gefroren.

Ganz schwierig die Beschaffung von Brennmaterial. Kohle war praktisch nicht zu bekommen, abgesehen von Kohleresten, die wir am Güterbahnhof auflasen. Hauptbrennstoff war Holz, das im Wald gestohlen werden musste, denn kaufen konnte man es nicht. Mein gehbehinderter Opa, ein kleiner Mann, der von seiner Arbeit als Kunstmaler die ganze Familie ernährte und manchmal auch meine herzkranke Oma, assistiert von mir, fuhren mit einem alten Handwagen in den Wald. Von mir wurden kleine Holzstückchen aufgelesen, Opa und Oma sägten Äste und kleine Bäume ab oder gruben Wurzeln aus. Eine schwere Arbeit für die alten Leute.

Das für mich ruhige und beschauliche Leben erfuhr dann im Frühjahr 1948 eine gewaltige Änderung, als eine Familie aus dem ehemaligen Ostpreußen bei uns einquartiert wurde. Unser Kinderzimmer wurde der Lebensmittelpunkt für Oma, Mutti und Sohn Tibulski über einen Zeitraum von sechs Jahren. Die drei Personen bewohnten einen ca. 14 m² großen Raum und konnten unsere Küche mit benutzen. Das war schon eine Umstellung, die trotz mancher Reibung ganz gut funktionierte. Oma Tibulski, die durch die schweren Strapazen des weiten Weges von Ostpreußen nach Greiz erkrankte, war meist bettlägerig. Sie starb 1952 fern ihrer Heimat, ohne die neue Heimat kennengelernt zu haben.

Tibulskis kamen aus dem Dorf Venedien im Kreis Mohrungen, unweit von Königsberg, dem heutigen Kaliningrad. Dieser Teil von Ostpreußen kam nach

Mutti mit Bruder Rolf und mir

dem Vertrag von Potsdam zu Polen. Weil der Name Tibulski polnische Wurzeln hatte, konnte die Familie nach dem Krieg im Ort bleiben. Sie hätten auch bleiben können, wenn sie die polnische Staatsbürgerschaft angenommen hätten. Weil die Familie das nicht wollte erfolgte 1948 die Ausweisung aus Polen. Mutter und Oma sprachen kein Wort polnisch, sie wollten nicht in Polen bleiben und mussten sich auf den langen Marsch nach Deutschland begeben.

Gerhardt war 15 Jahre alt. Er begann kurz nach seiner Ankunft in Greiz eine Lehre in der Papierfabrik Greiz, wo er bis zu seiner Rente als Maschinenführer einer Papiermaschine arbeitete. Er wurde heimisch in Greiz. Wir Jungens hatten ein gutes Verhältnis zu Familie Tibulski. Bester Beweis für diese Behauptung ist mein Anruf bei Gerhardt Tibulski am 10.06.2014, 62 Jahre nach dem Auszug aus unserer Wohnung. Gerhardt wusste sofort wer ich war und beantwortete meine neugierigen Fragen nach der Zeit vor über 60 Jahren.

5

Das kalte Bad

1953

Am 01.08.2013, einem wunderschönen Sommertag, bin ich mit Carmen nach Greiz gefahren, die bei ihrer Freundin die Markisen für unseren Wintergarten nähen wollte. Die Zeit, in der die Frauen mit ihrer Arbeit beschäftigt waren, wollte ich zu einem ausgiebigen Spaziergang durch den Wald am Greizer Pulverturm nutzen. Der Wald war vor 60 Jahren lange Zeit der Erlebnisspielplatz meiner Kindheit. Die Erkundung der Umgebung unseres Hauses dürfte so im Alter von sieben Jahren begonnen haben, zuerst mit der großen Wiese unterhalb des Friedhofs. Die Erkundungstouren haben wir dann immer weiter ausgedehnt.

Ein großer Felsen, auf dem der Greizer Pulverturm stand war, war für uns eine große Herausforderung. Wie können wir durch die Felswand nach oben gelangen, das war die Frage? Dass man Felsen kletternd überwinden kann, das hatten wir schon gehört. Wir kannten jedoch keinen Menschen, der uns sagen konnte, wie man das bewerkstelligt. Wir hatten lediglich mitbekommen dass man zum Klettern ein Seil benötigt. Es erging somit der Auftrag an die Spielgefährten, ein Seil zu beschaffen. Ein oder zwei Tage später brachte einer aus der Truppe ein ganz dickes Tau mit zum Pulverturm. Mir war sofort klar, woher das Tau kam. Der findige Freund hatte es im Friedhof neben einem ausgehobenen Grab gefunden und es, ganz freundlich ausgedrückt, entliehen. Das Tau wurde von der Friedhofsverwaltung für das langsame Absenken der Särge in die Gruft verwandt. Ich weiß nicht, ob unser Tau wieder zum Grab gelangte. Ich weiß nur, dass es am Geländer des Aussichtsplateaus am Pulverturm angebunden wurde.

Einige meiner Spielkameraden, und auch ich, versuchten vergeblich, am Seil nach oben zu gelangen. Irgendetwas war falsch an unserer Konstruktion. Wir wussten damals nicht, dass das Seil beim Bergsteigen nur der Sicherung diente und man sich nicht an einem Seil nach oben hangelte. Irgend einen Nutzen musste es aber doch haben, dachten wir. Gesucht wurde daraufhin ein Freiwilliger, der sich ans Seilende binden und nach oben ziehen ließ. Das war mir nicht ganz geheuer und ich meldete mich bei der Ziehgruppe. Zwei Spielkameraden meldeten sich für das Experiment – darunter mein lieber Bruder – der zu dieser Zeit nicht als Bedenkenträger galt. Das Hochziehen haben wir dann eingestellt, weil das Tau über einen recht scharfkantigen Felsen gezogen wurde, ein großes Risiko.

Höhepunkt der recht bedenkenlos eingegangenen Mutproben an unserem Kletterfelsen war das Pendeln an einem Ast über dem Abgrund. Über dem Felsen hing der Ast eines Baumes, vermutlich einer Birke. Der Mutige ergriff den Ast, drückte sich vom Fels ab und schwebte pendelnd über dem vielleicht 5 m tiefen Abgrund. An diesem Spiel habe ich mich auch beteiligt, es verursachte ganz schönes kribbeln im Bauch. Hier gab es einen schweren Unfall, denn ein etwas älterer Spielkamerad, der Bernd, stürzte ab, weil der Ast vom Baum abbrach. Er schlug so unglücklich auf einen Felsvorsprung, dass ihm eine Niere abgeschlagen wurde.

Der Rehwiesenteich mitten im Wald wurde zum Badeteich der Fußballgruppe. Die Badesaison eröffneten wir traditionell am 30. April. Bei der Eröffnung ging es aber nicht ums Baden, sondern um den Wettstreit, wer es am längsten in dem 6 bis 8 Grad kalten Wasser aushält. Einmal war ich es. Meine Freunde waren schon ein paar Minuten dem Wasser entstiegen, als ich frierend und zähneklappernd an Land kam. Arme und Beine waren tiefblau, ich war gefährlich unterkühlt. Gerettet hat mich das anschließende Fußballspiel auf unserer Wiese, bei dem ich wieder warm wurde und es dadurch zu keinen schlimmeren Folgen meiner Dummheit kam.

Dieter, 11 Jahre alt

6

Erste Begegnung mit Politik

1953

Der Lebensgefährte meiner Mutti war im Jahre 1953 auch ihr Chef. Beide waren bei der LDPD, der Liberal Demokratischen Partei Deutschlands, angestellt. Meine Mutter als Sekretärin, der Lebensgefährte als Geschäfsführer und Kreisvorsitzender. Beide waren stark engagiert und in Wahlkampfzeiten fast jeden Abend auf Achse, manchmal bin ich da auch dabei gewesen.

Guter Geist bei uns zu Hause war die Oma, sie versuchte immer zu vermitteln und zu schlichten, sie hatte aber auch ein waches Auge auf die Vorgänge in der Familie und den Geschehnissen im Land. Oma war es auch, von der ich zuerst hörte, dass es mit Mutti ein Problem geben könnte. Im Frühjahr des Jahres 1953 war ich dann eines Tages überrascht, als ich hörte, dass man den Lebensgefährten meiner Mutter verhaftet hatte. Gestohlen hatte er nichts, das wusste ich. Es musste also etwas politisches sein, so dachte ich. Politisch, dieses Wort konnte ich damals nicht deuten. Es war auf jeden Fall etwas bedrohliches, denn ich hatte von dem einen oder anderen Fall gehört, in dem wegen politischer Äußerungen Menschen verhaftet und eingesperrt worden waren. Nur wenige Tage nach der Verhaftung kam meine Mutter ganz aufgeregt nach Hause und packte eilig ihren Koffer. Oma gab ihr etwas gespartes Geld und mit dem nächsten Zug fuhr Mutti nach Köln, zu den Kindern ihres Lebensgefährten. Geblieben ist mir von diesem Tag ein Gefühl von Angst und Ohnmacht, denn ich kannte die Ursachen und Hintergründe ihrer Flucht nicht.

Nach einigen Monaten kam Mutti aus Köln zurück. Wie ich später erfuhr, hatte meine Tante, sie besuchte gerade die 12. Klasse der Oberschule in Greiz, in der großen Hofpause von einem Lehrer gesagt bekommen: »Richte deiner Schwester aus, sie kann ohne Gefahr wieder nach Hause kommen.« Die Mutti war wieder zu Hause. Den Lebensgefährten hatte man in der Zwischenzeit zu einer mehrjährigen Zuchthausstrafe verurteilt. Nach dem Trauma durch den Tod meines Vatis musste Mutti erneut einen Schicksalsschlag erleiden.

Es war viel passiert in sehr kurzer Zeit, ohne dass sich in meiner unbeschwerten Kindheit etwas Grundlegendes geändert hatte. In der Familie wurde nur noch mit großer Vorsicht über viele, vorher ohne tabu behandelte Themen, gesprochen. Was Politik ist wusste ich immer noch nicht, aber ich wusste, es ist ganz offensichtlich etwas Schlimmes. Es gab somit nur die Schlussfolgerung, dass Politik mächtig ist, dass man Politik chancenlos und ohnmächtig gegenüber steht. Deshalb spricht man besser nicht über Politik, das bringt nur Ärger und Unglück.

In den folgenden Jahren habe ich mich dann ganz intensiv bemüht, zu begreifen, was sich hinter dem Begriff Politik verbirgt. Recht bald hatte ich dann erkannt, dass sich Menschen wegen der Erringung und späteren Erhaltung der Macht in der Politik engagieren und die Geschicke zu ihren Gunsten zu beeinflussen suchen. Zumeist – da gibt es im Jahre 2015 keinen Unterschied zu 1953 – geht es den Politikern nur um persönliche Macht und Einfluss und nur ganz weit entfernt um das so viel gepriesene Gemeinwohl. Die Suche nach den Ursachen für die Probleme dieser Zeit betrieb ich dann sehr intensiv. Schon mit 14 bzw. 15 Jahren wusste ich von den Verbrechen des J. W. Stalin, wusste vom Angriffskrieg der Sowjetunion im Jahre 1939 gegen Finnland, kannte den wahren Verlauf des Aufstandes in Ungarn.

Erst nach 1990 war es mir möglich, festzustellen, was im Jahre 1953 wirklich geschah. Hier meine Version, gestützt auf Gerichtsunterlagen, soweit sie mir zur Verfügung standen:

Der Lebensgefährte meiner Mutti hatte sich in der LDPD, der »Liberal Demokratischen Partei Deutschlands« kommunalpolitisch engagiert. Übersehen hatte er aber ganz offensichtlich, ob bewusst oder unbewusst, dass das Wort »liberal« in der Firmierung der Partei LDPD noch lange nicht bedeutete, dass eine liberale Politik in dieser Partei möglich war. Im Zuge des großen Aufbruchs nach der deutschen Niederlage im Weltkrieg wollte er vermutlich wirklich etwas im Sinne des Liberalismus in seiner Stadt, in seinem Kreis, verändern. Nicht beachtet hatte er dabei, dass die LDPD seit dem Tag ihrer Gründung keine eigenständige Partei war, sondern eine sozialistisch-kommunistische Partei mit anderer Bezeichnung. Es war der gelungene Versuch der DDR-Führung, Menschen mit liberalem Gedankengut in ihre Dienste zu nehmen. Gelingen konnte dies nur, weil in dieser Partei und den anderen Blockparteien eine Vielzahl von Menschen mit dem Erreichen von Parteifunktionen politische Macht erringen wollten und konnten. Von Macht muss eine furchtbare Faszination ausgehen, denn die Damen und Herren in den Blockparteien warfen um der Macht willen alle ihre Prinzipien und Anschauungen über Bord.

Vielleicht hatte der Lebensgefährte meiner Mutti auch zu wenige Schulungen und Lehrgänge besucht. Hätte er das getan, wäre ihm sehr schnell klar geworden, dass die LDPD, wie auch die anderen Blockparteien, nur eine Dependance der SED war. Vielleicht wusste er aber ganz genau was er tat und hat mit voller Absicht wider den Stachel gelöckt. Ein Zitat aus dem Protokoll der Jahreshauptversammlung der Ortsgruppe Greiz vom 10.03.1953 macht deutlich, dass sich die LDPD nur in Nuancen von der SED unterschied: »Der Versammlungsleiter gedachte des Todes von Generalissimus Stalin. Die Totenehrung wurde von den Anwesenden durch Erheben von den Plätzen vorgenommen«.

Diese Art der Gleichschaltung seiner Partei wollte der Lebensgefährte meiner Mutter ganz offensichtlich nicht mittragen. In altbewährter Manier wurde deshalb von den Parteioberen der LDPD sein Abschuss vorbereitet. Typisch für solche Aktionen waren Veröffentlichungen in der Presse. In diesem Fall war es der Aufsatz eines Mitgliedes des Ortsgruppe Greiz, der gleichen Ortsgruppe, der der Lebensgefährte vorstand. Der Greizer Judas schrieb im Zentralorgan der LDPD, der Tageszeitung »Der Morgen«, am 25.01.1953, unter der Überschrift
»Für Reaktionäre und Doppelzüngige kein Platz mehr«, folgende Zeilen: »Wie sieht es nun in der Ortsgruppe Greiz mit der Beachtung der (politischen) Schwerpunkte und mit der Klarheit aus und wieweit ist die Kritik und Selbstkritik zur Entfaltung gekommen? Wie sollen die Leipziger Beschlüsse in der Ortsgruppe Greiz verwirklicht werden, wenn darüber erst Ende Oktober des Jahres 1952 ein unvollkommener Bericht durch die Bürgermeisterin der Stadt Weida, Parteifreundin ..., gegeben wurde? ... Was soll man dazu sagen, wenn in der anschließenden Diskussion der Kreisvorsitzende unter völliger Abweichung vom Thema u. a. erklärte, dass die Imperialisten wenigstens große Wirtschaftler gewesen seien ... Als ich in meinem Schlusswort darauf antwortete, wurde ich durch provokatorische Zwischenbemerkungen aus der Versammlung heraus unterbrochen, wobei besonders typisch ist, dass die Versammlungsleitung nicht dagegen einschritt ...«

Der Judas wurde dann der neue Vorsitzende der LDPD in der kleinen Stadt. Vermutet werden muss, dass einige der Möchtegern-Politiker den Kreisvorsitzenden ans Messer, besser an die Staatssicherheit lieferten. Mit dieser Art Denunziantentum konnte man den Herrschenden in der DDR signalisieren, wie fest man zur Sache des Sozialismus steht, wie kompromisslos man Abweichler in den eigenen Reihen bekämpft und konnte so die eigene Macht behalten.

Der Kreisvorsitzende – der Lebensgefährte meiner Mutter – wurde am 15. Juni 1953 zu 5 Jahren Zuchthaus und Einzug des gesamten Vermögens verurteilt. Die tapferen Streiter der LDPD, die schon immer gegen das SED-Regime der DDR waren, so ihre gebetsmühlenartig vorgetragenen Statements nach 1990, sind nun Mitglied der F.D.P. und dürfen nun endlich wieder für liberale Politik streiten. Sie passen gut zusammen, die Gewendeten der LDPD und die tapferen Umfall-Mendes der Freien Demokratischen Partei, der Gerhards und ähnlicher Gestalten mit ständig beweglichem Rückgrat.

7

Opa Müller

1953

Meine Großeltern väterlicherseits wohnten in einer Doppelhaushälfte in Gera-Zwötzen, die sie 1927 auf städtischem Erbpachtland gebaut hatten. Nach dem Krieg fuhr ich mit Mutti und meinem kleineren Bruder per Bahn recht oft zu den Großeltern. Wir stiegen in Gera-Liebschwitz aus und liefen die 500 m bis zu deren Haus. Bald hatte ich Freunde in Gera gefunden, mit denen ich spielen konnte.

Erinnern kann ich mich, wie wir der Großmutter, vor der ich wegen ihrer Strenge richtig Angst hatte, einen schlimmen Streich spielten. Meine Spielgefährten hatten eine Methode gefunden, wie sie Feldmäuse lebend fangen konnten. Wir mussten zum Fangplatz nicht weit laufen, denn gegenüber dem Haus der Großeltern war ein Feld, auf dem nach der Getreideernte im Herbst viele Feldmäuse reichlich Futter fanden. An einem Nachmittag war es uns gelungen vier oder fünf Feldmäuse zu fangen. Die Mäuse haben wir an eine Schnur gebunden, Kopf der zweiten Maus an den Schwanz der ersten Maus. Dieses Mäuse-Vierer- oder Fünfergespann wurde dann mit meiner Zustimmung an ein Bein von Omas Küchentisch gebunden. Es muss ein Schock für die Oma gewesen sein, als sie beim Öffnen der Tür die verängstigte Mäuseparade um das Tischbein rennen sah.

Opa arbeitete als Maschinenschlosser im halbzerbombten WEMA-Betriebsteil in der Zoitzbergstraße. An der Stelle der WEMA steht heute das Straßenbahndepot der Geraer Verkehrsbetriebe. Zwei oder drei Mal hatte ich ihm das Mittagessen gebracht, ein damals üblicher Vorgang. In Erinnerung ist mir geblieben, dass einige Jahre nach dem Krieg die von einer Fliegerbombe getroffene Halle immer noch ein sehr großes Loch im Dach hatte.

In seiner Freizeit war Opa im Ehrenamt bei der Sekte der »Zeugen Jehovas« engagiert. Zur Gründung der DDR war die Sekte, weil sie unter dem NS-Regime verboten war, wieder erlaubt. Erinnern kann ich mich noch dunkel, wie mich Opa zu einem großen Kongress der Sekte im Jahre 1948 oder 1949 nach Leipzig mitnahm. Im Alter von 9 und 10 Jahren nahm ich dann ein paar Mal an Versammlungen der Sekte in Tremperts Lokal in Gera-Debschwitz teil. Erinnern kann ich mich, dass mein Großvater der Versammlungsleiter war. Er muss wohl auch der Chef gewesen sein. 1950 wurde die Sekte in der DDR verboten. Da hatte ich wohl mehrfach an geheimen Sitzungen einer verbotenen Organisation teilgenommen? Wäre ich ein Typ wie mancher der heutigen Bundespolitiker, würde ich nun den Anspruch erheben, Gegner des SED-Regimes gewesen zu sein.

Mutti und Großmutti haben meine Teilnahmen an den Veranstaltungen der Sekte nicht gern gesehen. Wir waren ja alle evangelisch getauft. Das Wirken der Sekte wurde bei uns zu Hause für schlimmes Teufelszeug gehalten. Auf jeden Fall war der Einfluss von Mutti und Oma in Greiz stärker, denn ich fuhr nicht mehr nach Gera und zu den Veranstaltungen der Sekte. Genau genommen hatte ich Glück, denn vielleicht wäre es meinem Opa gelungen, mich von der Richtigkeit des Tuns der Zeugen Jehovas zu überzeugen.

Die Geraer Oma starb schon 1949 im Alter von 54 Jahren. Danach lebte der Geraer Opa nur noch für seine Sekte, in der er zum Gebietsdiener aufstieg. Es war dann mehr zufällig, dass meine Mutti über Bekannte von seiner Verhaftung am 11.11.1952 erfuhr. Schon am 16.01.1953 wurde er vom Bezirksgericht Gera wegen Verbrechen nach Art. 6 der Verfassung der DDR zu einer Zuchthausstrafe von acht Jahren verurteilt. Sein Vermögen wurde eingezogen. Am 28.06.1954 wurde auch das Erbbaurecht im Grundbuch gelöscht.

Im Massenprozess wurden 10 Mitglieder der Glaubensgemeinschaft, zusammen mit meinem Opa verurteilt. In der Klageschrift hieß es: »Die Beschuldigten sind Mitglieder der sogenannten Watch Tower Bible Tract Society (Wachturmgesellschaft) mit Sitz in Brooklyn/USA und nennen sich Zeugen Jehovas. Die ›Zeugen Jehovas‹ werden angeklagt, in der Zeit von 1949 bis 1952 in Gera und anderen Orten fortgesetzt und gemeinschaftlich handelnd Boykotthetze gegen demokratische Einrichtungen und Organisationen sowie Kriegshetze getrieben und durch Propaganda für den Nationalsozialismus und Militarismus

Opa an seinem 59. Geburtstag

den Frieden und das deutsche Volk gefährdet zu haben.« Verbrechen nach Art. 6 der Verfassung der DDR und Abschn. II Art. III A der KD (Kontrollratsdirektive) 38.

Ganz konkret wird meinem Opa vorgeworfen: »Seit dem Jahre 1920 sympathisiert er mit den ›Zeugen Jehovas‹, er ist seit 1946 getauftes Mitglied dieser Organisation und übte Funktionen aus ... Im Frühjahr 1951, also nach dem Verbot der Organisation, wurde Müller von dem Beschuldigten X als Leiter der Gruppe Gera-Nord und im Herbst 1951 mit derselben Funktion in der Gruppe Gera-Süd eingesetzt ... Der Beschuldigte Müller führte auftragsgemäß geheime Zusammenkünfte mit seiner Gruppe durch und gab für weitere staatsfeindliche Tätigkeit Anweisung ... Im September 1952 nahm Müller an der Bezirksversammlung und einer Sondersitzung der Gruppendiener in Westberlin teil, wo weitere feindliche Aufträge bezüglich der intensiveren feindlichen Tätigkeit gegeben wurden. Außer seiner verbrecherischen Tätigkeit in der Gruppe Gera-Süd unterstützte er weiterhin die Gruppe Gera-Nord, indem Müller weitere illegale Zusammenkünfte abhielt und in beiden Gruppen Instruktionen über illegale Arbeit erteilte und an Hand von Beispielen erläuterte.« Unterschrieben hatte die Anklageschrift der Staatsanwalt Strauch.

In der Klageschrift findet sich kein einziger Beweis, es gibt nur Behauptungen, verbunden mit der Rhetorik des ehemaligen Präsidenten des NS-Volksgerichtshofes, Herrn Freisler. Die furchtbaren Reden des Herrn Freisler waren in den Köpfen der Juristen ganz offensichtlich noch sehr präsent. Wer waren diese Staatsanwälte und Richter? Im Gegensatz zur Bundesrepublik, in der 90 Prozent der Staatsanwälte und Richter in dieser Zeit die Ämter auch schon bei den Nazis ausgeübt hatten, waren die Funktionsträger der DDR zumeist Seiteneinsteiger, die in Kurzlehrgängen für die Tätigkeit fit gemacht wurden. Wichtig war für diese Leute das Bekenntnis zur Arbeiterklasse und zur unverbrüchlichen Freundschaft mit der Sowjetunion. Zu dieser Zeit war noch Stalin an der Macht und der furchtbare Repressionsapparat des Lawrenti Berija. Keiner der schnell geschulten Richter und Staatsanwälte konnte sich damals dem Druck der Verhältnisse entziehen. Das Ergebnis dieses Rechtssystems war katastrophal, es versetzte die Menschen in Angst und Schrecken, machte sie zu ängstlichen Duckmäusern. Die 10 Beschuldigten aus Gera, Greiz, Auma und Zeulenroda – darunter mein Großvater – waren ganz bestimmt keine Staatsfeinde. Die Zeugen Jehovas sind zu keiner Zeit und in keinem Land als umstürzlerische Revolutionäre aufgetreten. Sie leben ihren Glauben, ganz egal was man von der Organisation der Glaubensgemeinschaft hält. Am 21.01.1957, nach über vier Jahren, wurde Opa aus der Haft entlassen.

Mit Schreiben von 28.10.1990 hatte ich beim Bezirksgericht Gera die Rehabilitation und Aufhebung des Urteils beantragt. Dem Antrag wurde mit Beschluss vom 19.02.1992 stattgegeben. Mein Großvater wurde rehabilitiert.

8

Gedanken über Vati

1955

Wer war mein Vati? Eine Frage die sich wohl jedes Kind irgendwann stellt. Ich hatte schon geschildert, dass ich mir über viele Jahre eingebildet hatte, mit meinem Vati gespielt zu haben. Meinen Spielgefährten habe ich die Geschichte erzählt und wenn es einer nicht geglaubt hat, dann habe ich ihm das im Wohnzimmer hängende Bild zum Beweis gezeigt. So lange meine Spielfreunde und Schulfreunde klein waren, hat diese Art der Beweisführung auch immer geklappt. In der dritten, vierten Klasse wurde die Blicke meiner Freunde aber immer spöttischer und fragender. Zuerst verteidigte ich mich weiter, aber so langsam wurde mir klar, dass die Freunde wohl recht hatten. Erst in der Jugendzeit, als von mir jede Behauptung auf Realität hinterfragt wurde, habe ich das Bild aus meinem Gedächtnis verbannt. Vermutlich ist es nicht ganz gelungen, aber es verlor die Dominanz.

Es muss Mitte der 50er Jahre gewesen sein, als wir in schulischen Pflichtveranstaltungen Filme über die Gräueltaten der SS und der Wehrmacht gezeigt bekamen. Es war grauenhaft und für uns junge Menschen schwer zu ertragen. Schreckliche Bilder aus Konzentrationslagern und bei den Erschießungen in Babij Jar, einer Schlucht bei Kiew, sehe ich noch heute. Wie konnten Menschen, so habe ich mich gefragt, derart furchtbare Dinge tun. Die Täter waren doch deutsche Soldaten, die, wie ich, in der Schule Goethe, Schiller und Lessing behandelt hatten. Immer wieder stellte ich die Frage, wie Menschen derart furchtbare Verbrechen vollbringen können. In manchen Nächten konnte ich wegen der Bilder im Kopf nicht einschlafen oder bin schweißgebadet aufgewacht. Immer und immer wieder quälten mich die Bilder. Nach einiger Zeit tauchte dann die Frage in meinem Kopf auf, ob mein Vater auch an diesen Verbrechen beteiligt war. Zu gerne hätte ich Ihn gefragt, aber er war ja schon 1943, einige Tausend Kilometer von der Heimat entfernt gefallen. War auch er ein Täter? Aufklären konnte ich das kaum.

In seinem Nachlass habe ich einige Briefe und Urkunden gefunden, aber keinen Beleg für eine stramme Gefolgschaft zum System. In einem Aufsatz fand ich ein Zitat, in dem er im Stile der Zeit darüber schwadroniert, dass der Bestand unseres Volkes zu sichern sei und der Nationalsozialismus die Verantwortung gegenüber der Rasse in das helle Licht des Bewusstseins jedes Deutschen

„Russische Kirche in Chrustalnoi"
Mius-Front
1943

gerückt habe. War das nun schon verinnerlichte Ideologie der Nationalsozialisten? Mutti und Großmutti beruhigten mich damals. Dein Vater hätte nie und nimmer sich an derart scheußlichen Verbrechen beteiligt. Großmutti hat sich ganz offensichtlich aber die gleichen Fragen gestellt, denn eines Tages brachte sie einen bronzenen Ascher. Das kleine Kunstwerk hätte ein Russe meinem Vater geschenkt, zusammen mit dem Bild einer Kirche. Für sie waren die beiden Geschenke der Beweis für das gute Verhältnis meines Vaters zur Bevölkerung in der besetzten Sowjetunion.

Nach einigen Monaten wurden die nächtlichen Schreckensbilder von anderen Dingen überlagert und später ganz verdrängt. 50 Jahre später gehen mir die Bilder wieder durch den Kopf. Sie bewegen mich nicht mehr so gewaltig, wie damals, aber Nachdenken muss ich wieder. Bei rationellem Überlegen kann ich mich dem Standpunkt meiner Großmutter nähern. Zusätzlich gewinnt die Überzeugung die Oberhand, dass trotz Goethe, Schiller und Lessing, der völkische Rassenwahn, der Glaube an die Überlegenheit des germanischen Blutes im Denken meiner Elterngeneration die Oberhand gewonnen hatte. Mit Vati will ich aber Frieden machen.

9

Mittelschule und Berufswahl

1957–1958

Nach der 8. Klasse wollte ich die Oberschule besuchen, die über die Klassenstufen 9 bis 12 zum Abitur führte. Zugangsvoraussetzung war die Durchschnittsnote »Zwei« bei den Abschlussprüfungen der 8. Klasse. Diese Note hatte ich nicht erreicht, zu viele andere Interessen waren mir damals wichtiger als das Pauken für gute Noten. Schule beendet mit 14 Jahren, das Arbeitsleben beginnt, so war das in dieser Zeit. Die Mehrzahl meiner Schulkameraden begannen eine Lehre.

Ein glücklicher Umstand ermöglichte mir, die Schule doch noch etwas länger besuchen zu dürfen. Ursache waren die gravierenden Veränderungen im Bildungssystem der DDR, die im Jahre 1955 begannen. Eingeführt wurde die sogenannte Mittelschule, von der man in der 10. Klasse mit der »Mittleren Reife« abging. Dieses System wurde später zum Regelschulsystem der DDR, denn mit Ausnahme der Abiturienten besuchten alle Kinder die Pflichtschule bis zur 10. Klasse.

In meiner Grundschule, der Goetheschule zu Greiz, wurden im Jahre 1956 erstmalig zwei Klassen der neuen Schulform eingerichtet. Kinder aus der ganzen Stadt und dem Landkreis kamen zusammen. Zu dieser Zeit gab es unter uns Mittelschülern noch ein elitäres Denken, denn wir waren keine Achtklassen-Schüler, wir waren fast so etwas wie Oberschüler. Wir waren ja auch nur ganz Wenige, mit denen das Experiment in Greiz begonnen wurde.

In der neuen Klasse war alles neu, die Mehrzahl der Mitschüler war mir unbekannt. Zum ersten Mal sah ich auch die andere Hälfte der Menschheit mit neugierigen Augen an. Begonnen hatte das gleich am ersten Schultag, als ich wie gebannt auf ein Mädchen in der Nachbarreihe schielte, die sich so auf die Schulbank setzte, dass sie ihre großen Brüste auf dem Tisch ruhen lassen konnte. Der Unterricht hat richtig Spaß gemacht, da wurden die Noten von ganz allein besser.

Noch heute erinnere ich mich sehr gerne an einen Lehrer, der, wie kann es auch anders sein, gleichfalls auf den schönen Namen Müller hörte. Herr Müller unterrichtete die Fächer Mathematik und Physik. Seine trockenen Erklärungen, mit denen er technische Prozesse erläuterte, waren in der ganzen Stadt bekannt. Seine Erklärung über die Entstehung des Stromes brachte vermutlich ganze Generationen von Schülern zum Schmunzeln und Staunen.

Zu Beginn der Unterrichtsstunde mit dem Thema Strom wurde von Herrn Müller die Frage gestellt: Wie entsteht der Strom? Seine eigene Antwort lautete: Ganz einfach! Stellt euch bitte einen großen schwarzen Kasten vor. In diesem Kasten sitzen Tausende kleine Elektronen. Im Kasten steht aber auch ein Mann, der unaufhörlich die Peitsche schwingt. Der Mann schreit die Elektronen an und fordert sie auf, schnellstens aus dem Kasten zu verschwinden. Die vor Angst schlotternden Elektronen versuchen nun, so schnell wie möglich aus dem schwarzen Kasten zu entkommen. Es gibt eine große Öffnung, durch die kann man dem brüllenden Peitschenschwinger leicht entwischen. Ein richtiges Gedränge entsteht aber nicht, denn das Rohr hat einen großen Durchmesser. Das Rohr verzweigt sich aber immer mehr und die Rohrdurchmesser werden immer kleiner. Die ersten Elektronen stehen auf einmal vor einem ganz engen Rohr. Das Rohr ist so schmal, dass die Elektronen an der Spitze anhalten und nach rückwärts rufen, wird sind am Ende einer Sackgasse, wir können nicht weiter. Die hinteren Elektronen rufen nach vorn, ihr müsst weiter, wir können nicht zurück, denn der Mann schlägt immer noch mit der Peitsche. Die ersten Elektronen drängeln sich nun durch das winzige Rohr. Sie reiben und schieben, und was passiert nun? Schaut an die Decke, dort in der Lampe drängeln sich gerade die Elektronen. Wenn die drängeln, dann wird es warm und wie ihr seht, wird Licht. Immer neue Elektronen drücken nach und schieben die ersten Elektronen aus dem dünnen Rohr, dem Lampendraht, hinaus. Das Rohr wird wieder breiter. Die müden und abgekämpften Elektronen freuen sich. Sie rufen sich zu, das ist aber schön. Sie wollen nur noch nach Hause in ihren schwarzen Kasten. Nach Hause, doch welch ein Schreck, dort steht immer noch der schreiende Mann mit der Peitsche. Wieder müssen Sie ausreisen, und so entsteht der Strom. Den ersten Strom in Greiz, meiner Heimatstadt, so erzählte uns Herr Müller, gab es in der Fabrik der Familie Schleber. Die Leute sagten über das Wunder vom Strom »Geht mal zum Schleber, da drehst du an einem Schalter, da rammelt das Petroleum den Draht hoch, und schon brennt das Licht«.

Der Beginn des Arbeitslebens hatte sich durch den Besuch der Mittelschule zwar zwei Jahre verschoben, aber natürlich nicht aufgehoben. Schon ein Jahr später, am Ende der 9. Klasse musste ich mich dann doch für eine zukünftige Funktion im Räderwerk der Arbeitswelt entscheiden. Mit der Berufswahl hatte ich keine Probleme, ich wollte, vermutlich beeinflusst von älteren Jungen in der Nachbarschaft, Maschinenschlosser werden. Gemeinsam mit einem Schulfreund ging ich in die Lehrwerkstatt eines großen Maschinenbaubetriebes meiner Stadt, den VEB Feuerungsbau Greiz-Dölau, der seine Lehrwerkstatt im Werk II in Greiz-Aubachtal betrieb. Die freundliche Sekretärin gab uns einige Formulare und erklärte, was wir alles für eine ordentliche Bewerbung einreichen müssen. Einige Wochen später erhielten wir den Lehrvertrag und die nächste Etappe in meinem Leben war erst einmal gesichert.

Kritik gegen meine Entscheidung kam von Mutti und Oma. Beide erklärten mir, dass unsere Familie zum Mittelstand gehört. Diesen Begriff kannte ich bis dahin nicht. Im sozialistischen Staat DDR war dies auch ohne Bedeutung, denn der Mittelstand alter Prägung wurde nicht mehr gebraucht. Ein Kind aus dem Mittelstand, so die einhellige Auffassung von Mutti und Oma, lernt keinen typischen Proletarierberuf. Die Ablehnung kam einerseits aus einem Standesdünkel, denn unsere Familie war bis 1948 tatsächlich Eigentümer eines großen Steinmetzgeschäftes gewesen. In Zeiten guter Konjunktur hatte der Urgroßvater bis zu 50 Mitarbeiter beschäftigt. Tätigkeitsschwerpunkt des Unternehmens war die Restaurierung von Kirchen, wie der Dom zu Köln oder der Dom zu Bamberg. Für den Auftrag in Bamberg und die dafür benötigten Steine wurde in Röttingen, südlich von Würzburg, eigens ein Steinbruch von ihm gekauft. Wichtigstes Argument von Oma war die geringe Lebenserwartung und das schwere Los der Proletarier. Im Steinmetzgeschäft, das hatte sie ganz hautnah erlebt, wurden die Arbeiter kaum älter als 45 Jahre. Die meisten starben an Staublunge. Ihr Vater, so ihre feste Überzeugung, hatte nur deshalb länger gelebt, weil er täglich einen Liter Milch getrunken hatte. Die Arbeiter tranken statt Milch puren Billigschnaps, und das in großen Mengen täglich. Diese Erfahrungen und die Angst um meine Gesundheit übertrug sie auf den Schlosserberuf. Bereut habe ich meine Berufsentscheidung bis heute nicht, auch wenn ich nur ein Jahr als Schlosser tätig war.

Die Bedenken der Oma zu den Gefahren eines proletarischen Berufes fand ich dann zwei Jahre später bestätigt, als ich häufig in der Gießerei meines Lehrbetriebes aushalf. Große Hitze, unheimlich viel Staub und körperliche Anstrengung bis zur Erschöpfung. In gut bezahlten Nachtschichten bewältigten wir in 5 bis 6 Stunden ein großes Arbeitspensum, für das wir bei schlechterer Bezahlung bestimmt 10 Stunden benötigt hätten. Die Hitze war so groß, dass ein ausgetrunkenes Bier wenige Sekunden später als Schweiß auf der Hautoberfläche erschien und sofort verdunstete. In einer Nachtschicht trank ich 6 bis 8 Bier, ohne auch nur den Ansatz von Trunkenheit zu spüren. Mir wurde dann schnell klar, dass bei einer solch brutalen Arbeitsweise der Lebensakku tatsächlich nur bis zum 45. Jahr reicht.

10

Fahrt an die Ostsee

1958

Im Nachhinein habe ich mir immer wieder die Frage gestellt, wer denn auf die verrückte Idee kam, nach dem Abschluss der 10. Klasse mit dem Fahrrad an die Ostsee zu fahren. Wer es auch war, die Idee wurde sehr zielstrebig in Angriff genommen. Ein Routenplan unter Einbeziehung der am Weg liegenden Jugendherbergen wurde erarbeitet. Schwerpunkt der Vorbereitung waren aber unsere uralten Fahrräder, die wir für eine derart lange Reise fahrtauglich machen mussten. Ein schwieriges Unterfangen in einer Zeit, in der man nicht in ein Geschäft gehen konnte, um die erforderlichen Teile zu kaufen. Beschafft wurde fast alles im Tauschhandel. Irgendwie war es meinem Schulfreund Wolfgang und mir dann doch gelungen, die Fahrräder tourentauglich zu machen.

Mit wenig Gepäck starteten wir am 1. August 1958 auf unsere abenteuerliche Reise. Der erste Reisetag führt uns von Greiz, über Altenburg, vorbei an Leipzig, nach Bad Düben in die dortige Jugendherberge. Die Etappe war ca. 145 km lang und nur im Hügelland bis Altenburg etwas mühsam. Im anschließenden Flachland bis Bad Düben machte uns nur die Hitze zu schaffen. In der Jugendherberge waren schon alle Zimmer belegt. Wir erhielten Unterkunft in einem großen Zelt, in dem bequem 16 bis 20 Leute auf Stroh schlafen konnten. Der Preis betrug 30 Pfennige für die Übernachtung und lag damit in unserem Budget.

Wir waren allein im Zelt und hatten uns gerade in die Decken eingerollt, als ein furchtbarer Sturm begann. Es donnerte und krachte, das große Zelt wurde hin und her geschüttelt. Es wurde immer schlimmer, es bestand die Gefahr, dass sich bei der nächsten Bö das ganze Zelt in die Lüfte hebt. Krampfhaft versuchen wir die großen Zeltstangen festzuhalten. Irgendwie ist es uns dann auch gelungen den Abflug zu verhindern. Nach einer scheinbar unendlich langen Zeit legte sich der Sturm. Erschöpft sanken wir in unsere Strohlager und schliefen ganz schnell ein.

Am nächsten Tag machten wir uns ganz früh mit den Fahrrädern auf den Weg. Fahren war allerdings nur eingeschränkt möglich, denn die Straße in Richtung Norden war mit umgestürzten Bäumen regelrecht übersät. Mehrfach mussten wir absteigen und die Fahrräder über die Bäume heben. Wir hatten Glück gehabt. Bei einem Volksfest in Saalfeld hatte in dieser Nacht ein Baum sechs Menschen erschlagen.

Etappenziel war heute die Jugendherberge »Alter Ziegenkrug« in Velten, das wir über Wittenberg, Treuenbritzen, Potsdam, Falkensee und Bötzow auf nur wenig befahrenen Fernstraßen nach etwas über 150 km erreichten. Die Jugendherberge lag für unsere Vorstellungen am Ende der Welt, sie wurde in den nächsten zwei Tagen Basislager für die in Berlin geplanten Besuche.

Am nächsten Tag fuhren wir mit den Fahrrädern zur ca. 8 km entfernten S-Bahn Endhaltestelle Velten. Von dort ging es ins Zentrum von Berlin. Wir besuchten das Brandenburger Tor, die Siegessäule und das neue Hanseviertel mit der Kongresshalle. Die Bauten im Hansaviertel waren erst wenige Jahre alt. Besonders beeindruckt waren wir von der modernen Architektur der Kongresshalle, den beiden Kirchen und dem U-Bahnhof Hansaviertel.

Im Ostteil der Stadt angekommen, suchten wir die erste Wirtschaft auf, die wir zu Gesicht bekamen. Direkt an der damals unsichtbaren Grenze fanden wir ein kleines Hotel, vom Krieg noch teilweise zerstört, in dem wir mit unserem Geld ein Getränk kaufen konnten. Der Durst war schlimmer als der Schreck wegen dem hohen Preis. Ein für unsere Maßstäbe unverschämter Preis für ein Glas Weißdornsaft, das wir bestellten. Wir trösteten uns damit, zum ersten Mal im Leben in einem richtigen Hotel gewesen zu sein und uns ordentlich betragen zu haben.

Am nächsten Tag fuhren wir auf dem gleichen Weg wieder nach Berlin. Besuchen wollten wir nach einer Visite am Flugplatz Tempelhof den Freund meiner Tante, der zur Untermiete in der Nähe des S-Bahnhofes Warschauer Straße wohnte. Nach einigem Suchen fanden wir die Straße, das Wohnhaus und die Wohnung der Vermieterin. Nach dem Klingeln öffnete eine ältere Dame. Ich grüßte artig und fragte nach Herrn Möllmann. Die Dame, die offensichtlich keine deutsche Mundart außer der »Berliner Schnauze« kannte oder nicht akzeptierte, antwortete in ziemlich barschem Ton: Mömmelmann hahm wa nich! Nur gut, dass unsere Bezugsperson im gleich hinter der Wohnungseingangstür liegenden Zimmer unsere Stimmen hörte und auf den Flur kam, wir hätten sonst vermutlich das Feld räumen müssen.

Bei schönem Wetter fuhren wir am nächsten Tag über Velten, Oranienburg, Löwenberg, Gransee, Fürstenberg, Neustrelitz, zum Wanderlager Klein Nemerow am Tollensesee. Die Tagesetappe hatte nur eine Länge von 125 km. Die Übernachtung war noch einfacher als an den Vortagen. Wir schliefen zwar wieder in einem festen Gebäude, aber das war's auch. Mit dem Einbruch der Dunkelheit, so gegen 19:30 Uhr, wurde der Dieselmotor aus- und damit der Strom abgeschaltet. Wasser gab es nur am Brunnen und die Waschgelegenheit war im Freien an einem Holztrog. Zum See waren es nur wenige Meter, da konnten wir uns so richtig im Wasser austoben.

Am nächsten Morgen ging es auf die letzte Etappe. Das Ziel in Trassenheide hatten wir nach 98 km Fahrt über Neubrandenburg, Friedland, Anklam und Wolgast schon am frühen Nachmittag erreicht. Unsere Freunde waren noch nicht da, sie kamen einen Tag später. Ein Bauer ließ uns in seiner Scheune schlafen, auf dem sich ein besetztes Storchennest befand. Wir fanden das sehr romantisch, aber durch das laute Geklapper der Störche konnten wir in der ganzen Nacht kein Auge schließen.

Dieter, 17 Jahre alt

11

Unter Vormundschaft

1959–1960

Am 23.06.1959, kurz vor ihrem 37. Geburtstag, starb meine Mutti. Ein Jahr vorher war sie an einem damals unheilbaren Krebsleiden erkrankt. Im Krankenhaus hatte man zwei Monate vor ihrem Tod eine begonnene Operation abgebrochen und sie nach Hause geschickt. Im Krankenhaus hatte ich sie besucht, da war sie noch lebensbejahend und hoffnungsvoll gewesen. Vermutlich wurde sie, wie dies damals häufig geschah, nicht über das fortgeschrittene Stadium ihrer Krankheit informiert. Vielleicht konnte sie die schlimme Entwicklung aber auch verdrängen? Sie starb zu Hause in den Armen ihrer Mutter, unserer Oma. Noch heute kann ich mich erinnern, wie Oma meinen Bruder und mich mit beruhigenden Worten am Abend vor ihrem Tod ins Bett geschickt hatte. Wir sollten den Todeskampf unserer Mutti nicht sehen. Wenige Minuten nach ihrem Tod, um 3:15 Uhr, bat Oma uns an Muttis Bett. Da lag sie, unsere kleine Mutti, mit dem Bauch einer Schwangeren, verursacht durch ein sehr großes Krebsgeschwür. Sie war erlöst von den schlimmen Schmerzen. Meine lebensbejahende Mutti war nicht mehr, nie wieder konnte ich mit ihr sprechen.

Mutti hatte ich immer als starke Frau gesehen, die bis dahin die Klippen, die ihr das Leben in den Weg stellte, überwunden oder umfahren hatte. Die letzte Klippe war dann wohl doch zu groß gewesen. Erst an ihrem Sterbebett stellte ich fest, wie klein, wie verletzbar meine Mutti mit ihren nur 151 cm Größe war. Ihr Herz wurde vermutlich schon am 14.09.1943 gebrochen, an dem Tag, an dem die Mitteilung vom Tod ihres geliebten Mannes von der Ostfront kam.

Oma habe ich bewundert, denn sie war wegen einem Herzleiden körperlich nur wenig belastbar, und doch hatte sie die schwere Pflege meiner Mutti übernommen und für uns junge Männer den Haushalt versorgt. Wer würde nun für uns, meinen Bruder und mich, sorgen? Natürlich wird sich Oma weiter um uns kümmern, sie würde alles in ihren Kräften stehende für uns tun. Aber Oma war noch im Kaiserreich, in einer ganz anderen Welt, geboren, in einer Familie ohne finanziellen Sorgen. Das war nun ganz anders, denn Oma hatte nur eine kleine Rente und ich ein kleines Lehrlingsentgelt. Miete mussten wir nicht bezahlen, denn das Haus, in dem wir lebten, hatte Oma zu drei Fünfteln geerbt. Die drei Fünftel aus der Miete der vier Mieter waren da eine willkommene Budgeterhöhung. Die Mieten waren allerdings zu dieser Zeit äußerst niedrig, da gesetzlich

Das Grab meiner Mutti

vorgeschrieben. Oma hatte sich auch nie um die Welt außerhalb ihrer Familie, ihrem Reich, gekümmert, sie konnte somit auch kein Ratgeber für uns in einer ihr unbekannten Welt sein. Diesen Teil des Lebens mussten wir nun völlig allein gestalten.

Am 23.06.1959 war ich erst 17 Jahre alt. Von Amts wegen musste deshalb ein Vormund für mich und meinen 1½ Jahre jüngeren Bruder bestellt werden. Vormund wurde auf Vorschlag meiner Großmutter, die aus mir unbekannten Gründen nicht zum Vormund bestellt werden durfte, Herr Erich Winkelmann. Meine Großmutter kannte Herrn Winkelmann durch seine Mitgliedschaft in der LDP, in der ja meine Mutti stark engagiert war. Herr Winkelmann war der Vater eines Schulkameraden, es gab somit keinerlei Berührungsängste. In meiner Erinnerung gab es nur ein Gespräch mit Herrn Winkelmann, in dessen Wohnung in der Hainbergstraße. Am Gespräch hat auch die Oma teilgenommen, die die ganzen Behördengänge erledigt hatte. Die Vormundschaft endete automatisch am 08.05.1960, an meinem 18. Geburtstag. Der am 15.08.1905 geborene Erich Winkelmann war zu dieser Zeit Mitinhaber der Fa. Karl Piehler & Spiegel in Greiz. Die Firma stellte technische Textilien her, sie beschäftigte 100 Mitarbeiter.

12

Lehrausbildung

1958–1961

Nach dem erfolgreichem Abschluss der »Mittleren Reife« begann am 01.09.1958 für mich ein neuer Lebensabschnitt, die Berufsausbildung. Zum Eintritt in das Arbeitsleben sagte man damals, nun beginnt der Ernst des Lebens. Wir Mittelschüler, mit der »Mittleren Reife« in der Tasche, betrachteten uns als Absolventen einer höheren Schule und hielten uns deshalb für etwas Besonderes in der Berufsausbildung. Bis zu dieser Zeit hatten fast ausschließlich Absolventen der 8. Klasse mit der Berufsausbildung begonnen.

Der Ausbildungsbetrieb, der VEB Feuerungsbau Greiz-Dölau, hatte erstmals eine Klasse im 1. Lehrjahr zusammengestellt, in der es nur Absolventen der 10. Klasse gab. Ein Schüler, der spätere Klassensprecher, hatte sogar schon das Abitur bestanden. In einer Zeit, da der Eintritt ins Berufsleben und die Berufsausbildung mit 14 Jahren begann, war dies auch tatsächlich neu und ungewöhnlich für alle Beteiligten. Von Anfang an hatte der Ausbildungsbetrieb hohe Erwartungen an uns, denn aus der Sicht der Lehrausbilder und Lehrer mussten wird zumindest in der Theorie wesentlich besser sein, als die Absolventen der 8. Klasse. Um es vorweg zu nehmen, wir haben die in uns gesetzten Erwartungen nicht enttäuscht. Im Berufswettbewerb stand unsere Klasse immer auf Platz 1. Im Einzelwettbewerb erhielt ich im fünften Berufshalbjahr die Medaille in Bronze im Berufswettbewerb der Deutschen Jugend.

Wir waren eine tolle Truppe, recht homogen, mit nur geringen Leistungsunterschieden. Unsere Leistungen im Sportunterricht z. B. würden bei der heutigen Sportmisere zur sofortigen Bildung einer Sportklasse in der Leichtathletik führen. Ohne jedes Training sprangen zwei Jungs im Sportunterricht auf der Volkssportanlage Greiz-Aubachtal 1,68 m hoch, die geringste Höhe in der Klasse lag bei 1,40 m, dies war meine Höhe. Im 100-Meter-Lauf war ich mit 12,8 s der Langsamste. Die 400 m schaffte ich dagegen in 58 s und war damit der Schnellste in der Klasse. Meine 4:32 min über 1.500 m würden heute zur sofortigen Delegierung an ein Leistungszentrum führen. Derartige Leistungen waren damals nichts besonderes und wurden ohne großes Aufsehen als normal empfunden. Ganz nebenbei belegte ich mit einer Mannschaft der Berufsschule bei der Bezirksmeisterschaft der Berufsschüler im Geräteturnen in Gera den ersten Platz in der Mannschaftswertung. Im Rahmen eines sportlichen Wettbe-

DIE BERUFSAUSBILDUNG
SOLL ALLEN POLITISCHEN UND
ÖKONOMISCHEN FORDERUNGEN
DER ARBEITER-UND-
BAUERN-MACHT ENTSPRECHEN
UND VORBILDLICH
FÜR GANZ DEUTSCHLAND SEIN

IM BERUFSWETTBEWERB
DER
DEUTSCHEN JUGEND
WIRD DEM LEHRLING
M ü l l e r, Dieter
DIE MEDAILLE IN BRONZE
FÜR GUTE LEISTUNGEN
IM WETTBEWERB
VERLIEHEN

Greiz, DEN 14.7.1960

werbs der Gesellschaft für Sport und Technik, einem Mehrkampf mit Laufen und Schießen, beteiligten wir uns an den DDR-Meisterschaften der Berufsschüler. Ein Klassenkamerad errang in einem Jahr den ersten Platz und wurde DDR-Meister.

Für mich war die Grundausbildung richtig anstrengend. Nach tagelangem Feilen hatte ich an beiden Händen dicke Blasen, fast täglich hatte ich kleine Verletzungen durch Grat an den zu bearbeitenden Metallteilen. Ursache war vermutlich weniger meine Unachtsamkeit als vielmehr eine recht dünne und wenig widerstandsfähige Haut. In der Familie war ich seit Jahrzehnten der Erste, der einem Proletarierberuf nachging. Mir hat das Erlernen des Maschinenbauerberufs unheimlich viel Spaß gemacht, ich hatte meinen gewählten Beruf richtig gern. Es war einfach faszinierend, wie aus einem rohen Stück Stahl ein funktionierendes Werkstück wurde.

Für ein ganzes Arbeitsleben mochte ich mir diese Arbeit aber nicht vorstellen. Dies lag an den Reden über unseren Stand, den die Oma als Mittelstand bezeichnete. Ein Mittelständler ist kein Proletarier und kann deshalb auch keinem proletarischen Beruf nachgehen. Oma hielt es nach kurzer Beobachtung allerdings doch für richtig, einen Handwerksberuf als Start in eine gehobene Karriere zu erlernen. Diese Denkweise habe ich dann auch als richtig empfunden und für mich übernommen. Nach Abschluss der Ausbildung hatten wir eine solide Grundlage für den Beruf und die fachliche Weiterqualifizierung.

Der Start ins zweite Lehrjahr war für mich verbunden mit dem Start in die

11. Klasse der Oberschule (heute Gymnasium) im Rahmen der Volkshochschule Greiz. An drei Wochentagen musste ich jeweils fünf Unterrichtsstunden, von 17 bis 21:30 Uhr, zusätzlich die Schulbank drücken. Ausgangspunkt für die selbst auferlegte Doppelbelastung war mein fester Wille, nach Abschluss der Lehre nicht auf Dauer als Schlosser zu arbeiten. Da hatte ich mir aber etwas aufgehalst. Freizeit war ab sofort gestrichen, denn zu den zusätzlichen 15 Wochenpflichtstunden kamen noch die Hausaufgaben. Eine schwierige Zeit für mich, aber wieder auch schön. Es gab im Grunde genommen nur noch Pflichten, einzige Ausnahme waren die Wochenenden, die am Nachmittag des Sonnabend begannen.

Berufsabschluss war im Februar 1961, nach bestandener Prüfung in Theorie und Praxis. Damit hatte ich eine Etappe des Jahres 1961 erfolgreich abgeschlossen. Am 1. März wurde ich in die Abteilung Werkzeugbau im Werk I in Greiz-Dölau als Facharbeiter angestellt. Zeitweise konnte ich richtig Geld verdienen als Spezialist für das Schleifen von Werkzeugen, so an die 350 M netto.

Der Lehrabschluss im Februar war der leichtere Abschluss im Jahr 1961. Im Mai begann der schwierigere Teil, die Prüfungen für das Abitur, die ich gemeinsam mit den Schülern der Theodor-Neubauer-Oberschule bestehen musste. Wir saßen im gleichen Saal bei den schriftlichen Arbeiten in Deutsch, Mathematik, Physik, Russisch usw. Ein Jahr vorher hatte im gleichen Saal der spätere westdeutsche Kosmonaut Ulf Merbold bei seiner Abiturprüfung gesessen. Auch zu den mündlichen Prüfungen hatten wir vor den gleichen Lehrern zu bestehen, wie die Normalschüler. Die erste Prüfung ist mir recht gut gelungen. Die Abiturprüfung habe ich zwar auch bestanden, zufrieden war ich allerdings nicht.

Dieter, 18 Jahre alt

13

Kontraste – Junge Gemeinde und SED

1956–1960

Auf der Suche nach meinem Weg in die Zukunft kam ich nach der Konfirmation 1956 zur Jungen Gemeinde in Greiz. Treffpunkt war über lange Zeit die Türmerstube der Stadtkirche zu Greiz, hoch über den Dächern der Stadt. Allein dieser Ort war Faszination genug. Wir waren keine passiven Diskussionsredner in den wöchentlichen Veranstaltungen. Wichtig und gewissermaßen auch prägend war für mich das Einstudieren eines Laienspiels, in dem wir zeigten und darstellten, dass die verschiedenen Religionen dieser Erde gleiche, zumindest aber ähnliche Ziele haben. Von mir wurde ein orthodoxer Pope gespielt. Mit unserem Laienspiel traten wir nicht nur in Greiz auf, sondern auch im Lutherhaus in Gera-

Untermhaus, in Neudietendorf und in Triebes zum Kreiskirchentag. In Neudietendorf bedankte sich der damalige Landesbischof von Thüringen, Herr D. Moritz Mitzenheim, bei uns.

Die Begeisterung für die Jugendarbeit im Dienste der Kirche bekam aber immer wieder Dämpfer, wenn ich in Kontakt mit der Amtskirche kam. Die Räume waren muffig und verstaubt, es roch nach Fußbodenöl – ein Hauch aus längst vergangener Zeit. Bedrückend die Demutshaltung der Menschen in den Amtsräumen, ob sie nun Angestellte waren oder Besucher. Zu den Bibelstunden kamen überwiegend ältere Frauen, meist schlecht gepflegt und so aussehend wie Menschen auf frommen Gemälden im 18. Jahrhundert. Mir wurde immer mehr klar, diese Leute wollen keine Veränderung. Zukunft ist für sie ein Weg in die Vergangenheit. Ihre Träume von besseren Zeiten hatten für mich etwas abstoßendes, frustrierendes. Wie kann mit

Turm der Greizer Stadtkirche St. Marien

einer solchen Haltung etwas in der Gesellschaft verändert werden? Die Zehn Gebote des Christentums fand ich richtig. Eine aktive Kirche, mit Zielen, die in die Zukunft gerichtet waren, wäre vermutlich mein Lebensbegleiter geworden. Die Kirche, die ich kennen lernte, bot diesen Rahmen nicht.

Im zweiten Lehrjahr meiner Berufsausbildung begann eine intensive Werbung für die Sozialistische Einheitspartei Deutschlands. Ganz offensichtlich gab es Quoten der übergeordneten Parteileitungen, denn die Werbekampagnen verliefen äußerst zielgerichtet. Im Gegensatz zu den 80er Jahren wurden damals nur Leute mit guten schulischen und praktischen Leistungen angesprochen, man wollte eine Führungselite für die Zukunft der Partei gewinnen. Geschickt wurde auch versucht, dem Umworbenen diesen Elitegedanken nahe zu bringen. Dieser Gedanke war vermutlich auch ausschlaggebend für meine spätere Zusage. Erzogen in einer Familie des Mittelstandes, war der Gedanke, in eine Proletarierpartei einzutreten, eine völlig absurde Vorstellung. Die Verbrechen des Stalinismus waren mir bekannt. In so eine Partei sollte ich eintreten? Der Verlauf des Aufstandes in Ungarn war mir aus der Sicht der äußerst rechten Seite bekannt, die Sicht der linken Seite stand in der Tageszeitung. Was war richtig? Der Einsatz der sowjetischen Armee in Ungarn war ungerecht und brutal, genauso ungerecht fand ich aber auch das Vorgehen der Aufständischen.

In der eigenen Familie hatte ich Verfolgung und Verurteilungen erlebt. Ich wollte verändern, ich wollte die Zukunft gestalten, ich wollte nicht passiv sein. Diese Chance, so paradox dies klingen mag, sah ich dann in der SED. Diese Partei hatte etwas zu sagen im Land, mit ihr war vielleicht Gestaltung der Zukunft nach meinen Vorstellungen möglich. Die Einhaltung der Zehn Gebote war auch nicht gefährdet, denn die SED verkündete in dieser Zeit die 10 Gebote der sozialistischen Ethik und Moral, die sich annähernd mit den Geboten der Kirche deckten. Der Stalinismus war vorbei, damit auch die Ängste und Schatten meiner Kindheit. Was sollte ich tun? Es gab niemand, den ich um Rat fragen konnte, Eltern hatte ich nicht mehr. Mein aktives Leben hatte gerade begonnen, ich wollte es selbst gestalten. Zum Gestalten gehörte auch der Abbau von Vorurteilen. Ich wurde Mitglied der SED.

14

Urlaub mit dem Motorrad

13. August 1961

Es regnet nun schon seit drei Wochen ohne große Unterbrechungen. Für einen Zelt-Urlaub an der so viel gepriesenen Ostsee wahrlich kein Idealzustand. Das Zelt ohne Boden, die Schlafstatt aus modernem Stroh, alles triefte und tropfte. Es gab nur noch wenige trockene Stellen. Zelte mit wasserdichtem Boden waren zu dieser Zeit vermutlich schon erfunden, wir wussten es damals aber nicht. Hätten wir es gewusst, hätten wir es wegen dem hohen Preis nicht kaufen können oder nicht bekommen.

Im Jahr 1961 ich fuhr ich zum ersten Mal mit dem eigenen Motorrad vom Typ MZ RT 3, das ich nach meinem 18. Geburtstag für 1.875 Deutsche Mark gekauft hatte, an die Ostsee. Einen Jugendtraum hatte ich mir erfüllt. Zusammen mit einem Freund und viel Gepäck brausten wir mit einer Höchstgeschwindigkeit von 75 vielleicht auch mal 80 km/h über die Autobahn an die Ostsee. Eine Komfortreise war das sicher nicht, aber zum ersten Mal hatte ich das Gefühl der großen Freiheit, ich war unabhängig von Terminzwängen und Abfahrtzeiten.

Mein Gefühl des Jahres 1961 ist bis heute nicht verflogen. Ganz offensichtlich haben Millionen das gleiche Gefühl der scheinbaren Freiheit, wie sonst wäre der seit den 60er Jahren anhaltende Automobilboom zu erklären. 1961 gab es auch noch kein schlechtes Gewissen wegen der möglichen Umweltverschmutzung durch CO_2 und Stickoxide, den Begriff »Stau« gab es wohl auch noch nicht. Die neue Freiheit war dann auch die Ursache, mich vom regnerischen Campingurlaub zu verabschieden. Nach einer Regen-Krisensitzung mit den Freunden über das Für und Wider, dem Sinn oder Unsinn eines weiteren Wasser-Urlaubs (Regen von oben, die Ostsee 100 m entfernt) fuhr ich allein in Richtung Süden. Nach einer Übernachtung in Prenzlau fuhr ich am nächsten Morgen zum Zeltplatz »Forsthaus Templin« bei Potsdam, wo ich von meinem Bruder Rolf empfangen wurde, der mit seinem Freund seit ein paar Tagen dort zeltete.

Zur zünftigen Begrüßung ging es am Abend in die naheliegende Gaststätte. Hier empfing uns eine aggressive Stimmung, verursacht von einem überall aushängenden Plakat, das ich bis dahin nicht beachtet hatte. Inhalt des ca. 50 cm breiten und ca. 100 cm hohen Plakates war ein Beschluss des Bezirkstages oder des Rates des Bezirkes Potsdam, der, wenn ich mich recht erinnere, das Arbeiten der Bürger des Bezirkes Potsdam in Westberlin verbot. Der Aufschrei war groß, denn ein Teil der Leute arbeitete in Westberlin. Der Lohn wurde damals vom Westberliner Arbeitgeber zu 50 Prozent in Deutsche Mark der DDR und zu 50 Prozent in Westmark ausgezahlt. Der Westmarklohn wurde dann 1 : 4 oder noch günstiger getauscht. Die so Entlohnten waren gemachte Leute. Sie waren gemessen an den Normaleinkünften in dieser Zeit richtig wohlhabend. Der Beschluss war somit ein tiefgreifender Einschnitt in ihr Leben, er zerstörte ihre Träume und vernichtete bescheidenen Wohlstand. Verstehen konnte ich die Leute, fand die bisherige Regelung mit der 50-prozentigen Zahlung in Westmark aber ungerecht, denn ich konnte in meiner Heimatstadt auch nicht die Hälfte meines Lohnes durch Umtausch in einer Wechselstube vervierfachen.

Die Gäste im Wirtshaus waren ratlos. Was sollten Sie tun? Auch die Koffer packen, wie das in diesen Tagen Tausende taten? Sollten Sie bleiben in einer wirtschaftlich wesentlich verschlechterten Zukunft? Die Diskussionen nahmen kein Ende, denn es gab natürlich auch hier Menschen, und das war die Mehrzahl, die nur für Deutsche Mark der DDR arbeiten mussten. Der Neidkonflikt muss in dieser Gegend sehr groß gewesen sein, die Verdiener der Westmark haben vermutlich einen tiefen Riss in der Gesellschaft hervorgerufen. So richtig war mir die Tragweite des Beschlusses der Politiker zu diesem Zeitpunkt aber auch nicht bewusst. Es gab auch noch ein anderes Gesprächsthema im Wirtshaus, das war die große Zahl von Militär, das in den letzten Tagen in den Wäldern rund um Potsdam aufgezogen war. Trotz der vielen Soldaten, der Panzer und Fahrzeuge, hielt man die Sache nur für bemerkenswert, maß ihr aber keine besondere Bedeutung zu. Der 2. Weltkrieg war erst 16 Jahre vorbei, Militär gehörte zum Alltag, ein paar Soldaten mehr als üblich waren nicht so ungewöhnlich.

Am nächsten Tag wollte ich nach Ostberlin, zum Besuch bei Verwandten. Am Bahnhof »Potsdam Hbf.« stieß ich auf eine Polizeistreife, die meinen Personalausweise und aller anderen Reisenden kontrollierte. Für mich waren solche Kontrollen völlig unbekannt. Für die Leute aus Potsdam schien dies aber normal zu sein, denn gelassen und ohne Murren wurde der Ausweis vorgezeigt. Nachdem ich die Fahrkarte erstanden hatte, baute sich am Zugang zum Bahnsteig erneut eine Hürde auf. Zuerst wurde von einem Bahnbeamten meine Fahrkarte entwertet, dann wurde ich von einem Polizeiposten angehalten. Die Polizisten fragten nach meinem Fahrziel, ließen mich nach einigem Hin und Her aber passieren.

Die S-Bahn war recht voll. Der zweite Haltepunkt, die Station Griebnitzsee, war zugleich Grenz- und Kontrollstation. Im Waggon hatte ich beobachtet, dass viele Familien mit Gepäck reisten. In der Ferienzeit, heute war der 11. August 1961, nichts ungewöhnliches, oder doch? Mit einem Mal wurde mir klar, was hier passiert. Das sind sie, die Flüchtlinge, die täglich die DDR in großer Zahl verließen. Der Sender RIAS berichtete täglich über sie. Wenn ich mich richtig erinnere war die Zahl von ca. 2.000 je Tag auf über 4.000 am Tag gestiegen. Die Meldungen wurden täglich wie Siegesmeldungen von den Westberliner Sendern verbreitet. Gehört hatte ich schon von diesen Zahlen, bei mir in der Provinz wurde dies aber nicht spürbar. Der eine oder andere Arbeitsplatz, auch in meinem Betrieb, blieb zwar leer, aber ich hatte die Situation nicht als bedrohlich wahrgenommen. Hier, in diesem S-Bahn Waggon, wurde mir auf einmal die Dimension von 4.000 Menschen, die das Land täglich verlassen, so richtig deutlich. Was waren das für Menschen, die alles stehen und liegen ließen, die in ein anderes Leben flüchteten?

Neben mir eine junge Familie, Frau und Mann nur wenig älter als ich, mit einem vielleicht zwei Jahre alten Jungen. Beim genauen Hinschauen merkte ich, sie waren aufgeregt, sie hatten Angst. Warum wollen sie das Land verlassen, was hat sie zu diesem Entschluss gebracht? Fragen, die ich Ihnen nicht stellen konnte. Ich konnte mich nur selbst befragen und fand für mich eine schlüssige Antwort. Warum sollte ich ausreisen? War es nicht besser, die Dinge zu verändern, die mir nicht gefielen? Dass es keine Traumwelt gibt, in der alle Probleme nach meinen Vorstellungen gelöst werden, das war mir schon lange klar. Insofern hatte ich kein rechtes Verständnis für die panikartigen Fluchten, die damit verbundenen Gefahren und neuen Probleme.

Die geschulten Grenzpolizisten hatten natürlich ein Auge für den von mir geschilderten Typ von Flüchtling. Ein Grenzpolizist ging durch den Waggon, jeder Passagier streckte ihm bereitwillig den Personalausweis entgegen. Der Polizist warf jeweils einen kurzen Blick auf den Ausweis und die zugehörige Person, ging mit einem kurzen Nicken weiter oder nahm den Ausweis in die Hand. Behielt er den Ausweis in der Hand, bat er die betroffene Person ihm zu folgen. Nach seinem Durchgang durch den Waggon folgten ihm die Menschen, deren Ausweis er in der Hand hielt. Was ich zuerst für ein gut geschultes Auge des Grenzpolizisten hielt, war für mich nach näherer Betrachtung nur eine Art Schauspiel. In Wirklichkeit war das Ganze ein makabres Roulette.

Der Polizist kam in den Waggon, sammelte so viele Ausweise, wie er in einer Hand halten konnte, und ging wieder nach draußen. Die Leute im hinteren Teil des Waggons hatten faktisch nichts zu befürchten, denn die Hand war voll, er hatte seiner Pflicht Genüge getan. Die Entscheidung, ob ein Passagier den Waggon verlassen musste und damit einem langwierigen Verhör mit möglicherweise schlimmen Folgen entgegen ging, hing somit nur von seinem Sitzplatz im Waggon ab. Dieses Roulette bestimmte das Schicksal von Menschen, eine schlimme Vorstellung und doch Realität. Die von mir beobachtete junge Familie musste dem Grenzpolizist auch folgen. Die Fahrt ging ohne die Passagiere weiter, deren Ausweis der Grenzpolizist in meinem Waggon und den anderen Waggons in Verwahrung genommen hatte. Auf dem Bahnsteig stand eine große Gruppe von Menschen, die herausgeholt worden war.

Am Abend, bei der Rückfahrt nach Potsdam, das gleiche Prozedere am Bahn-

Die Berliner Mauer am Brandenburger Tor

hof Friedrichstraße. Aus dem Bahnhofslautsprecher kommt der Aufruf: »Bahnhof Friedrichstraße – Letzter Bahnhof im demokratischen Sektor!«. Wieder kommen die Polizisten und holen im Zuge der Ausweiskontrolle Menschen aus dem Waggon. Die Kontrollen, so mein Eindruck, sind hier weniger rigoros, vermutlich wegen dem kritischen internationalen Publikum. Am Abend geht es noch einmal in die Gaststätte, die wir am Vortag aufgesucht hatten. Die Debatten waren hitziger, die Ratlosigkeit immer größer. Wir trinken unser Bier, lauschen den Debatten ohne uns richtig zu beteiligen. Wie wird es weiter gehen, wie wird sich die förmlich greifbar verstärkende Spannung entladen?

Am nächsten Tag, dem 12. August, beschließe ich, noch einmal nach Ostberlin zu fahren. Am Bahnhof haben sich die Kontrollen weiter verschärft. Am Bahnsteig ist heute auch für mich kein Durchkommen, zwei Polizisten fragen mich nach dem Reiseziel. Meine Antworten fallen nicht zu ihrer Zufriedenheit aus, das bedeutet Einzug des Personalausweises und meine vorläufige Unterbringung in einem am Bahnsteig abgestellten Personenzugwagen. Nach einer guten Stunde Wartezeit werde ich zum Verhör gerufen. Wieder wird nach dem Wohin gefragt, wieder gebe ich die gleichen Antworten. Warum ich denn durch Westberlin fahre, wenn ich nach Ostberlin will. Nach dem Verhör darf ich wieder in mein Abteil. Eine halbe Stunde später werde ich erneut zum Verhör gerufen. Wieder die gleichen Fragen, die gleichen Antworten, und dann, für mich völlig überraschend, die Genehmigung zur Weiterfahrt.

Wie am Vortag, das gleiche Prozedere am Grenzübergang Griebnitzsee. Aus meiner Erfahrung vom Vortag beobachte ich den Grenzpolizist und stelle mich ans andere Ende des Waggons. Die Sache klappt, seine Hand ist mit Ausweisen dick gefüllt, als er bei mir ankommt. Er hat wieder seine Pflicht getan. Bei der Rückfahrt aus Ostberlin ist es schon nach 0 Uhr, es ist der 13. August 1961. In Potsdam Hauptbahnhof angekommen, hole ich mein Motorrad vom Parkplatz und fahre durch die Stadt zum Zeltplatz. Erst später wird mir bewusst, dass an vielen Straßenkreuzungen Sowjetische Militärfahrzeuge standen. Wenig später bin ich am Zeltplatz und krieche in meine Decke, einen Schlafsack hatte und kannte ich damals nicht. Nach dem Frühstück, gegen 9 Uhr, packe ich mit meinem Bruder das Zelt und alle anderen Utensilien aufs Motorrad und starte in Richtung Heimat. Es geht noch einmal durch Potsdam, ein gespenstiges Potsdam, denn wir sehen keine Zivilisten, überall nur Militär. Auch am Bahnhof Potsdam Hauptbahnhof nur Militär mit schwerer Bewaffnung. Zur Mittagszeit sind wir in Greiz und freuen uns auf Omas Sonntagsessen, ihre berühmten grünen Klöße mit Rouladen.

Froh, wieder heil in der Heimat angekommen zu sein, begrüßen wir Oma. Ganz aufgeregt fragt sie uns: Wisst ihr schon, dass die Grenze nach Westberlin heute Nacht geschlossen wurde? Nein, das wissen wir nicht, woher auch. Ich war doch heute Nacht in Berlin und ich habe nichts bemerkt. Und doch, an diesem Tag, dem 13. August 1961, hatte die DDR die Grenze zu Westberlin geschlossen. Ich hatte unbewusst ein Stück Weltgeschichte erlebt. Gewusst habe ich es erst, als es mir die Oma sagte. Später wurde ich oft gefragt, warum ich denn nicht in Westberlin geblieben bin. Meine Antwort war und ist immer die gleiche, erstens wusste ich nichts von der Grenzschließung und zweitens hätte ich meine Heimat nicht verlassen.

15

Parteiarbeit

1961–1962

Vor der Mitgliedschaft in der SED stand damals eine Kandidatenzeit von sechs Monaten. Für diese Zeit musste ich noch zwei langjährige Genossen der Partei als Bürgen gewinnen. Alles wirkte auf mich förmlich, rituell, so wie in einem Geheimbund. Während der Kandidatenzeit musste ich Schulungen im Haus der SED-Kreisleitung besuchen, die auf äußerst niedrigem Niveau standen. Das Gebäude der Kreisleitung hatte ich bis 1962, wegen der Macht die davon ausging, nur mit leichtem Schaudern gesehen. Meine Angst vor der Politik kam aus den Ereignissen in der Familie vor acht Jahren. Für mich war es wie eine Art Entzauberung, festzustellen, dass es nichts Geheimnisvolles gab.

Ein halbes Jahr später wurde ich Mitglied der SED. Organisatorisch gehörte ich zur Parteigruppe Werkzeugbau in der Abteilungsparteiorganisation (APO) I. Die Grundorganisation der SED bestand aus den zwei APO Werk I (Greiz-Dölau) und Werk II (Greiz-Aubachtal). Einige Wochen nach meiner Aufnahme fanden die Parteiwahlen statt. Von meiner kleinen Gruppe wurde ich für die Leitung der Abteilungsparteiorganisation vorgeschlagen und prompt gewählt. Zum ersten Mal musste ich feststellen, dass diese Funktionen niemand wollte. Sie waren ja Mitglied, die guten, langjährigen Genossen. Sie hatten damit ihr Bekenntnis – wie es damals so pathetisch hieß – für Partei und Staat abgegeben. Verantwortung wollten sie nicht übernehmen. In meinem naiv-kindlichen Denken hatte ich an eine Gemeinschaft Gleichgesinnter geglaubt. Was ich hier vorfand war weit davon entfernt, das war auf keinen Fall eine starke Gemeinschaft, das war eine äußerst inhomogene Gruppe von Mitläufern und Leuten, die sich von der Mitgliedschaft, wenn nicht Vorteile, so zumindest Ruhe und vielleicht ein bisschen Reputation erhofften. Die Bereitschaft der Mitglieder, sich für die Ziele der Partei zu engagieren, privates zurückzustellen, war äußerst gering.

An eine Mitgliederversammlung erinnere ich mich noch recht gut. Der APO-Sekretär war verhindert und bat mich, in der nächsten Versammlung das Referat zu halten. In dieser Versammlung ging es um die Veränderungen in den Beziehungen der DDR zur Volksrepublik China. In diesem Zusammenhang muss ich einflechten, dass bis zu diesem Zeitpunkt die Volksrepublik China, neben Ägypten, der größte Abnehmer für die Produkte unseres Betriebes war. Ständig waren chinesische Ingenieure und Techniker in unserem Betrieb. Die Herren hatten, wegen der großen Verbundenheit mit dem chinesischen Volk, Zugang zu allen Unterlagen und Plänen. Nach dem Bruch konnten sie mit Hilfe der Unterlagen unsere Produkte selbst herstellen. An diesem Tag musste ich nun den 120 Genossen verkünden, dass die Führung der DDR die freundschaftlichen Beziehungen zu China für beendet erklärt hat. Erstmals gab es in einer Mitgliederversammlung nach meinem Referat rege Diskussionen. Viele Redner verstanden wegen der 180-Grad-Wendung der politischen Führung der DDR die Welt nicht mehr. An diesem Tag hat mir der Betriebsdirektor bei der Beantwortung der kritischen Fragen geholfen, von den Genossen aus der Parteileitung, gab es nur betretenes Schweigen.

Kurze Zeit später wurde die Wehrpflicht in der DDR eingeführt, bis dahin war der Waffendienst freiwillig. Ich gehörte zu den ersten Wehrpflichtigen, die im April 1962 eingezogen wurden. Mit der Einberufung zur Nationalen Volksarmee endete mein frühes Mitwirken in einer Funktion der SED. Mit großem Abstand betrachtet, hatte ich Glück, denn ich lernte gleich am Anfang meiner Mitgliedschaft in einer Partei, wie wenig engagierte Mitglieder es gibt. Die Wehrpflicht kam so gesehen zur rechten Zeit. Das ganze Gedöns erwies sich als hohle Phrase. Richtig abstoßend fand ich häufig das leere Gerede, das Wiederholen von schon hundertmal aufgesagten Sprüchen ohne jede Substanz. Meine Zukunft, dies war mir jetzt klar, lag in einem technischen Beruf.

Dieter, 19 Jahre alt

16

NVA

1962–1963

Soldat wollte ich nie werden, hatte auch den Werbungen für eine Freiwilligenarmee der DDR widerstanden. Zu nah waren mir die Erinnerungen und Bilder über den 2. Weltkrieg und den Tod meines Vaters am 16.08.1943. Am 24. Januar 1962 hatte die Volkskammer der DDR die Einführung der Wehrpflicht beschlossen und natürlich wurde dieser Beschluss schnell verwirklicht. Der Einberufungsbefehl änderte meine Lebensplanung komplett.

Gemäß dessen meldete ich mich am 4. April 1962 in einer Kaserne in Strauß-berg-Nord bei Berlin, einem Barackenlager aus der Nazizeit. Es gab keine Straßen und Wege, nur Sand. Gleich am nächsten Tag begann die Grundausbildung. Alles war so, wie ich mir das Soldatenleben vorgestellt und in Filmen gesehen hatte. Wecken, waschen und Morgenappell, Ausbildung am Vormittag, Mittagessen, Ausbildung am Nachmittag, Abendessen. In dieser Reihenfolge war der Tagesablauf der nächsten 18 Monate streng geregelt. Ganz martialisch das Auftreten der Vorgesetzten zum Morgenappell. Es wurde alles auf Sauberkeit geprüft, ganz hoch im Kurs standen Kragenbündchen und Kamm. Beides musste absolut sauber sein. Schon nach wenigen Tagen fanden wir einen Weg um der Drangsal zu entgehen. Ab sofort gab es die Kragenbündchen und den Kamm fürs Vorzeigen und das Double für das normale Leben. Aber auch am nie benutzten Kamm war ab und an ein Fusselchen, das reichte, um mit dem martialischen Ausspruch: »Sie Dreckschwein, zurück in die Unterkunft zur Säuberung!« wieder in die Baracke geschickt zu werden. Gesäubert habe ich dort nichts, ich habe fünf Minuten in der Zeitung oder einem Buch gelesen, dann ging es wieder nach draußen zum Appell. Der Kamm wurde vorgezeigt und ohne dass er vom Vorgesetzten richtig angeschaut wurde, kam das Gebrüll: »Warum nicht gleich so, eintreten!«.

Die Ausbildung war richtig hart, Drill im Sinne des Wortes. Es gab aber auch lustige Szenen, wie die bei einem Morgenappell, als der Hauptmann zornschnaubend vor der Kompanie stand und brüllte: »Genosse Hinkel, vortreten!«. Der Genosse Hinkel trat vor und wurde gefragt, ob die Abholaufforderung des Bahnhofs in Strausberg für ein Fass Bier tatsächlich an ihn gerichtet sei. Jawohl Genosse Hauptmann, so die zackige Antwort meines Kameraden, und, er erwartet auch noch ein Päckchen. Ein Päckchen für ihn ist auch eingetroffen, assis-

Gefreiter Dieter Müller

tierte der Spießschreiber dem Hauptmann. Was soll denn in dem Päckchen sein, fragte der Hauptmann? Die Antwort: »Im Päckchen muss der Zapfhahn sein.«, war logisch und doch irgendwie verblüffend. Die Antwort wurde, zum Missfallen des Hauptmanns, mit großem Gelächter quittiert.

Nach kurzer Überlegung befahl der Hauptmann: »Sie gehen jetzt in Stadturlaub und senden das Fass wieder zurück. Morgen früh zum Appell zeigen Sie mir den Beleg für die Rücksendung.« Ein volles Fass Bier zurücksenden – unmöglich. Wir gewannen den diensthabenden Fahrer des nur 100 m entfernten Ministerium für Nationale Verteidigung für das Abholen des Fasses vom Bahnhof. Nach Dienstschluss ging die ganze Gruppe, bewaffnet mit Biergläsern, ins Ministerium. Das 50-Liter-Fass war am frühen Abend ausgetrunken, der Fahrer schaffte das leere Fass zum Bahnhof und am anderen Morgen wurde dem zufriedenen Hauptmann der Rücksendeschein übergeben.

Nach der Grundausbildung wurde ich in die Wachkompanie am Flugplatz Dessau versetzt. Hier musste ich sechs Monate lang, jeden zweiten oder dritten Tag Wache im 24-Stunden-Dienst oder im 12-Stunden-Dienst stehen. Ein furchtbar eintöniger Dienst. Es kam durchaus vor, dass der eine oder andere meiner Kameraden im Stehen, leicht angelehnt, schlafen konnte. Im Winter und bei Nebel im Frühjahr war der Wachdienst eine ganz schöne Quälerei. In den langen Nächten kam manchmal auch Angst auf. Ich musste immer an einen Unfall in meiner Kaserne zum Weihnachtsfest 1961 denken, als ein Wachsoldat in einem Schreckmoment seine Maschinenpistole nach oben riss und der sich unbeabsichtigt lösende Schuss einen Kamerad tödlich traf.

Erzählt wurde auch von einem Offizier, der, bei der nächtlichen Kontrolle der Wachposten provozierte und nach den Regeln des Wachdienstes erschossen wurde. Der Mann hatte sich angeschlichen. Nach dem ersten Anruf des Postens: »Stehen bleiben oder ich schieße!« ist er geflüchtet. Nach dem zweiten Anruf und dem folgenden Schuss in die Luft blieb er nicht stehen. Der Posten schoss dann in Richtung des Geräuschs, es war Nacht, und er traf tödlich.

In meine Dienstzeit fiel auch die Kubakrise, die am 24.10.1962 begann, die vermutlich größte Bedrohung des Friedens nach dem 2. Weltkrieg. Wegen der fehlenden Informationen, unabhängige Rundfunksender konnten wir in der Kaserne nicht empfangen, war mir die Brisanz der Sache damals nicht bewusst gewesen. Merkbar wurde die Krise für uns erst, als für alle Offiziere und Unteroffiziere, die außerhalb der Kaserne wohnten, eine absolute Ausgangssperre verhängt wurde. Wir befanden uns im Kriegszustand. Wegen der Kubakrise und dem sich verschärfenden Kalten Krieg zwischen den Weltmächten musste ich sechs Wochen länger dienen.

Im Januar 1963 kam es in der Kaserne Dessau, die bis 1945 den Junkers Flugzeugwerken als Verwaltungsbau diente, zu einer für die DDR typischen Mangelkatastrophe. Wegen der langanhaltenden Temperaturen unter 20 Grad Minus gingen die Brennstoffe zur Neige, auch in unserer Dienststelle kam nichts mehr an. Der Kommandeur faste deshalb den genialen Beschluss, Teile der Kaserne nicht mehr zu beheizen. Der Befehl wurde ausgeführt. Genial, denn nun wurde weniger Heizmaterial benötigt. Der Teufel steckt aber wie immer im Detail. Das Detail bestand in diesem Falle darin, dass der Kommandeur vergessen hatte, den Befehl zu erteilen, alles Wasser in den heizungslosen Teilen der Kaserne abzulassen. Die Folgen waren erst nach dem Beginn Tauperiode sichtbar. In den Gebäudeteilen ohne Heizung waren sämtliche Toiletten, Spülkästen, Ausgleichsbehälter und auch Rohrleitungen durch den Frost geplatzt. Der Schaden dürfte leicht eine Größenordnung von 300.000 Deutsche Mark erreicht haben. Befehl ist eben Befehl. Genauso wurden von den großen Kommandeuren auch Befehle erteilt, wenn es um Menschenleben ging. Für mich brachte der große Schaden einen Vorteil, denn ich wurde aus dem Knast entlassen, in dem ich wegen verspäteter Rückkehr aus dem Ausgang einsaß. Ich wurde gebraucht, weil ich der Einzige in der Kaserne war, der wusste, wo die Wasserleitungen im Kasernengelände liegen. Die Kenntnis hatte ich von meinem Dienst bei der Flugplatzfeuerwehr, zu der auch die Wartung der Hydranten gehörte.

Zu einem Erlebnis, bei dem ich erstmals in meinem Leben richtig Angst verspürte, kam es etwas später in Strausberg, beim Wachdienst. In der Gaststätte der Kaserne hatten einigen Kameraden zu viel getrunken und zettelten eine Schlägerei an. Der angebliche Rädelsführer, ein Hüne von mindestens 1,90 m, sollte auf Befehl des diensthabenden Offiziers in das rund 15 km entfernte Standortgefängnis Straußberg gebracht werden. Ich sollte den Mann während der Fahrt bewachen. Kein Problem dachte ich, denn in aller Regel gab es vollstes Einvernehmen, wir waren ja beide einfache Soldaten. Bei einem Angetrunkenen gelten die üblichen Spielregeln aber nicht, ganz plötzlich bedrohte er mich während der Fahrt. Der Mann war viel größer als ich, im Handgemenge auf einem fahrenden Lkw standen meine Chancen nicht gut. Als er nach verbalen Attacken auf mich losstürmte riss ich die Maschinenpistole in Anschlag und brüllte ihn an. Er blieb stehen und setzte sich nach einigem Zögern wieder. Was passiert wäre, wenn er wirklich auf mich losgestürzt wäre, weiß ich nicht. Ich weiß nur, dass ich Angst hatte, und Angst ist kein guter Ratgeber. In dieser Nacht habe ich noch lange gezittert, vermutlich am meisten deshalb, weil ich im Ernstfall einen Menschen schwer verletzt oder vielleicht auch getötet hätte.

Mit der Flugplatzfeuerwehr mussten wir nur einmal einen Einsatz fahren, als ein kleines 4-sitziges tschechisches Kurierflugzeug vom Typ Super-Aero das Fahrwerk nicht ausfahren konnte. Wir sprühten auf der Landebahn einen Schaumteppich. Das Flugzeug landete im Schaum und wir fuhren mit Vollgas hinter dem landenden Flugzeug her. Es ist, Gott sei Dank, nichts weiter passiert. Kurze Zeit später stürzte ein Flugzeug vom gleichen Typ, nur 20 km von unserem Flugplatz Strausberg entfernt, auf ein Feld. Alle vier Insassen starben. Die Flugzeugteile wurden mit einem Lkw in unseren Hangar gefahren und von Spezialisten entsprechend ihrer Position am Flugzeug auf dem Hallenboden ausgelegt. Mit dieser, auch heute noch üblichen Methode, wollte man die Ursachen für den Absturz herausfinden.

Für die großen Doppeldecker auf unserem Flugplatz, vom Typ AN-2, gab es im Sommer 1963 eine zivile Nutzung. Fallschirmsportler des Clubs aus Hoppegarten stellten mehrere Weltrekorde im Gruppenspringen bei Tag und Nacht auf.

Kurz vor dem Ende meiner Dienstzeit musste ich noch einmal in Dessau Dienst tun. Der Zugführer, der schon im Dritten Reich diente, hatte den Dienstgrad Stabsfeldwebel, eine damals, vermutlich auch heute, fast unangreifbare Position. Das Hobby unseres Zugführers, der im zweiten Beruf eine kleine Landwirtschaft betrieb, war der Fußball. Er war Edelfan des Dessauer Fußballclubs. Dieser Verein hatte viele Jahre in der DDR-Oberliga gespielt, nun stand es aber nicht mehr ganz so gut. Die Woche war gelaufen, wenn der Genosse Stabsfeldwebel am Montag mit fröhlicher Miene zum Dienst erschien. Dann hatte Dessau gewonnen. Bei einer Niederlage, noch dazu einer Heimniederlage fasste er mehrfach den Beschluss, noch am Montagabend den Fußballplatz mit seinem Traktor umzupflügen. Dazu ist es allerdings nie gekommen, dann nach dem Frühstück zog er sich in das Zimmer des Spieß zurück, der gleichfalls den Rang eines Stabsfeldwebels begleitete. Die Sache wurde dann bei einer guten Flasche Kognak bis Mittag besprochen und war dann ganz offensichtlich vom Tisch. Ein seltsames Völkchen, die Unterführer, die vermutlich in jeder Armee der Welt aus den Unterschichten kommen.

Fernstudium in Gera – Dipl.-Wirtsch.-Ing.

1963–1968

Der Kaderleiter meines Lehrbetriebes hatte mich davon überzeugt, ins kaufmännische oder ökonomische Fach, wie es zu dieser Zeit hieß, zu wechseln. Meine Perspektive im Betrieb sollte zukünftig im Bereich des Hauptbuchhalter liegen. Voraussetzung dafür war meine Bereitschaft, ein Fachschulstudium aufzunehmen. Die Fachschule in Plauen lag da recht günstig, denn vom Arbeitsort in Greiz-Dölau nach Plauen waren es höchstens 20 km. Ökonomie war nicht mein Berufswunsch Nr. 1, aber wegen der nicht so guten Noten in der Abiturprüfung eine Alternative für den von mir geplanten Ausstieg aus der gewerblichen Arbeit.

Die Aufnahmeprüfung in Plauen, in den Fächern Mathematik und Deutsch, musste ich ganz allein in einem Zimmer, schreiben. Wegen der guten Ergebnisse der Aufnahmeprüfung – in Mathematik hatte ich wohl keinen Fehler – sollte ich, so der Vorschlag der Fachschule, ein Direktstudium beginnen. Für ein Fernstudium war ich mit meinen 21 Jahren nach ihrer Ansicht zu jung. Ganz so unrecht hatten die Leute wohl nicht, aber meine wirtschaftliche Situation ließ gar keine andere Entscheidung zu. Meine Oma hatte nur eine kleine Rente und musste deshalb von mir unterstützt werden, denn mein Bruder war schon zum Studium in Berlin. Ein Direktstudium wäre einfach nicht möglich gewesen.

Am 26. Oktober 1963 begann das Abendstudium an der Außenstelle Gera der Fachschule für Ingenieurökonomie Plauen. In der Klasse war ich der Jüngste. Alle anderen Klassenkameraden standen schon länger im Beruf, meist hatten sie mittlere oder auch höhere Positionen, vom Betriebsdirektor bis zum Gewerkschaftsfunktionär. Das Studium war für die meisten Teilnehmer ganz wichtig, denn die von ihnen besetzten Stellen waren an ein Fach- oder Hochschulstudium gebunden. Der älteste Kommilitone hatte die 50 schon überschritten, der größte Teil war zwischen 30 und 40 Jahre alt. Die Belastung im Studium war recht hoch, denn wir hatten Montag, Mittwoch und Freitag zwischen 17 Uhr und 21:30 Uhr in Gera Unterricht. Im letzten der fast fünfeinhalb Studienjahre kam dann zeitweise noch der Sonnabend hinzu. Viel Freizeit gab es da nicht. Nach einer Eingewöhnungszeit von fünf bis sechs Monaten klappte das Zusammenspiel zwischen Arbeit, Studium und Familie/Freizeit recht gut. Ähnliche Erfahrungen hatte ich ja schon in den Jahren 1959 bis 1961 gesammelt, als ich den Abiturabschluss nachholte.

Im Spätherbst 1964 kann ich mich an eine interessante Exkursion erinnern. Ein Mitstudent, der bei Zeiss in Jena tätig war, hatte einen Besichtigungstermin an einem der weltweit größten Rechner bekommen. Der zuständige Abteilungsleiter bei Zeiss erklärte uns die Arbeitsweise des Giganten. Das Herz der Maschine mit dem Namen ZRA I, bestand aus Röhren. Nach dem auch heute noch gültigen binären Prinzip der Funktion eines Rechners, bestand das Monstrum aus Tausenden von Röhren. Allein für die Kühlung war eine Leistung von mehr als 80 kW erforderlich. Für den Rechner wurde ein Raum von 50 bis 60 m² benötigt. Die gleiche Leistung vollbringt heute ein Taschenrechner, der dafür ohne Kühlung und fast ohne Energie auskommt. Deutlicher als an diesem Beispiel kann man den technischen Fortschritt der letzten 50 Jahre nicht darstellen. Selbst Visionäre der damaligen Zeit hätten dies nicht für möglich gehalten. Da hätte vermutlich auch Jules Verne versagt.

Ich war damals fest überzeugt, dass wir das Land wieder voranbringen und uns nicht vor der kapitalistischen Welt fürchten müssen. Mitte der 60er Jahre war dies sicher auch noch möglich. Hätte sich Walter Ulbricht mit seinem später vielgescholtenen neuen ökonomischen System, das keine volle Verstaatlichung vorsah, durchgesetzt, hätte die DDR eine völlig andere Entwicklung genommen.

Nach fünfeinhalb Jahren Fernstudium bestand ich die Abschlussprüfungen, und durfte mich Ing.-Ökonom nennen, die Eintrittskarte für niedere und mittlere Führungsebenen.

18

Städtisches Straßenwesen in Gera

1966–1980

Wie kam ich vom ökonomischen-kaufmännischen Bereich eines Maschinenbaubetriebes in das städtische Straßenwesen der damaligen Bezirksstadt Gera? Diese Frage habe ich mir später selbst oft gestellt und sie wurde mir natürlich auch von anderen gestellt. Hauptgrund waren die Menschen, die ich im Fernstudium kennen lernte. Einer dieser neuen Bekannten war Abteilungsleiter im VEB Dampfkesselbau Gera, eines Partnerbetriebes meines Betriebes in Greiz. Mitte 1965 hatte er ein Gespräch mit seinen ehemaligen Betriebsdirektor vermittelt, den man in der Zwischenzeit zum VEB Stadtwirtschaft Gera versetzt hatte. Zu diesem Betrieb gehörte eine kleine Abteilung mit Namen »Dienstleistungs- und Versorgungsbetrieb Straßenunterhaltung des Rates der Stadt Gera«. Für diese Abteilung mit 19 Mitarbeitern suchte er einen Chef im Range eines Abteilungsleiters. Ganz schnell habe ich mich für diese Aufgabe entschieden, weil ich hier Chancen für meine zukünftige Entwicklung sah.

Am ersten Arbeitstag des Jahres 1966 begann ich die Tätigkeit in einer für mich völlig neuen Branche. Heute wäre es undenkbar, einen 23-jährigen Mann, der keine Ahnung von der Materie hat, die Führung einer sehr selbständigen Abteilung mit 19 Mitarbeitern zu übertragen. Möglich war das auch nur wegen dem absoluten Mangel an Fachkräften in der DDR, die in den 50er Jahren zu Tausenden in die Bundesrepublik geflohen waren.

In meinem Fall gab es sogar noch einen Fachmann in der Abteilung, einen Eisenbahnbau-Ingenieur. Der war im 2. Weltkrieg der Chef des großen Weichenbauzuges auf dem Hauptbahnhof in Leipzig. Nach den Bombenangriffen musste der Weichenbauzug die Anlagen wieder instand setzen. Eine bestimmt nervenaufreibende Aufgabe. Vielleicht kam aus dieser Zeit auch der Hang zum Alkohol, der dem Herrn den Abteilungsleiterposten kostete. Bis zum 31.12.1965 war er der Chef gewesen. Nun musste er sich jetzt einem jungen Mann unterordnen, der sein Sohn sein konnte. Die Sache mit dem Alkohol war mit dem Abschieben in die zweite Reihe auch noch nicht beendet. Leider gab es immer wieder neue Probleme. Was tun, habe ich mich in den ersten Stunden und Tagen nach meinem Dienstantritt gefragt? Zuerst versuchte ich krampfhaft, zu begreifen, was die Leute in der kleinen Firma so richtig tun. Die Arbeitsleistung war insgesamt nur sehr niedrig, dies lag weniger an den Leuten, als an der Organisation im Betrieb und den fehlenden technischen Möglichkeiten. Meinen Vorgänger bat ich im Chefbüro zu bleiben, neben meinem Arbeitsplatz, denn ich wollte und musste viel von ihm lernen. Die Büroräume hatten eine Ausstattung, die jedem Film über den Anfang des 20. Jahrhunderts hohe Authentizität verliehen hätten. Geheizt wurde mit kleinen Öfen. Der Büroraum des Lagerverwalters war gleichzeitig auch Gaststätte und Bierverkauf. Auch wenn man mir versicherte, dass Bier nur nach Feierabend getrunken wird, der Bierverkauf wurde von mir nach wenigen Wochen geschlossen.

So richtig frustrierend war die technische Ausstattung. Neben Handwagen und Fahrrädern gab es einen alten sowjetischen Lkw, der erst kurz vor meinem Eintritt angeschafft worden war und einen Lkw aus DDR-Produktion, vom Typ H3 A. Eine meiner ersten Amtshandlungen war es, zu prüfen, wie viel Benzin der sowjetische Lkw denn tatsächlich verbraucht. Abgerechnet wurde der kleine Lkw mit einem Verbrauch von über 100 Liter Benzin je 100 km Fahrweg. Zu viel nach Auffassung der Buchhalterin und auch nach meiner Einschätzung. Nach einer Prüfrunde stand fest, dass der Lkw nicht mehr als 40 bis 45 Liter je 100 km benötigte. Man hatte den Tank regelrecht gemolken. Verdächtige gab es, erwischt habe ich keinen Mitarbeiter. Einige Monate später konnte ich den sowjetischen Lkw verkaufen und durch einen weiteren Lkw aus DDR-Produktion ersetzen.

Die Beschilderungsgruppe fuhr noch mit dem Handwagen zur Arbeit ins Stadtgebiet. An einem Tag kamen die beiden Leute kurz nach der Mittagszeit wieder auf den Bauhof. Sie waren früh mit ihrem Handwagen in das etwa 2 km entfernte Tinz gelaufen. Irrtümlich hatten sie das falsche Schild aufgeladen und mussten deshalb unverrichteter Dinge wieder zurück. Der Tag war gelaufen. Die beiden hatten den Spitznamen Max und Moritz, und genau so war auch die Geschichte dieses Tages. Nach dieser Panne hatte ich angeordnet, dass nur noch mit einem Fahrzeug zur Reparatur oder Neuaufstellung von Verkehrszeichen gefahren werden darf. Das Fahrzeug erhielt eine Grundausstattung mit Werkzeugen für derartige Arbeiten. Die Produktivität hatte ich mit dieser Maßnahme um mehrere 100 Prozent gesteigert.

Stück für Stück musste ich mir die Tätigkeitsfelder in der Firma erschließen. Organisatorisch gehörte die Abteilung Straßenunterhaltung zum Stadtwirtschaftsbetrieb der Stadt Gera. Dienstvorgesetzter war der Betriebsdirektor dieses Betriebes. Fachliche Vorgesetzte war die damalige Stadträtin für Verkehr des Rates der Stadt Gera, Frau Thea Walter. Direkt zuständig für die fachliche Anleitung war der Abteilungsleiter Straßen bei der Stadträtin, Herr Otto. Der Herr wurde von den Mitarbeitern »Millimeter-Otto« genannt, weil er es in allen Dingen sehr genau nahm. Kurze Zeit nach meinem Dienstantritt gab es die Abnahme einer Arbeit, die Herr Otto noch beauftragt hatte, die erste an der ich teilnahm. Herr Otto hatte den Chef der bauausführenden Firma zur Abnahme an Ort und Stelle eingeladen. Abgenommen wurde eine kleine Pflasterarbeit, zu der auch ein Straßenablauf , ein Gully, gehörte. Herr Otto eröffnete die Abnahme mit der Frage an den Unternehmer, ob denn das Wasser auch zum Gully hin abläuft. Selbstverständlich, Herr Otto, war die Antwort. Ganz trocken die Entgegnung von Herrn Millimeter-Otto: »Das werden wir ja sehen, der Wasserwagen wird gleich kommen.« Der mit Wasser gefüllte Wagen der städtischen Fäkalabfuhr kam auch wenige Minuten später, freudig begrüßt von Herrn Otto. »Lassen sie mal das Wasser an dieser Stelle ab«, wies er den Fahrer an. Die kleine Überschwemmung die jetzt entstand, zeigte sehr deutlich, wohin das Wasser floss. Im konkreten Fall nicht vollständig in Richtung Gully. Der Gully war 2 bis 3 cm höher eingebaut als das Schnittgerinne. Ohne Messungen mit einem Nivelliergerät war klar, das Werk des Handwerkers war nicht ganz gelungen. Zum Leidwesen des Herrn Zschächner wurde die Abnahme vertagt und dabei der Beweis erbracht, dass mit ganz einfachen Mitteln Qualität überprüft werden kann. Später hatte ich bei ähnlichen Pannen die tröstliche Bemerkung: »Das kann ja passieren, die Gullys sind eben sehr schnell heraus gewachsen«.

Nach einem Jahr wurde auf mein Drängen hin die Teilung in organisatorischen und fachlichen Dienstvorgesetzten, das heißt das Dienen zweier Herren, aufgehoben. Der Straßenunterhaltungsbetrieb wurde als selbständiger Betrieb der Stadträtin unterstellt. Ich wurde von der Stadtverordnetenversammlung der Stadt Gera ganz offiziell zum Betriebsleiter berufen. Alle Funktionen des Stadtwirtschaftsbetriebes, dem wir bis Ende 1966 als Abteilung zugeordnet waren, mussten wir nun selbst übernehmen, beginnend von der Lohnbuchhaltung bis zur eigenen Gewerkschaftsleitung.

Im Jahre 1967 wurde mir immer mehr deutlich, dass wir mit der bestehenden Organisationsstruktur nicht vorankommen würden. Gleich zu Anfang des Jahres gab es eine Straßensperrung zwischen Gera und Gera-Langenberg, weil das aus dem Leck einer Wasserleitung fließende Wasser direkt auf der Fahrbahn gefror und sich bis zu einem fast einen Meter hohen Eisblock auftürmte. In der Nacht blieb die Verbindung nach Langenberg gesperrt, am nächsten Tag rückten wir mit Spitzhacke und Schaufel an, um das Hindernis zu beseitigen. Eine katastrophale Situation. Wir waren ohne die damals schon bekannten technischen Möglichkeiten einfach hilflos.

Für die Reparatur und Instandsetzung der wenigen Gussasphaltbeläge in der Stadt konnten wir Ende der 60er Jahre die Firma Köllner aus Leipzig gewinnen. Auf unserem Lagerplatz in der Leibnizstraße erhielt die Firma eine Fläche für die Herstellung von Gussasphalt in Ausfahrkochern.

Noch gut kann mich an den Chef der Firma erinnern, der ca. 10 Jahre älter war als ich. Im Familienbetrieb war er nachgerückt und hatte die Geschicke der Leipziger Traditionsfirma erst vor kurzer Zeit übernommen. An einem Morgen, ich hatte ihn wegen einiger Unstimmigkeiten auf die Baustelle gebeten, kam er gegen 7:30 Uhr aus Leipzig. Sein erster Satz auf der Baustelle lautete sinngemäß, dass ich ihm den gestrigen Herrenabend in Leipzig durcheinander gebracht hätte. Wegen der frühen Fahrt nach Gera hätte er nach jedem der 13 doppelten Kognak einen starken Kaffee trinken müssen. Diese Mischung, so dachte ich, würde ein Pferd töten. Das war für mich erstaunlich, denn, wie ich wusste, hatte sein Vater einen Herrenabend nicht überlebt. Der alte Herr war in einer kalten Winternacht sehr spät oder schon früh aus dem Wirtshaus gekommen. An einem Bahndamm muss er ausgerutscht sein. Er kollerte einige Meter nach unten und muss wegen der Wirkungen des Herrenabends sofort eingeschlafen und an Unterkühlung gestorben sein.

Den Arbeitsfortgang besprachen wir häufig im beliebtesten Lokal der Geraer Bürger, in der Quisisana. In diesem Lokal spielte von früh 10 Uhr bis zur Polizeistunde immer ein kleines Orchester. Jedes Mal, wenn wir früh ins Lokal kamen, bestellte er die Schiwago-Melodie bei den Musikern. Üblich war es damals, den Musikern eine Runde Schnaps zu spendieren, die von den Musikern auch getrunken wurde. Nach den ersten Akkorden wurde mein Geschäftspartner ganz still, er lauschte den Tönen und dann liefen die Tränen vor Rührung. Erst nach der Schiwago-Melodie begann dann die Verhandlung.

Anfang der 70er Jahre zeichnete es sich ab, dass die Fa. Köllner nicht mehr in Gera arbeiten durfte. Die Planwirtschaft hatte nach 1971 den Transfer von Baukapazitäten von einem Bezirk der DDR in den anderen Bezirk verboten. Die DDR war in die Kleinstaaterei Deutschlands vor 1918 zurückgekehrt. Wenn wir auf den Einbau von Gussasphalt nicht verzichten wollten, mussten wir selbst Gussasphalt herstellen und einbauen. Kurz entschlossen habe ich eine eigene Kapazität aufgebaut, die in etwa die Leistungsfähigkeit der Leipziger Firma hatte. Für das Ausfahren des Gussasphaltes konnte ich drei fabrikneue Kocher aus polnischer Produktion kaufen. Diese Maschinen waren eine einzige Katastrophe, denn häufig kam es zu Verpuffungen mit explosionsartigem Charakter. Wir waren in den drei Thüringer Bezirken der einzige Hersteller von Gussasphalt, vermutlich einer der vielleicht sechs bis sieben Hersteller in der DDR. Gussasphaltbeläge mussten wir deshalb in den nächsten Jahren in Militärobjekten und auf Straßenbrücken außerhalb der Stadt Gera einbauen. Erst die Erdölkrise 1979 beendete die Episode mit dem Gussasphalteinbau durch den Städtischen Straßenunterhaltungsbetrieb.

1968 hatte ich mir gedacht, dass es für die Organisation des Betriebes auch Ideen außerhalb Stadt Gera geben muss. Ich bemühte mich deshalb um Kontakte zu den großen Städten der DDR. Unter Führungen des Chefs des Leipziger Straßenunterhaltungsbetriebes, den man erst gegründet hatte, entstand ein Interessenverband, heute würde man dazu Lobbyistenverband sagen. Bei der Gründung des Verbandes gab es nicht viele Mitglieder, deshalb wurde ich junger Mann Mitglied des Vorstands, auch weil ich auf die zweitlängste Dienstzeit im Fachbereich verweisen konnte. Infolge der sich immer mehr verstärkenden Motorisierung gab es einen großen Bedarf für die organisatorische Regelung dieser Aufgabe in den Städten. Das Straßennetz stammte noch aus dem 19. Jahrhundert, teilmodernisiert in einer Phase wirtschaftlichen Aufschwungs in den 20er Jahren. Dem modernen Fahrzeugverkehr war das veraltete Netz nicht mehr gewachsen, es mussten neue Strukturen für die Verwaltung der Straßennetze gefunden werden. Im Verband wurde deshalb die Idee geboren, in den Städten Direktionen für das Straßenwesen zu etablieren und diese Einrichtungen mit der kompletten Palette der Aufgaben des städtischen Straßenwesens zu beauftragen. Innerhalb des Verbandes waren wir Geraer ein Exot, denn wir waren genau genommen ein Straßenbaubetrieb.

Fast 10 Jahre war ich einer der Motoren der Entwicklung im städtischen Straßenwesen der DDR. Von mir selbst wurde in dieser Zeit ein kleines Heftchen verfasst, was als eine Art Standardwerk und »Kochvorschrift« für die Instandhaltung von Straßenverkehrsanlagen in Städten galt, sowie Mustersatzungen und kleine Regelwerke.

Ganz zufällig war ich mit meinem Wechsel in das Straßenwesen 1966 in eine Umbruchsituation geraten, in eine richtig spannende Zeit. Die Umbenennung des Straßenunterhaltungsbetriebes der Stadt Gera in Stadtdirektion Straßenwesen Gera erfolgte dann folgerichtig am 18. Juli 1974. Die hoheitliche Aufgabe der städtischen Straßenverwaltung wurde in die Direktion integriert, in der ich dafür eine Abteilung mit 8 Mitarbeitern aufbaute, einschließlich einer Stelle für den Liegenschaftskataster. Es war mir nämlich aufgefallen, dass es in Gera Straßen gab, die über Privatland führten oder Straßenland, das von Bürgern als Garten benutzt wurde. Aus der Baufirma wurde eine Verwaltung mit angeschlossenem Bauunternehmen.

Die erste Erdölkrise 1973 hatten wir noch als Straßenbaubetrieb überstanden. Die Zweite 1979 überstand der Teil Bauunternehmen der Stadtdirektion Straßenwesen Gera nicht mehr. Wir erhielten kein Bitumen und mussten deshalb die Arbeit einstellen. Mein Aufbauwerk wurde durch weltpolitische Ereignisse von einem Tag auf den anderen zerstört. Die Stadtdirektion wurde – mit Ausnahme eines kleinen Bauhofes und der Beschilderungsabteilung – eine reine Verwaltung. In einer städtischen Verwaltung wollte ich aber auf keinen Fall arbeiten. Mich grauste es bei dem Gedanken, bis zum 65. Geburtstag in einer städtischen Verwaltung zu arbeiten, den oft unsinnigen Festlegungen der Kommunalpolitiker zu folgen und jahrein, jahraus das gleiche tun. Mit der Änderung wurde meine Kreativität, die auf weitgehender Unabhängigkeit beruhte, einfach nicht mehr benötigt. Ich musste mir eine neue Arbeit suchen.

Aufbau einer Schwarzdeckenbaukapazität

Montag, 19. Juni 1967

Früh um 5 Uhr klingelte wie immer der Wecker, mein langer Arbeitstag begann. Nach dem Frühstück in der Küche, die ich seit frühester Kindheit kannte, lief ich 20 Minuten zum Hauptbahnhof in Greiz, von dort ging es in einer knappen Stunde mit dem Personenzug der Deutschen Reichsbahn nach Gera-Südbahnhof. Der Fußweg zum Arbeitsplatz in der Straße Am Fuhrpark, den ich gegen 7 Uhr erreichte, betrug nur knapp fünf Minuten. Angekommen in der Firma, berichteten meine Mitarbeiter von einem starken Gewitter, das in der letzten Nacht über Gera hereingebrochen war. Es regnete wie aus Eimern. Nun ja, hatte ich mir gedacht, ein Extremwetter wie es immer mal wieder vorkommt. Vom Starkregen in Gera hatte ich in Greiz selbst nichts mitbekommen. Aber dieses Unwetter sollte Auswirkungen auf meine berufliche Entwicklung haben.

Kurz nach Arbeitsbeginn erhielt ich die Mitteilung, dass der Oberleitungsbus (O-Bus) zum Ostfriedhof nicht mehr fahren kann, weil von den Straßen, die der Bus auf seiner Route passiert, große Schlammlawinen auf die Fahrbahn gespült worden waren. Die Straße war unpassierbar. Was tun? Im Jahr 1967 hatte ich in meiner Eigenschaft als Chef des städtischen Straßenunterhaltungsbetriebes nur eine Möglichkeit zur Schadenbeseitigung, das waren drei Leute, die, ausgerüstet mit Hacke und Schaufel, Schlamm und Geröll beseitigen mussten.

Mit einem russischen Lkw vom Typ SIS, dies steht für »Sawod imeni Stalina«, zu Deutsch: Fabrik namens Stalin, fuhren wir an die Stellen, an der das Geröll lag. In mühsamer Handarbeit machten wir uns an die Arbeit. Es verging ein halber Tag, ein ganzer Tag und der nächste Tag, ehe wir in der Lage waren, die Fahrbahn wieder für den O-Bus freizugeben. Eine verflixte Situation, dachte ich, das kann ja ständig wieder passieren. Das gesamte Straßennetz der Stadt ist äußerst fragil, da die vielen bergigen Straßen der Stadt zum Großteil keine festen Beläge hatten. Die Straßen hatten Schotterdecken oder Makadamdecken, genannt nach dem Schotten Mac Adam, der im 19. Jahrhundert diese Art des Straßenbaus erfunden haben soll.

Guter Rat war teuer. Gesehen hatte ich, wie ganze Städte mit festen Belägen versehen waren. Ich war noch nicht viel herumgekommen, aber in den Zentren von Leipzig und Dresden, aber auch in Berlin, das waren die Städte, die ich ein oder zwei Mal besucht hatte, konnte ich das sehen. Warum, so dachte ich, warum soll es diese befestigten Straßen nicht auch in Gera außerhalb des Zentrums geben. Nach einigen Überlegungen hatte ich mir gedacht, heulen und schimpfen nützt nichts. Ich muss die Straßen in Gera auch so befestigen, dass der Regen keinen Schaden mehr anrichten kann. Ich fasste für mich den Entschluss, das Straßenwesen der Stadt komplett zu verändern.

Für die Umsetzung der Idee musste ich mit dem Oberbürgermeister meiner Stadt, mit dem von mir hoch verehrten Horst Pohl, sprechen. Ich schilderte ihm meine Vorstellungen, und ohne große Diskussion erhielt ich seine Unterstützungszusage. Wenn sie das schaffen, Herr Müller, dann hätten wir ja ein wirklich großes Problem in unserer Stadt gelöst. Wenn sie Geld brauchen, dann gehen sie bitte zum Finanzstadtrat, der damals auch auf den wunderschönen Sammelbegriff Müller hörte. Zwei, drei Tage später war ich dann bei Herrn Finanzstadtrat Müller, der offensichtlich schon informiert vom großen Chef, die Frage stellte, wie viel ich denn benötigen würde, um die Sache anzuschieben. Die Frage konnte ich zu diesem Zeitpunkt noch nicht genau beantworten. Kurze Zeit später legte ich mein Konzept auf den Tisch, das ohne lange Diskussion bestätigt wurde.

In der Planwirtschaft der DDR war die Umsetzung meiner Idee ein schwieriges Unterfangen, denn in der DDR-Systematik waren wir kein Betrieb, sondern eine städtische Verwaltung. Eine Verwaltung benötigt nach dieser Logik aber keine Maschinen und Baumaterialien. Diesem Teufelskreis von Vorschriften musste ich entrinnen. Eine Aufgabe, zu der viel Mut, ein bissel Trickserei, aber vor allem Entscheidungsfreude gehörte. Ich ging sofort ans Werk. Beim Autobahnbaukombinat der DDR kaufte ich nach wochenlangen Verhandlungen eine noch recht neue Mischanlage für die Herstellung des bituminösen Mischgutes.

Nächster Schritt war der Kauf eines Schwarzdecken-Fertigers, einer Maschine, mit der eine glatte, verdichtete Decke hergestellt werden kann, und dazu zwei Walzen und anderes Kleingerät. Der Einstieg gelang, weil der Hersteller der Schwarzdeckenfertiger in Nordhausen eine Exportmaschine nicht verkaufen konnte und erfreulicherweise wurde ich, nicht ganz zufällig, gefragt, ob wir denn die Maschine in Gera abnehmen könnten. Wir sagten zu. Die Preise waren in diesen Fällen nicht zu verhandeln, denn es gab das System der Einheitspreise in der DDR, Verhandlungsspielraum bestand da nicht.

Für den Aufbau der komplett neuen Produktion für die Stadt Gera musste nun ein Standort gesucht werden, auf dem wir die nicht ganz so umweltfreundliche Mischanlage aufstellen konnten. In der Stadt Gera kannte ich keinen Ort, an dem ich mir getrauen konnte, diese Anlage, die Gestank und Qualm erzeugt, aufzustellen. Retter war die SDAG Wismut, die bei Ronneburg für mich eine Fläche bereitstellte. Ein Fläche, für die ich keine Anträge bei Ämtern stellen musste. Vertraglich wurde geregelt, dass ich für das Zugeständnis die SDAG Wismut bei Bedarf mit bituminösem Mischgut zu versorgen hatte. Die SDAG

Wismut verpflichtete sich die Anlage in ihr innerbetriebliches Instandsetzungssystem zu integrieren und die Winterinstandsetzung der Anlage durch ihre Werkstatt in Zwirtschen zu übernehmen. Der Baubetrieb der SDAG Wismut hatte über 3.000 Mitarbeiter und gehörte damals zu den größten Baubetrieben der DDR.

Ein weitere Hürde war das Personal. Wo gab es in der Stadt Gera Fachleute, die mit dem Fertiger und den anderen Maschinen, sowie dem Material überhaupt umgehen können? Ganz zufällig ergab es sich, dass ich mit einem Bauleiter ins Gespräch kam, der mir sagte, dass beim Autobahnbau-Kombinat Leute arbeiten, die hier in Gera wohnen. Diese Leute wurden von mir dann an den nächsten Wochenenden aufgesucht, denn in der Woche waren sie ja auf den Großbaustellen in Berlin, Rostock oder sonst wo unterwegs. Ich musste ihnen schmackhaft machen, Ihre Reisetätigkeit einzustellen und in Gera zu bleiben. Wir arbeiten gern in Gera Herr Müller, so die Antwort der Fachleute, aber am Lohn wollen wir nichts einbüßen. Die Tarife der städtischen Bediensteten waren zu dieser Zeit auch wirklich kein Anreiz für diese Fachleute, die in etwa das Doppelte beim Autobahnbau-Kombinat von dem Lohn bekamen, den ich zahlen durfte. Erneut musste ich mich auf den Weg zum Oberbürgermeister machen und die Bitte vortragen, alle Regularien, die hier in der Stadt in Lohnfragen galten, über Bord zu werfen und die Leute vom Autobahnbau-Kombinat mit ihren Stundensätzen einstellen zu dürfen. Die Genehmigung erfolgte sofort, denn der Oberbürgermeister hatte erkannt, dass er mit dem Schwarzdeckenbau unter seiner direkten Einflussnahme viele Probleme in der Stadt lösen konnte. Nun würde er bei Veranstaltungen und Wahlversammlungen punkten können. Das war so klar bei ihm, dass er innere Widerstände gegen Regeländerungen, was man sich heute kaum noch vorstellen kann, innerhalb von Minuten löste. Er schob alle Bedenken aus dem Weg und sagte: »Herr Müller, so wird's gemacht!«.

Die Arbeit mit einem komplett neu aufgebauten System der Herstellung und des Einbaus von Schwarzdecke, im heutigen Sprachgebrauch Asphalt genannt, konnte beginnen. Die letzte Hürde vor dem Start unserer neuen Produktion war dann noch einmal recht hoch. Zu dieser Zeit konnte man nicht einfach Baumaterial kaufen, dafür benötigte man im System der Planwirtschaft Kontingente. Ohne Kontingent kein Material. Das Kontingent bekam aber nur die Firma, in deren Wirtschaftsbereich oder System diese Materialien benötigt wurden. Die Stadtverwaltung Gera gehörte nicht in dieses System. Wieder waren Umwege erforderlich, denn der Fall eines städtischen Betriebes, der Schwarzdecke herstellte, stand ja auch in keinem Handbuch der DDR-Systematik der Planwirtschaft. Der städtische Straßenunterhaltungsbetrieb in Gera war der einzige Betrieb in der DDR, der eine eigene Anlage betrieb und damit zum Baubetrieb wurde.

Irgendwie konnte ich auch diese Hürde überwinden, aber sofort trat ein neues Problem auf. Wie kam das Bitumen, für das wir ein Kontingent bekommen hatten, von der Bitumenfabrik zu meiner Mischanlage? Ich hatte nun ein Kontingent für Bitumen, aber noch lange keinen Kontingent für den Transport des Bitumens zur Mischanlage. Ich musste nun auch noch einen Transporter kaufen. Wir wurden im Bitumentransport eine feste Größe im damaligen Bezirk Gera und waren unabhängig. Ein Engpass blieb der Splitt, von dem einfach zu wenig in der DDR hergestellt oder für Westgeld in die BRD verkauft wurde. In diesem Fall half das einzigartig und gut funktionierende System der Sondereinsätze. Ausgestattet mit einem Prämienfonds, den ich mir in Abstimmung mit dem Stadtrat für Finanzen beschafft hatte, wurden die volkseigenen Kraftverkehrsbetriebe in Plauen und Zwickau überzeugt, an einem Wochenende 5.000 t Splitt über eine Entfernung von fast 90 km, von Berbersdorf in der Nähe von Dresden, zur Mischanlage bei Ronneburg, zu transportieren.

Dann kam der lang ersehnte erste Tag, an dem das Material eingebaut werden konnte. Aus heutiger Sicht würde ich die damaligen Aktivitäten als eine Art Kulturtat für die städtische Entwicklung in dieser Periode der Stadtentwicklung einordnen. Angesichts der klammen Kassen der Stadt in der heutigen Zeit, wären einige Ortsteile vermutlich noch nicht an die Stadt angeschlossen und einige ältere Wohngebiete hätten heute noch keine befestigte Straße. Wir waren der größte Straßenbaubetrieb im damaligen Bezirk Gera, wenn man vom kurz vorher gegründeten Straßen-, Brücken und Tiefbaukombinat Gera absieht. Eine verrückte Geschichte, die zehn Jahre, bis zur Erdölkrise 1979, reibungslos funktionierte. Heute haben wir in Gera wieder den Stand vor 1966, ein Trauerspiel.

20

Fußweg zum Schloss Osterstein

1968

Viel offener und deutlicher als heute beschwerte man sich in der DDR über die Probleme des täglichen Lebens. Tabu waren freilich die Beschlüsse der Partei und der Staatsführung, sowie Mäkelei an der politischen Großwetterlage. Wer die Spielregeln einhielt konnte sich so über viele Dinge Luft machen. Besonders häufig und beliebt waren die Beschwerden über die Wohnverhältnisse, die in den Beschwerdestatistiken über viele Jahre den ersten Platz einnahmen. Unangefochten an zweiter Stelle rangierten die Beschwerden über den schlechten Zustand von Straßen und Gehwegen. In Gera war ich für diese Beschwerden der zuständige Blitzableiter. Fast täglich erhielt ich Eingaben der Bürger, versehen mit dem Stempel des Oberbürgermeisters und dem Termin für die Vorlage der Antwort. Die Antwort wurde, wie in der Politik vermutlich seit Jahrhunderten üblich, vieldeutig und aufschiebend formuliert. Feste Terminzusagen wurden tunlichst vermieden. Tatsächlich konnte ich auch gar keine festen Termine nennen, da es nur sehr wenige Mitarbeiter im Betrieb gab, die die erforderlichen Arbeiten ausführen konnten.

Die wenigen Tiefbauhandwerker der Stadt konnten meine Reparaturaufträge nur zum Teil übernehmen, da sie genügend andere Aufträge hatten. Auftrag war deshalb auch nicht das richtige Wort, denn ich musste die Handwerker regelrecht um die Ausführung anbetteln. Die Eingaben über die Schäden an Straßen und Gehwegen wuchsen rasant. Bald verdrängten sie die Beschwerden über die Wohnungsprobleme von der Spitze der Statistik.

Für die Behebung von Schäden an Pflasterstraßen hatte ich einen älteren Steinsetzer und einen Rammer (Helfer) in der Firma. Die kleine Gruppe war nicht flexibel, denn sie benötigte einen Bauunterkunftswagen, der zusammen mit dem erforderlichen Material jeweils zur Schadstelle gefahren werden musste. Immer wieder kam es zu Leerlaufzeiten, weil die Umsetzung an eine andere Kleinbaustelle zu spät erfolgte. Der Steinsetzer war ein sehr guter Fachmann, er hatte ein geschultes Auge für die Verlegung von Pflaster. Er hatte aber auch eine Schwäche für geistige Getränke. Mehrfach fragte seine Tochter früh ganz besorgt bei mir nach, wo denn der Vater gerade arbeitet. Sie ging dann zu der von mir genannten Baustelle und fand Ihren Vater und seinen Helfer bei der Arbeit. Die beiden hatten ihren Rausch ausgeschlafen und sich ganz zeitig an die Arbeit gemacht. Für eine größere Arbeit konnte ich meine zwei Fachleute nicht einsetzen, denn dann hätten sie mir für die Kleinreparaturen gefehlt.

Eine große Pflasterarbeit stand aber an, als auf dem Gelände der Schlossruine ein Terrassencafé eröffnet wurde. Der Weg dorthin war eine Katastrophe. Hinzu kamen viele Wohnungen, die im Areal der Schlossruine entstanden waren. Täglich erhielt ich Beschwerden. Eine Pflasterer-Kolonne gab es in Gera nicht mehr. Da half nur noch die in der DDR überbordende Schwarzarbeit, die sich, wenn sie im Auftrage des Staates ausgeführt wurde, Nationales Aufbauwerk (NAW) nannte. Es gelang mir, die in den verschiedenen Geraer Unternehmen vorhandenen Fachleute mit einer dicken Prämie für die Arbeit zu gewinnen, akzeptiert und gebilligt von der Stadtverwaltung. Die vereinbarte Bezahlung lag damit weit über den ortsüblichen Tarifen. Das erforderliche Kleinpflaster bekam ich aus einem Steinbruch der Oberlausitz. Die Anlieferung erfolgte in offenen Waggons der Deutschen Reichsbahn, die dann auf unserem Bauhof, der über einen Gleisanschluss verfügte, mit Hand abgeladen werden mussten.

In drei Monaten hatten wir das Ärgernis mit staatlich sanktionierter Schwarzarbeit aus der Welt geschafft, der Fußweg zum Schloss Osterstein war ein richtiges Schmuckstück geworden. Noch heute wird der Weg genutzt, auch wenn nach fast fünfzig Jahren erneut Schäden aufgetreten sind.

Terrassencafé Osterstein in den 1980er Jahren

Der kleine Straßenbaubetrieb

1969

Ende der 80er Jahre war den jüngeren Leuten nicht mehr bewusst, dass in der DDR nur 20 Jahre vorher große Teile der kleinen und mittleren Unternehmen privatwirtschaftlich geführt worden sind. In den 80er Jahren gab es dann fast nur noch volkseigenen Betriebe, Hotels und Gaststätten. Unternehmertum spielte auch in der Wahrnehmung vieler Menschen nur noch eine ganz untergeordnete Rolle. Die Lockerung der Beschränkungen für privates Engagement ab Mitte der 80er Jahre wurde da nur unterschwellig wahrgenommen. In meiner Zeit beim Dienstleistungs- und Versorgungsbetrieb Straßenunterhaltung des Rates der Stadt Gera war das noch völlig anders. Die Unternehmen, die Instandhaltungsarbeiten am städtischen Straßennetz ausführten waren ausschließlich Privatunternehmen. Wesentlichste Partner für den von mir geführten Betrieb waren die Straßenbaufirma Erich Auge, die Hans Zschächner KG, der Pflasterbetrieb Günther Meier und die Klaus Reinsberger KG in Zeitz.

Im Gegensatz zum Großteil der DDR-Bürger hatte ich deshalb zu Beginn meiner beruflichen Laufbahn im Straßen- und Tiefbau einen ganz normalen Umgang mit »Kapitalisten«. Vielleicht war das auch der Grund, warum ich 1990, nach der sogenannten Wende, recht schnell mit den veränderten Bedingungen zurechtkam.

Richtig fasziniert war ich zu Beginn meiner Arbeit beim Straßenunterhaltungsbetrieb vom Bauunternehmer Erich Auge, der mich mit seinen Ideen und Tatendrang begeisterte. Herr Auge war mit seinen sechs Beschäftigten mein wichtigster Auftragnehmer in den ersten Jahren, er hatte das kleine Straßenbauunternehmen seines Onkels übernommen und fortgeführt. Den Pflasterbau-Betrieb hatte der studierte Straßenbauer Erich Auge mit neuen Ideen modernisiert. Dem Trend der Zeit folgend stellte er seine Firma vollständig auf Schwarzdeckenbau um. Sein Problem war das Fehlen einer ausreichenden Kapitalgrundlage für die Anschaffung der doch recht teuren Technik. Vermutlich hätte ihm aber auch Kapital recht wenig genützt, denn zu dieser Zeit war es für Kleinunternehmer schwer, die für die Ausstattung erforderlichen Maschinen im Planwirtschaftssystem der DDR zu bekommen.

Er machte aus der Not ein Tugend und baute sich aus einer alten Trockentrommel, einem Zwangsmischer und einem Heizkessel seine Schwarzdeckenmischanlage zusammen. Die drei wesentlichen Anlagenteile standen auf Rädern und konnten deshalb in kürzester Zeit abgebaut und anderer Stelle wieder aufgebaut werden.

Die Dosierung der Zuschlagstoffe erfolgte von Hand mit einer Schaufel, bei nur drei Kornfraktionen war das kein Problem. Für dünne Deckenbeläge wurden Splitte in den Kornfraktionen 2/4, 4/8 und Brechsand verwendet. Gemischt wurde mit Verschnittbitumen VB 150, geliefert in Fässern mit 200 Litern Inhalt. Die Rezeptur entstand durch Versuche, ohne die Begleitung gut ausgestatteter Straßenbaulabore.

Gemischt wurde direkt an der Baustelle, das heißt in der Straße, in der die Decke auch eingebaut wurde. Die Bürger ertrugen den Gestank des heißen Verschnittbitumens ganz geduldig, weil in diesem Zusammenhang sichtbar die Straße vor Ihrer Haustür einen neuen Belag erhielt und damit der Staub der Schotterstraße für immer verschwunden war. Erst Anfang der 70er Jahre stieß die intensive Geruchsbelästigung auf Kritik der Bürger. Die Mischanlage wurde dann auf unserem Außenlagerplatz in der Leibnizstraße fest installiert. An dieser Stelle steht heute das Renault-Autohaus Walther.

An einem Tag wurde in der Regel 20 t Mischgut hergestellt und eingebaut. Die 20 t musste der Mann am Ende der Trockentrommel täglich 1,80 m hoch in die Öffnung schippen und dabei auch die vorgegebene Dosierung einhalten. Vom Mann mit der Schaufel hing damit auch die Qualität des Mischgutes ab, denn eine Schaufel zu viel oder eine zu wenig hätte zu Ausschuss geführt. Die Trockentrommel drehte sich in immer gleicher Geschwindigkeit, der Dosierer am Ende der Trommel war damit ein Sklave der Maschinengeschwindigkeit. Nur die Übereinstimmung zwischen Drehzahl der Trommel, Menge des aufgegebenen Gesteinsmaterial und Zufluss des Bitumens im Mischer sicherte die Qualität der Beläge. Decken nach der Bauart des Herrn Auge gibt es noch heute in Gera, sie haben, wenn auch beschädigt, die Zeitläufte überdauert.

Da die Fa. Auge nur schwierig eigenes Material im System der Fondszuteilungen der DDR bekam, hat einer meiner Kipper das Material von der Bahnentladung im Bauhof des Straßenunterhaltungsbetrieb täglich zur Trockentrommel der Fa. Auge gefahren. Zu große Mengen an der Anlage hätten ja auch zu Behinderungen bei der Dosierung geführt. Herr Auge hat bei Engpässen selbst mitgearbeitet, er bestieg dann meist die alte Walze, die eher einer Ölsardine glich. Bei jedem Einsatz auf der Walze war dann auch sein Anzug nicht mehr zu gebrauchen, denn Noblesse obliege, der Unternehmer Auge kam immer im Anzug auf seine Baustellen. Nicht in jedem Fall gelang es, die Flecken in der Reinigung zu beseitigen.

Die kleine Firma war für die Straßeninstandhaltung in der Stadt Gera äußerst wichtig, denn mit den 2 bis 4 cm dicken Belägen konnte ohne große Vorbereitung auf einer vorhandenen Schotterstraße eine neue Qualität von Straße entstehen. Die Bürger waren trotz der geschilderten Unbilden sehr dankbar für

die neue Qualität. Leider verstarb Herr Auge 1973 an einem Herzinfarkt im Alter von 54 Jahren. Gemäß einer Regelung im System der DDR konnte das Geschäft auch ohne fachliche Kenntnisse fortgeführt werden, wenn ein fachlich geeigneter Pate die Betriebsführung übernahm und dies vom wirtschaftleitenden Organ bestätigt wurde. Die Patenschaft für die kleine Firma übernahm ich und so konnte Frau Auge das Baugeschäft noch ein Jahr weiter führen. Anschließend trat Frau Auge, Jahrgang 1920, als Sekretärin in der Abteilung Straßenverwaltung des von mir geleiteten Straßenunterhaltungsbetrieb ein. Bis 1990, im 70. Lebensjahr, war Frau Auge als Sekretärin tätig. Die neue Zeit im Tiefbauamt nach 1990 wollte sie nicht mehr mitgestalten.

22

Fernstudium in Dresden – Dipl.-Ing. Verkehrsbau

1971–1976

Für meine Tätigkeit als Leiter des städtischen Straßenunterhaltungsbetriebes hatte ich mit dem Fachschulabschluss in Plauen die betriebswirtschaftlichen Grundlagen erworben. In der Zwischenzeit war aus dem kleinen Straßenunterhaltungsbetrieb unter meiner Leitung ein Bauunternehmen entstanden. In Diskussionsrunden wurde mir dann zunehmend klar, dass die fachtechnischen Grundlagen für die Führung der Baufirma fehlten. In der Erzeugnisgruppe Stadtstraßen der DDR, einer Organisation, die mit heutigen Berufsverbänden verglichen werden kann, war ich Gründungsmitglied und auch Mitglied im Vorstand. Meine Kollegen in diesem Gremium hatten alle Fachabschlüsse und verfügten über eine technische Fachsprache. Fachbegriffe benutzte ich schon ziemlich fließend, so richtig verstanden hatte ich sie aber nicht immer. In Gesprächsrunden mit Fachleuten in Baubetrieben und Planungsbüros, sowie den Kollegen im Vorstand der Erzeugnisgruppe Stadtstraßen, spürte ich deren technischen Wissensvorsprung.

Für mich stand fest, ich musste meinen Rückstand durch das Aneignen des theoretischen Rüstzeuges für die Fachsprache verringern. Etwas erleichtert wurde mein Wunsch durch die Entscheidung der Regierung 1971, mit einem Sonderprogramm den gravierenden Fachkräftemangel etwas abzumildern. Das Programm ermöglichte allen Interessierten, die einen Fachschulabschluss im gleichen Fachgebiet hatten, oder eine entsprechende Tätigkeit schon längere Zeit ausübten, ein auf vier Jahre verkürztes Universitäts-Fernstudium zu absolvieren.

Beworben habe ich mich an der Verkehrshochschule »Friedrich List« in Dresden, der Eliteschule der DDR im Verkehrs- und Straßenbau. Zum Ende der DDR 1989 dürfte es kaum einen höheren Angestellten in einem Straßenbauamt gegeben haben, der nicht an dieser Hochschule studiert hatte. Ein guter Abschluss an dieser Hochschule war die Eintrittskarte für höhere Weihen in diesem Bereich der Volkswirtschaft. Mein Abitur und der Fachschulabschluss, in Verbindung mit meiner beruflichen Tätigkeit, entsprachen genau den Vorstellungen der Bildungspolitiker der DDR für dieses Studium. Ich wurde an der Verkehrshochschule Dresden immatrikuliert. Der Start erfolgte an der Karl-Marx-Universität Leipzig mit einer Einführungsvorlesung im Haus Auensee. Ich war damals 29 Jahre alt und schon fast 6 Jahre Betriebsleiter. Warum tust du dir das an, hatte ich kurz vor dem Start noch überlegt. Die Antwort war ganz einfach, sie lautete: Du hast es beschlossen! Angst bekam ich bei der Immatrikulationsrede, in der von hohen Anforderungen an das Studium gesprochen wurde.

Die ersten zwei Jahre des Studiums waren für alle eingeschriebenen Studenten gleich, es ging um naturwissenschaftliches Grundwissen. Ganz schnell wurde mir der Unterschied zwischen dem bisher erlebten Unterricht und dem Studieren klar. Hier musste ich selbstorganisiert lernen, und das war völlig anders als in der Schule. Die angekündigten Maßstäbe wurden auch ganz schnell spürbar. Die Seminargruppe in Leipzig bestand im September 1971 aus 20 Studenten, zum Ende des 1. Semesters waren es nur noch 10. Die Anforderungen waren einfach zu hoch und einige hatten wohl auch nicht die optimalsten Voraussetzungen aus den vorhandenen Abschlüssen mitgebracht. Richtig deutlich wurden die hohen Anforderungen im Fach Festigkeitslehre, einem Teilbereich der Physik. Die Klausur zum Ende des ersten Semesters wurde für sieben Studenten mit einer 5 bewertet, neben einer 4 gab es noch zweimal eine 3. Zu den Studenten mit der Note 3 gehörte auch ich und stieg damit, wie der Herr Professor gnadenlos formulierte, wie Phönix aus der Asche. Zwei Jahre später traf ich den Herrn Professor ganz zufällig in der Eisenbahn auf der Fahrt von Dresden nach Leipzig. Er konnte sich noch gut an den Studenten mit der besten Note erinnern und gab das im Abteil auch zum Besten.

An der Uni wurde nichts gutgeredet, was das Adjektiv »gut« nicht verdiente. Die Noten waren gemessen an den Noten des Abiturs bei den meisten Studenten um ein bis zwei Noten schlechter. Das fünfte Semester startete dann in Dresden. Erdbau, Betonbau, Maschinentechnik, Eisenbahnbau und Straßenbau wurden jetzt die Fächer, die ich studieren musste. Zum Fachbereichsleiter Straßenbau, Herrn Prof. Dr. Hans-Günther Wiehler, konnte ich bald ein gutes Verhältnis herstellen. Ursache war die Vita des Professors, der – wie ich – vor dem Studium Direktor eines Straßenunterhaltungsbetriebes war. Vieles war für mich völlig neu, denn in meinem Straßenunterhaltungsbetrieb in Gera hatte ich bisher ja nur einen ganz kleinen Ausschnitt aus der Vielfalt des gesamten Fachgebietes zu sehen bekommen. Eine riesige Erweiterung meines Wissensspektrums! Gelernt hatte ich auch, vor einer Entscheidung über die Sache nachzudenken, nachzulesen oder fremdem Rat einzuholen.

Nach viereinhalb Jahren bestand ich die Abschlussprüfungen und durfte mich Dipl.-Ing. nennen. Meine Frau staunte nicht schlecht, als ich am Ende der Exmatrikulationsfeier, gemeinsam mit den Direktstudenten, am 07.05.1976 bei den fünf von über 200 Absolventen aufgerufen wurde, die das Studium mit dem Prädikat »Sehr gut« abgeschlossen hatten. Zur anschließenden Feier im Kreis der Absolventen im Fach Verkehrsbauwesen hatten wir unseren Professor eingeladen. Er hielt eine launige Ansprache, die mit viel Beifall bedacht wurde. Anschließend sprach ich im Auftrag der Studenten die Laudatio auf den

Abschluss. In meinem zweiseitigen Manuskript habe ich folgende Anfang gefunden:

Liebe Kommilitonen,
liebe Ehefrauen,
werter Herr Professor Wiehler,
werter Herr Professor ...

Ich habe mir lange überlegt, wen ich bei der Anrede als Ersten nennen soll.
Von welcher Seite ich es auch betrachtete, an die erste Stelle musste ich die
stellen, die heute ihren großen Tag haben ...

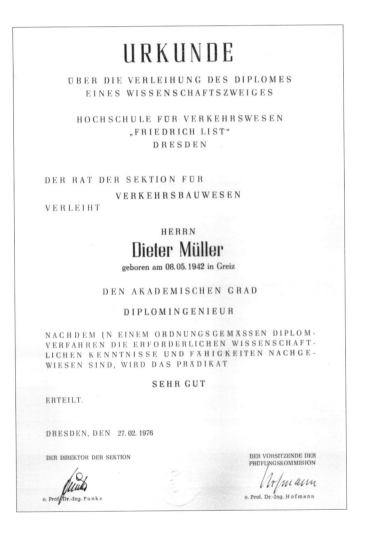

23

Wie ich zu Westgeld kam

1977–1979

In den 50er Jahren fuhr Oma alle drei Monate mit dem Zug nach Westberlin und kam nach zwei oder drei Tagen mit einigen Lebensmitteln zurück, die im einheimischen HO- oder Konsum-Lebensmittelgeschäft nicht zu bekommen waren. Ganz beliebt waren die mitgebrachten Ölsardinen, eine Delikatesse. Das Olivenöl in den Dosen galt als besonders lecker und wurde mit Brotstückchen sorgsam aufgetunkt, da ging nichts verloren.

Es muss 1955 oder 1956 gewesen sein, da durfte ich Oma auf einer Tour begleiten. Weit vor Berlin, am Bahnhof Ludwigsfelde, stiegen Polizisten in den Zug, die alle Passagiere einer sehr gründlichen Kontrolle unterzogen. Wir Beide, eine ältere Frau und ein Junge, waren sicher kein Problem-Duo, Wir durften unsere Fahrt in Richtung Berlin-Pankow fortsetzen. In Pankow hatten wir bei einer Verwandten Unterkunft für die nächsten beiden Nächte. Oma fuhr am kommenden Tag allein nach Westberlin. Was sie dort tat, und wo sie war, hatte sie mir nicht gesagt. Am nächsten Tag fuhren wir gemeinsam nach Westberlin ins berühmte KdW, das »Kaufhaus des Westens«. An das KdW kann ich mich deshalb erinnern, weil Oma in der Lebensmittelabteilung mir auf einmal aufgeregt zuraunte: »Dreh dich schnell um!« Kurz danach erklärte mir Oma, dass sie gerade eine Familie aus unserer Heimatstadt Greiz gesehen hatte. Sie wollte mit dem Umdrehen verhindern, dass wir erkannt werden. Omas Fahrten nach Westberlin endeten nach dem 13. August 1961, dem Tag des Mauerbaus.

Aus Omas Mitbringseln in den vielen Jahren war unschwer zu schließen, dass es in Westberlin eine Geldquelle geben musste. Auf meine Fragen bekam ich aber immer nur eine hinhaltende oder unvollständige Antwort. Nach Omas Tod im Jahre 1967 war die Sache mit der Westberliner Geldquelle praktisch erledigt. Ganz zufällig stieß ich 1977 auf Hinweise der Westberliner Geldquelle. Ganz spontan fiel mir ein, dass es doch in der DDR immer Probleme mit Devisen gab. Westgeld musste doch dem Staat DDR willkommen sein. Erste, recht scheue Nachfragen, bestätigten meine Gedanken.

In den alten Unterlagen meiner Großmutter fand ich dann auch eine Westberliner Adresse, die, so konnte ich mich erinnern, im Zusammenhang mit dem Geld genannt worden war. Kurz entschlossen schrieb ich der Dame in Westberlin einen Brief mit der Frage, ob sie etwas von einem Guthaben meiner Großmutter weiß. Die Dame bestätigte meine Vermutung und schlug einen persönlichen Treff am Bahnhof Friedrichstraße in Ostberlin vor. In meiner Antwort vom 20.11.1977 bitte ich um einen Treff am 13.12.1977, 17 Uhr, am mittleren Bahnhofsausgang zur Friedrichstraße. Als besonderes Kennzeichen schlug ich das Tragen einer hellbraunen Aktentasche in der rechten Hand und einer Zeitung in der linken Hand vor. Vermutlich hatte ich so etwas in einem Agentenfilm gesehen. In der Terminbestätigung wurde ich dann gebeten, die Sterbeurkunde meiner Oma mitzubringen und nach Möglichkeit auch meinen Bruder Rolf.

Die Kaderleiterin der Stadtverwaltung Gera hatte ich schon mündlich und schriftlich über den Treff in Kenntnis gesetzt. Zum Termin an der Friedrichstraße brachte die Dame einen Bekannten der Familie mit. Die Sache wäre fast noch schief gegangen, weil ich vor Aufregung die vereinbarte Zeitung in der linken Hand vergessen hatte. In der Bahnhofswirtschaft tranken wir dann einen Kaffee und besprachen die weitere Vorgehensweise. Der Herr, ein pensionierter Bankangestellter, erbot sich, die gesamte Abwicklung zu übernehmen. In den wenigen Minuten des Gesprächs musste ich nun entscheiden, ob ich dem Herrn vertrauen kann, denn ich musste ihm ja eine Vollmacht erteilen. Die Entscheidung für den Herrn fiel mir nicht schwer, ich fand ihn sympathisch, er hatte mein Vertrauen.

Jetzt begann die eigentliche Arbeit. Die Kaderleiterin wurde wieder informiert, auch über die Summe, die mir der Herr zwischenzeitlich mitgeteilt hatte. Nun musste ich meinen Bruder und meine Tante überzeugen, die Kontenauflösung gemeinsam zu betreiben. Die Überzeugung gestaltete sich recht schwierig, da es bei beiden Ängste gab, ob das nicht vielleicht der Karriere schaden würde. Aller Schriftverkehr sollte in diesem Zusammenhang über mich abgewickelt werden, damit war die Anonymität nach außen für die beiden Miterben gewahrt.

Erster Schritt war nun die »Anmeldung von Forderungen u. a. Devisenwerten« bei der Staatsbank der DDR. Der mir bekannte Betrag musste angegeben werden, einschließlich der Konto Nr. und der Bank. Zu beantworten war auch die Frage, wann ich denn den »Devisenwert« erworben hätte. Mein Bruder und meine Tante mussten gleichfalls Ihre ererbten Werte anmelden. Zweiter Schritt war dann die Ausstellung einer vom Staatlichen Notariat der DDR beglaubigten Vollmacht für den Herrn in Westberlin. Danach wurde ein nicht vorhergesehener dritter Schritt erforderlich, die Beantragung der Teilung des Erbes in drei Teile. Verzögerungen gab es dann wieder wegen meines Bruders, der die Vollmacht lange nicht ausstellen ließ. Nach einigen Monaten dann stellte er eine Vollmacht auf mich aus.

Mit meiner Untervollmacht könnte der Herr dann tätig werden. Das war ein Irrtum. Die Bank erkannt dieses Vorgehen nicht an. Ein Notar musste die Untervollmacht beglaubigen. Am 09.10.1978 konnte ich dann endlich auch die beglaubigte Unterschrift meines Bruders versenden. Am 26.01.1978 erhielt ich

von der Staatsbank die »Anmeldebestätigung für einen gemäß § 16 (1) des De-
visengesetzes vom 19.12.1973 angemeldeten Devisenwert«, damit hatte ich
mein Erbteil legalisiert. Mein Bruder und ich erhielten 25 Prozent der Summe,
meine Tante bekam das Doppelte. Über die GENEX Geschenkdienst GmbH,
einer Firma der DDR, konnten wir dann mit dem Geld die Konsumgüter kaufen, für die es sonst erhebliche Wartezeiten geben konnte.

24

Monarchie in Gera

1971

Anfang der 70er Jahre wurde die Straße zwischen der Kreuzung an der Orangerie und der Kreuzung am Theater im Zuge der Fernstraße 2, heute B 2, ausgebaut. Damit entstand die dringend benötigte Umgehungsstraße für das Stadtzentrum. Geplant hatte die neue Straßenführung der Planungsbetrieb EIBSw in Erfurt, in enger Abstimmung mit mir. Wie bei jeder modernen Straßenverkehrsanlage wurden an den beiden Kreuzungen Lichtsignalanlagen, im Volksmund Ampeln, geplant und eingebaut.

Eine Woche nach der Verkehrsfreigabe erhielt ich einen Anruf aus dem Bereich Bauwesen der Bezirksleitung Gera der SED. Mir wurde die Frage gestellt, wer denn verantwortlich für die Ampel an der Orangerie sei. Der Verantwortliche bin ich, denn ich habe die Planungs- und Bauverträge unterschrieben. Aha, so interpretiere ich die Reaktion am anderen Ende der Telefonleitung, da haben wir den Schuldigen gefunden.

Wenige Tage später wird gegen mich ein Parteiverfahren eingeleitet. Zwei Mitglieder der Parteikontrollkommission der Bezirksleitung Gera kamen in den Betrieb. Sie sprachen mit jedem Mitarbeiter, recherchierten zu allen aktuellen Vorgängen und verhörten mich regelrecht. Nach zwei Wochen kannten sie die Firma besser als ich. Schwerpunkt waren natürlich die Fragen zur politischen Führung des Herrn Müller im Betrieb. Ihre Schlussfolgerung ließ sich wie folgt zusammenfassen:

- Insgesamt werden die fachlichen Aufgaben im Betrieb erfüllt.
- Die politische Führung lässt zu wünschen übrig. Bei den Mitarbeitern wurden Defizite im Klassenstandpunkt festgestellt, das heißt zu der von der SED vorgegebenen politischen Linie.
- Der Parteisekretär im Unternehmen wurde als zu schwach eingeschätzt, er hätte sich in politischen Fragen nicht durchgesetzt.

Kurzfristig wurde deshalb entschieden, dass ein Ingenieur aus der Straßenverwaltung des Bezirkes in meinem Betrieb eine Anstellung erhält und fortan das Ehrenamt des Parteisekretärs übernimmt. Mit dem Mann hatte die SED-Bezirksleitung sprichwörtlich den »Bock zum Gärtner« gemacht, denn der neue Parteisekretär war noch blasser als der Alte. Wegen seinem geringen Durchsetzungsvermögen wurde er im Betrieb von allen nur etwas mitleidig »Paul« genannt. Wie immer bei derartigen Delegierungen hatte die abgebende Stelle den schwächsten Mitarbeiter weggelobt. Ein Teil des Disziplinarverfahrens war damit abgeschlossen, dem Herrn Direktor Müller hatte man eine vermeintlich starke, klassenbewusste, Persönlichkeit an die Seite gestellt.

Der Höhepunkt des Parteiverfahrens war dann meine Teilnahme an einer Sitzung des Sekretariats der Bezirksleitung der SED. In diesem erlauchten Gremium, zu vergleichen mit dem Thronrat einer Monarchie, musste ich nun erscheinen und zu meinen Verfehlungen Stellung nehmen. So ganz wohl war mir dabei nicht, zu nah meine Ängste vor der Politik. Ich wusste auch noch nicht so richtig, was man mir vorwarf. Wie immer, wenn Politiker etwas formulieren, war auch im Beschluss, gegen mich ein Parteiverfahren zu eröffnen, nicht viel Konkretes zu lesen. Mein oberster Vorgesetzter, der Oberbürgermeister, musste auch zur Sitzung erscheinen.

Im Tagungssaal des Sekretariats angekommen war ich erst einmal richtig erschrocken über die Sitzordnung des obersten Führungsgremiums der SED im Bezirk Gera. Ganz vorn, auf einem etwa 40 cm hohen Podest, stand der große Schreibtisch des ersten Sekretärs. Im Abstand von drei Metern waren dann die Tische der Mitglieder des Sekretariats der Bezirksleitung, des Thronrates, angeordnet. Ganz hinten die Plätze für die geladenen Gäste, zu diesem Tagesordnungspunkt waren das der Oberbürgermeister, alle Verantwortlichen für den Straßenverkehr im Bezirk Gera und ich. Vorbereitet hatte ich mich ganz gründlich auf die erwarteten Fachfragen.

Nach dem Aufruf des Tagesordnungspunkt begann der 1. Sekretär einen Monolog zu meinen Verfehlungen. Hauptinhalt war die nicht zu leugnende Tatsache, dass der Monarch auf dem Weg von seinem Wohnhaus in Debschwitz bis in sein Büro bei Rot an den neuen Ampeln einige Minuten länger benötigte. Eine Ampel, so referierte er, sei ein nicht hinzunehmendes Verkehrshindernis, einen derartigen Unfug würde er nicht dulden. Der Monolog dauerte 20 Minuten. Die Damen und Herren des Sekretariats nickten zu den unsinnigen Auslassungen des Monarchen an den passenden Stellen ganz brav. Nach dem Monolog bat er um die Meinung des Thronrates. Welch ein Schreck für mich, drei Diskussionsredner bestätigen die Argumente des großen Chefs. Bei einer derart einhelligen Meinung des hohen Hauses wurde ich nicht mehr gefragt.

Zusammenfassend wurde festgelegt, dass ich eine Rüge von den zuständigen Parteigremien erhalte. Wie es mit der Ampel weitergehen sollte, blieb offen. Die Fußgängerinsel, die ich zum Schutz der Fußgänger an der Ampel am Theater einbauen ließ, sollte in der kommenden Woche wieder abgerissen werden. Die Fußgängerinsel hatte der Monarch schon zu Beginn der Bauarbeiten als Unding bezeichnet, und deren Bau untersagt. Den Chef des Baubetriebes hatte ich aber überzeugt die Schutzinsel zu bauen, im Vertrauen, dass der Herr Monarch die Sache vergessen hatte. Da hatte ich mich geirrt. Die Hauptschuld wurde in dieser Frage dem Baubetrieb angelastet, der hätte den Auftrag des

DER RAT DER STADT GERA

Abt. Verkehr, Straßenwesen
und Wasserwirtschaft

DuV. Betrieb
Straßenunterhaltung Gera
BL, Koll. Müller

65   G e r a
Am Fuhrpark 1

Ihre Zeichen	Ihre Nachricht vom	Unsere Zeichen	Datum
		-56-Kr/Th.	31. 12. 1971

Betreff

Werter Kollege Müller!

In Übereinstimmung mit dem Oberbürgermeister und dem Kollektiv des
Rates habe ich gegen Sie auf der Grundlage der VO 'Über die Pflichten,
die Rechte und die Verantwortlichkeit der Mitarbeiter in den Staatsorganen' vom 19. 2. 1969, GBl. II Nr. 26/69, ein Disziplinarverfahren
eröffnet.

Begründung:

Am Knotenpunkt Dimitroffallee/Klement-Gottwald-Straße wurde entgegen
den am 8. 2. 1971 getroffenen Festlegungen eine Dreieckinsel eingebaut. Der ausführende Betrieb, SBTK Gera, beruft sich auf Entscheidungen von Ihnen, wonach diese Insel gefordert wurde.

Die Tatsache steht im Widerspruch zu den ökonomischen Erfordernissen
und wird von den übergeordneten Partei- und Staatsorganen als grober
Verstoß gegen die staatliche Disziplin gewertet.

Den Termin der Aussprache zum Sachverhalt werde ich Ihnen nach
Klärung einiger im Zusammenhang stehender Umstände nennen. Zu der
Aussprache werden der Parteisekretär und BGL-Vorsitzende Ihres
Betriebes hinzugezogen.

K r a ß e l
Stadtrat

Herrn Müller nicht annehmen dürfen. Der Baubetrieb wurde noch in der Sitzung beauftragt die Insel in eine Nachtschicht zu entfernen, die Arbeiten sollten dabei nur die Funktionäre ausführen, nicht die Bauarbeiter.

Mein Glauben an die Richtigkeit des Tuns der Parteioberen war an diesem
Tag wesentlich geringer geworden. Auf mir unbekannten Kanälen wurde der
Monarch dann doch von der Richtigkeit der Ampel überzeugt, sie blieb. Die
Insel wurde in einer Nacht abgebaut. Fünf Jahre später habe ich sie erneut ge-
baut.

Erster Urlaub im Ausland – Bulgarien

1977

Im Jahre 1976 wurde der langweilige Sommer-Urlaub an der Ostsee zum Wendepunkt in der Urlaubsplanung der Familie. Urlaub, so hatten wir von den Eltern und Großeltern gelernt, das ist in erster Linie Nichtstun. Lange schlafen, faulenzen am Strand, gut Essen, weiter faulenzen und am Abend zum Tanz gehen und ein Bier trinken, so musste angeblich der Urlaub sein. Den so praktizierten Urlaub fand ich furchtbar. Ein Tag am Strand mag ja ganz schön sein, aber zwei ganze Wochen?

Ostseeurlaub war in DDR-Zeiten das absolute Nonplusultra für jeden Bürger und zu einer Art Muss geworden, zumindest für den, der etwas auf sein Renommee hielt. »Was, Du warst nicht an der Ostsee?«, dieser Satz war eine Art Stigmatisierung. Besser die Frage nicht zu beantworten, als verschämt vom Urlaub in einem verträumten Nest im Thüringer Wald oder im Harz zu sprechen.

Es musste eine Zukunftslösung mit mehr Aktivitäten her! Groß in Mode für unternehmungslustige junge Leute war in dieser Zeit eine Fahrt mit dem eigenen PKW nach Bulgarien, ans Schwarze Meer. Das Ziel war zwar wieder ein langweiliger Strand, ab der Weg dorthin und zurück war recht vielversprechend. Die Sache funktioniert recht unkompliziert, wie sich herausstellte. Bei der Polizei musste ich lediglich einen Antrag stellen. Schwieriger wurde es mit der Beschaffung eines Transportanhängers für den PKW, denn im Auto mit vier Personen und kompletter Zeltausrüstung konnten wir die Unternehmung nicht wagen. Einen Anhänger gab es nicht zu kaufen. In einer Mangelgesellschaft bedeutet es aber wenig, wenn es im Laden nichts zu kaufen gibt. Den Anhänger mussten wir selbst bauen.

Bei der Beschaffung der Teile waren nun Beziehungen gefragt. Der erste Tipp kam von einem Fußball-Freund, der einen Maschinenbaubetrieb kannte, in dem Schlosser in Schwarzarbeit Hänger-Rohbauten herstellten. Die Betriebsleitung würde das dulden und das erforderliche Schweißzertifikat liefern.

Der Bekannte, der jemand in dieser Firma kannte, war schnell gefunden und schon nach dem ersten Gespräch mit der Kontaktperson wurde ich handelseinig. Der Preis war hoch, aber eine Alternative gab es nicht. Der Rohbauer übernahm auch eine Teilkomplettierung, wenn ich die Anhängerkupplung und die beiden Plattfedern liefere. Ein anderer Bekannter arbeitete in einer Kfz-Werk-

Der Autor mit den Kindern Olaf und Frank im Rila-Kloster

statt, er konnte die drei Teile beschaffen. Nach Lieferung der wichtigen Zusatzteile war der Rohbau erstaunlich schnell fertig. Die Komplettierung übernahm ich selbst. Die beiden Räder konnte ein anderer Bekannter aus der PKW-Branche beschaffen. Die Farbgebung erledigte ich, nach gründlicher Entrostung und Rostschutzgrundierung, selbst. Die Teile für Blink- und Bremslicht konnte ich im Fachhandel erwerben und montieren. Richtig gestaunt habe ich dann, als ein Handwerker die Montage von Plane und Spriegel, die Wetterfestmachung des Anhängers, übernahm. Die Anhängerkupplung für den eigenen PKW bekam ich dann auch. Letzte Aktivität war die Zulassung bei der Polizei, die nach Vorlage des Wiegescheins vom Kohlehandel und des Schweißzertifikates ganz schnell ging. Ich erhielt einen richtigen Kfz-Brief für das kleine Wunder. Am 06.07.1977 konnten wir mit einer befreundeten Familie und dem Anhänger zur Tour nach Bulgarien starten.

Für uns war das alles neu, denn wir hatten bis zu diesem Tag die Grenzen unseres Landes noch nicht überschritten. Die ČSSR, war dann auch die erste Berührung mit einer fremden Sprache, mit anderen Regeln, mit anderen Sitten und Gebräuchen. Durch die ČSSR, Ungarn, Rumänien ging es nach Bulgarien und zurück, über insgesamt 5.097 km. Welche Gegensätze in diesen vier Ländern und immer wieder die Vergleiche zu unserem Heimatland. Bei diesen Vergleichen schnitt unterm Strich unsere DDR recht gut ab.

Urlaub in der UdSSR

1979

Die Urlaubsfahrt 1977 hatte uns zum ersten Mal ins Ausland geführt. 1978 sind wir wieder nach Südosteuropa gefahren, und zwar über Polen, die Westukraine nach Rumänien und über Ungarn und die Tschechoslowakei zurück. Im Jahre 1979 sollte die Urlaubsfahrt erstmals an die östliche Grenze Europas führen. Monate vor dem eigentlichen Urlaubstermin gab es Formalitäten zu erledigen, und immer war es noch ungewiss, ob die Reise genehmigt werden würde. Am Ende war es aber verblüffend einfach mit der Genehmigung durch die Polizei und der Bestätigung der geplanten Route durch das Reisebüro. Am 04.08.1979, starteten wir mit unserem neuen PKW Wartburg-Tourist und dem Anhänger.

Über Kiew, der Hauptstadt der Ukrainischen Sozialistischen Sowjetrepublik, Charkow erreichen wir Rostow am Don. In dieser Gegend war vor 36 Jahre mein Vater im zweiten Weltkrieg ums Leben gekommen. Am 11.08.1979 sind wir in Pjatigorsk am Nordkaukasus. Von hier fahren mit einem Reisebus in das rund 220 km entfernte Dombaital und zum ersten Mal in unserem Leben sind wir inmitten einer Hochgebirgslandschaft, mit Gletschern, die ihre Zungen weit ins Tal schieben. Eine Traumlandschaft. Zwei Tag später fahren wir zum Fuß von Europas höchstem Berg, dem Elbrus. Mit der Seilbahn geht es auf 3.500 m Höhe und mit einem Lift auf 3.900 m. Für einen kurzen Moment sehe ich den 5.642 m hohen Elbrus, der sich aber gleich wieder hinter einer Wolke versteckt. Ein Bilderbuchpanorama von hier oben auf die hohen Berge des Kaukasus. Carmen und Olaf haben spürbare Probleme mit der großen Höhe, die wir mit den Seilbahnen in zu kurzer Zeit erreicht haben. Auch bei mir klopft das Herz etwas schneller als sonst und in den Ohren rauscht es auch. 3.900 m und etwas mehr sind eben doch kein Pappenstiel für den menschlichen Organismus.

In Ordshonikidse, früher hieß die Stadt Wladikawkas, unserem nächsten Etappenort, stellen wir fest, dass wir in einem muslimischen Gebiet angekommen sind. Das hatten wir mangels ungenügender Vorbereitung nicht gewusst. Deutlich erleben wir die andere Kultur beim Abendessen im Hotel. Am Nachbartisch sitzt ein Stammesführer an einer großen Tafel. Links von ihm die bestimmt 20 Jahre jüngere Lieblingsfrau und ca. 15 Männer im Alter zwischen 25

Der markante Doppelgipfel des Elbrus

und 45 Jahren. Keiner dieser Männer richtet auch nur einmal den Blick auf die Frau des Clanchefs. Archaische Sitten einer uns unbekannten Stammesgesellschaft.

Über den 2.395 m hohen Kreuzpass, der Grenze zur Sowjetrepublik Georgien, dem Heimatland Stalins fahren wir nach Tbilissi und durch Aserbaidschan nach Richtung Jerewan, der Hauptstadt der Sowjetrepublik Armenien. Übernachtung haben wir am 78 km langen und 56 km breiten Sewansee (doppelt so groß wie der Bodensee) gebucht, der über 2.000 m hoch liegt. Zurück geht die Reise über Tbilissi, Sotschi am Schwarzen Meer, Rostow am Don und Kiew. Zum ersten Mal haben wir begriffen, wie lächerlich klein die Probleme in unserem kleinen Land sind, wenn man sie aus gehöriger Entfernung betrachtet.

27

VEB SBTK

16. Januar 1980

Berufen zum Direktor für Technik im VEB SBTK Gera begann ich meine Tätigkeit am 16.01.1980. Das Baukombinat bestand aus den vier Produktionsbetrieben in Gera, Jena, Saalfeld und Schleiz, der Betriebsberufsschule in Saalfeld, dem Projektierungsbetrieb in Gera und Oberbauleitungen in Berlin, in der Westukraine (Sowjetunion) und im Ural (Sowjetunion). Auf der Lohnliste standen 2.900 Arbeiter und Angestellte.

Eine halbe Stunde nach Dienstbeginn am ersten Arbeitstag begann die routinemäßige Wochenbesprechung der Fachdirektoren. Nach meiner Begrüßung durch den Chef des Hauses, verbunden mit den obligatorischen guten Wünschen für die Zukunft, wurde als nächster Tagesordnungspunkt ein an den Kombinatsdirektor gerichtetes Schreiben verlesen. In ihm beklagte sich der Leiter einer Gaststätte in Auma über das ungebührliche Benehmen eines meiner neuen Fachdirektorkollegen. Auf vier Seiten beschrieb der Wirt sehr detailliert eine Story, für die ich mich so richtig schämte. Was war passiert?

Nach einem dienstlichen Besuch im Betrieb Schleiz hatten der Fachdirektor und sein Begleiter in einer Gaststätte in Schleiz der geistigen Nahrung in Form von Bier und Schnaps etwas stärker als zuträglich zugesprochen. Auf dem Rückweg nach Gera wurde der Durst wieder groß, deshalb wurde der Fahrer angewiesen, an der besagten Gaststätte in Auma anzuhalten. Wegen einer Betriebsfeier, die eine Stunde später beginnen sollte, hatte die Gaststätte geschlossen. Unter recht wüsten Drohungen und Beschimpfungen verschafften sich die Herren Zutritt. Sie nannten auch ihren Namen, die Firma und die dort bekleidete Position. Die hohe Stellung, so ihre Meinung, berechtigte sie zum Ignorieren solch lächerlicher Dinge, wie die Schließung einer Gaststätte zum falschen Zeitpunkt. Des lieben Friedens halber bekamen die Herren ein Bier und noch ein Bier. Mit der flüssigen Nahrung kam aber auch der Appetit auf feste Nahrung. Gefordert wurde nun ein Essen, als dies verweigert wurde, bedienten sie sich unter erneuten Beschimpfungen der Kellner an dem schon für die Abendveranstaltung servierten Kompott. Es muss vorzüglich gemundet haben, es blieb nicht bei einer Portion. Ich war schockiert, wo war ich nur hingeraten.

Der Chef des Hauses blickte grimmig auf meinen Kollegen. In seinen Augenwinkeln war allerdings nicht zu übersehen, dass er bei dieser Sause wohl liebend gerne selbst dabei gewesen wäre. Der Kritik wurde damit die Schärfe genommen. Mein Kollege entschuldigte sich zerknirscht und ohne tiefere Einsicht in die unschöne Entgleisung. Er erhielt eine Missbilligung und musste sich bei den Leuten in der Gaststätte entschuldigen.

Ein etwas schärferes Vorgehen wählte die SED-Grundorganisation, die gegen meinen Kollegen ein Parteiverfahren eröffnete. Ein solches Verfahren war wesentlich unangenehmer, denn Anschuldigung und Verteidigung fanden im Plenum der Mitgliederversammlung ganz öffentlich statt, damit war die Sache dann auch beim letzten Mitarbeiter im Haus bekannt. Das Verfahren wurde mit einer Rüge abgeschlossen. Im Wiederholungsfall konnte so eine Sache auch zum Ausschluss aus der Partei führen und damit zum Ende der beruflichen Karriere.

Der Vorgang zeigt, dass sich die Leute in den gehobenen Stellungen damals wie heute Dinge erlauben, die man bei einem Mitarbeiter nicht tolerieren würde. Es bleibt aber auch festzustellen, dass das Arbeitsleben damals wesentlich humaner war und menschliche Schwächen eher toleriert wurden.

28

Wie Olaf und Frank zur Fahrerlaubnis kamen

1981

»Ich möchte mir ein Motorrad kaufen!«, dieser Satz war und ist für viele Eltern ein Albtraum, wenn die jungen Erwachsenen, männlichen Geschlechts, 16 Jahre alt werden. Kurz nach Olafs 16. Geburtstag Ende 1979 war das auch bei uns so. Wegen der mit einem Motorrad verbundenen Gefahren im Straßenverkehr hatten wir den Wunsch abgelehnt. Im Jahre 1980 wurde der Wunsch häufiger vorgetragen. Unsere Gegenargumente waren Berichte über Unfälle mit Motorrädern, die in der Tageszeitung standen, die wir dann schon mal vorsichtig auf den Abendbrottisch platzierten. Mutti malte dann die Folgen aus den Unfällen in den schwärzesten Farben aus. Eine Zeit lang hat die Strategie auch funktioniert. Die Argumentation wurde dann immer schwieriger, als Olaf von anderen Klassenkameraden berichtete, die nun ein Motorrad fahren durften.

Das ich auch mit einem Motorrad nach dem 18. Geburtstag unterwegs war, hatten meine Kinder gewusst und längst als Gegenargument verwendet. Das verschlechterte unsere Position erheblich. Mit einem Wort, es wurde für uns immer schwieriger mit der Argumentation. Zu Olafs 17. Geburtstag kam mir dann der Einfall, vorzuschlagen, den Kauf auf den 18. Geburtstag zu verschieben. Ein Kompromiss, dem Olaf überraschenderweise auch zustimmte. Wir hatten etwas Zeit gewonnen, aber unsere Angst vor den möglichen Gefahren hatten wir damit nur verschoben. Frank preschte dann vor, indem er kurz vor seinem 17. Geburtstag ein gebrauchtes Motorrad vom Typ MZ TS 150 kaufte. Der Winter 1980/81, mit viel Schnee und Glatteis, brachte etwas Aufschub. Aber spätestens ab März wurden die Forderungen ernster, der 18. Geburtstag war ja nun auch nicht mehr weit weg und Frank hatte ja schon ein Motorrad.

Ein Motorrad nutzt ja wenig, so meine Gedanken. Zuerst einmal müssen die Jungs ja die Fahrerlaubnis machen. Sie mussten sich ja erst einmal bei der Fahrschule anmelden. Das hätten sie ja schon lange machen können, an den nun eingetretenen Verzögerungen trug ich keine Schuld. Wie groß war dann Olafs Enttäuschung, als er berichtete, dass es mit dem Start bei der Fahrschule doch einige Monate dauern würde, denn es gab eine lange Warteliste. Wie immer in solchen Fällen war ich verantwortlich. Eltern sind natürlich immer für alles verantwortlich, was schief geht.

Bei einem Gespräch mit dem Chef der Geraer Verkehrspolizei hatte ich dann

die verrückte Idee, zu fragen, ob er nicht die Erlangung des Führerscheins beschleunigen könnte. Kein Problem, so die lapidare Antwort meines Freundes Hans, ich helfe Dir. Das Szenario formulierte er in dem Satz: Du bringst den Kinder das Fahren und auch das theoretische Rüstzeug bei, und ich nehme die Prüfung ab.

Die einfache Formel fand meinen Beifall und die Sache galt als abgemacht. Ab sofort begann Carmen mit der theoretischen Ausbildung am Abend nach der Arbeit. Die Theorie über das Motorrad und den Verbrennungsmotor bereitete in diesem Fall keine Schwierigkeiten, denn Olaf erlernte den Beruf eines Kfz-Mechanikers. Zur praktischen Ausbildung fuhr ich am kommenden Sonnabend mit dem Motorrad von Frank auf den Baustofflagerplatz meines Betriebes, der Stadtdirektion Straßenwesen, in der Leibnizstraße. Olaf und Frank kamen mit dem Fahrrad. Hier auf dem großen Lagerplatz war genügend Platz für das Üben. Wir gefährdeten auch keine Passanten, denn der Platz war abgeschlossen.

Die ersten Probleme beim Anfahren waren schnell beseitigt, da ich, im Gegensatz zu den normalen Fahrlehrern, neben dem Motorrad herlief. Jede Bewegung mit der Hand beim Schalten und Kuppeln konnte ich immer sofort korrigieren. Nach den ersten Runden im ersten Gang wurde dann auch bald etwas zügiger gefahren. Die beiden Jungs drehten abwechseln ihre Runden und ich beobachtete das Fahren von der Spitze eines hohen Splitthaufens. Am dritten Sonnabend habe ich dann das Gefahrenbremsen mit den Jungs geübt. Immer wieder sprang ich auf den Fahrweg und veranlasste damit Spontanbremsungen, wie sie ja auch im normalen Straßenverkehr vorkommen können. Die beiden Jungs wurden immer sicherer im Fahren. Nach einigen Wochen fleißigen Übens in Theorie und Praxis stand für mich fest, die Jungens können sich der Prüfung stellen.

Der Chef der Verkehrspolizei kam dann an einem Sonnabend, um 10 Uhr, zur Prüfungsabnahme. Wir hatten alles vorbereitet. Mein Freund Hans stellte eine Reihe von Prüfungsfragen, die plausibel und richtig beantwortet wurden. Anschließend stiegen wir ins Auto, ich am Steuer, Hans auf dem Beifahrersitz. Frank, der etwas forschere der beiden Jungs beim Fahren, folgte dem von mir gesteuerten PKW auf seinem Motorrad aus dem Hof am Wohnhaus. Auf dem Leibchen, das er überziehen musste, stand hinten und vorn ein großes L. Das damals übliche Zeichen für Fahrschüler hatte Mutti aufgenäht. Wir fuhren eine Runde durch Zwötzen und anschließend nach Kauern. Beide Jungs meisterten die Fahrprüfung recht ordentlich. Per Handschlag gratulierte Hans zur bestandenen Prüfung und füllte die mitgebrachten Formblätter aus. Die Formblätter bestätigten, dass die beiden die Prüfung ganz ordnungsgemäß bestanden hatten.

Ich bedankte mich bei Hans für seine tolle Hilfe und fragte, was ich für ihn tun könne. Hans schaut sich in unserer Loggia um, zeigte auf einen großen Gummibaum, der Modepflanze dieser Zeit, und bittet um die Pflanze. Selbstverständlich geben wir Hans die große Pflanze, die sofort ein sein Auto getragen wird. Günstiger kann man die Fahrerlaubnis, noch dazu für zwei Personen, nicht erwerben. Pünktlich zu Olafs 18. Geburtstag, am 02.06.1981, wurde der Motorrad-Führerschein, Klasse A, für Olaf und Frank auf der Grundlage des vom Chef der Verkehrspolizei unterschriebenen Formblattes ausgestellt. Olaf hat das Fahren mit dem Motorrad nach vier Wochen wegen einem leichten Unfall beendet. Frank fuhr viel Jahre ohne Unfälle.

29

Ob ich für den Frieden sei …?

5. Januar 1982

Abberufung
Hiermit wird gemäß § 62 AGB Genosse Dieter Müller mit Wirkung vom 05.01.1982
von seiner Funktion abberufen.

Zwei Jahre nach meinem Start beim VEB SBTK Gera, am 05. Januar 1982, wurde ich von meiner Funktion als Direktor für Technik abberufen. In der Abberufungsurkunde steht folgende Begründung:

Die Durchführung der volkswirtschaftlichen Aufgaben in Durchsetzung der ökonomischen Strategie der 80er Jahre erfordert von allen Funktionären in der volkseigenen Wirtschaft ein hohes Maß an Staats- und Plandisziplin. Demgegenüber haben Sie, Genosse Müller, die Durchführung des Wohnungsbauprogramms 1982 schwerwiegend gefährdet, indem Sie am 31.12.1981 ein Schreiben an den Kombinatsdirektor des VEB Wohnungsbaukombinat Gera richteten, aus dem hervorging, dass die NAN-Leistungen des Tiefbaukombinates (Baugruben) und technologische Geländeregulierungen für das Wohnungsbaukombinat Gera kurzfristig ab 04.01.1982 nicht mehr ausgeführt und bestehende vertragliche Vereinbarungen aufgekündigt werden. Sie haben damit politisch nicht verantwortlich gehandelt, deren Ursache in Ihrer politisch fehlerhaften Einstellung liegt. Mit dieser Handlungsweise haben Sie die Pflichten als leitender Mitarbeiter des Kombinates gemäß § 21 AGB in Verbindung mit den §§ 18 und 19 AGB verletzt, so dass die Abberufung begründet ist.

Was war passiert? Das Bezirksbauamt Gera hatte für 1982 die staatliche Vorgabe für den Verbrauch von Diesel, den sogenannten Dieselfonds für das Kombinat um 40 Prozent zum Ist-Verbrauch 1981 reduziert. In der Arbeitsberatung der Fachdirektoren am 30.12.1981 wurden die Auswirkungen auf die Bauproduktion sehr drastisch dargestellt. Im Ergebnis wurde vereinbart und vom Chef des Hauses bestätigt, dass wir Subunternehmerleistungen für das Wohnungsbaukombinat nicht mehr ausführen. Das Schreibens sollte ich abfassen.

Am Morgen des 31.12.1981 besprach ich den Entwurf des Briefes mit dem Kombinatsdirektor, ich sollte den Brief »im Auftrag« unterzeichnen, da er nach

Rudolstadt fahren musste. Der Kombinats-Parteisekretär der SED erhielt eine Ausfertigung des Schreibens. Auch er war mit dem Inhalt einverstanden. Eine Stunde später war das Schreiben per Bote beim Wohnungsbaukombinat. Ich war mir der Brisanz wohl bewusst, hatte aber an die Rückendeckung meiner Kollegen geglaubt. Ein Irrtum, wie sich herausstellte.

Am 5. Januar 1982 wurde ich mit meinem Chef zum Bezirksbaudirektor geladen. Früh, 6 Uhr, haben wir den Brief noch einmal besprochen. Er bestätigt mir die Richtigkeit. Beim Bezirksbaudirektor wurde ich vom Leiter des Sektors Bau der Bezirksleitung der SED empfangen. Er stellte gleich zu Beginn die damals für besonders kritische Fälle übliche Frage: Bist du für den Frieden oder den Krieg. Übersetzt in die Normalsprache bedeutete die Frage, dass mein Schreiben dem »Krieg« zugeordnet wurde. Argumente zählten bei einer derart grundsätzlichen Fragestellung nicht mehr. Es war dabei völlig unerheblich, dass mein Chef das Schreiben gebilligt hatte und dies auch in der Besprechung beim Bezirksbaudirektor mehrfach wiederholte. Der Sündenbock war gefunden.

Für Feinde der Partei, so wörtlich, ist kein Platz in einer Führungsposition. Das bedeutete die sofortige Abberufung von meinem Amt. Mein Chef war in dieser Kette nur ein Befehlsempfänger. Trotz seiner mehrfachen Beteuerungen, dass er das Schreiben veranlasst hat, wird ihm attestiert: »Wir wissen, du bist ein guter Genosse, du hättest den Brief nicht geschrieben.«

In der vom Kombinatsdirektor unterschriebenen Beurteilung vom 18.01.1982 stand auf der 2. Seite:

Genosse Müller ist ein klassenbewusster Genosse, dessen politisches Auftreten den Anforderungen an einen sozialistischen Leiter insgesamt gerecht wird. Bei der Durchsetzung der Direktive des Ministeriums für Bauwesen zur Senkung des Transportaufwandes vom 24.11.1981 trat jedoch eine ungenügende politische Handlungsweise zutage, die ihre Ursache in einer politisch fehlerhaften Einstellung hat. Deshalb wurde der Genosse Müller mit Wirkung vom 05.01.1982 von seiner Funktion als Direktor für Technik entbunden, um ihm Gelegenheit zu geben, sich politisch und fachlich auf einer Schwerpunktbaustelle des Kombinates zu bewähren.

Der Genosse aus der SED-Bezirksleitung, der die grundsätzliche Frage zu Krieg und Frieden stellte, wurde später aus der SED ausgeschlossen. Den Ausschluss nutzte der äußerst brutal vorgehende Mann für eine tolle Karriere nach der Wende bei der Deutschen Bank bzw. deren Ableger DKB. Der Mann outete sich 1990 als Opfer des SED-Regimes, man hatte ihn ja aus der Partei ausgeschlossen, und wurde wegen einer 20 Jahre vorher absolvierten Banklehre Direktor bei der DKB. Dort war er wirklich wertvoll, denn er hat Millionenkredite bei den Genossen Bürgermeistern akquiriert, die nach 1990 weiter im Amt waren.

Schon nach wenigen Wochen in meiner Bewährungstätigkeit, genau am 15.02.1982, wurde auf diplomatischen Kanälen bei mir angefragt, ob ich denn nicht wieder das alte Amt übernehmen wolle. Der Stellvertreter des Bezirksbau-direktors sagte mir am 17.02.1982, der Vorsitzende des Rates des Bezirkes hat geäußert, er könne nicht alle bestrafen, die in der Phase der Auseinandersetzung wegen der Verknappung der Dieselkontingente zu falschen Schlüssen gekommen sind. Ganz offensichtlich hatte die Führung im Bezirk entschieden, dass die Sache als erledigt betrachtet werden soll. Ab 01.07.1982 werde ich wieder in die Funktion als Direktor für Technik eingesetzt.

Allein dieses halbe Jahr hätte genügt, um im Jahre 1990 Rechte als Verfolgter des SED-Regimes geltend zu machen. Die Beurteilung vom 18.01.1982, in der ja stand, dass ich eine politisch fehlerhafte Einstellung habe, hätte dafür ausge-reicht. Diese Idee ist mir bis heute nicht gekommen, denn ich kannte doch die Mechanismen des Systems und habe deshalb auch keinen Beschwerdegrund.

30

Krankenhaus in Rumänien

23. Juli 1985

Es war am 02.08.1983, als Carmen bei einem Tagesausflug auf die Cabana Poiana Neamtului, einer Schutzhütte mit Bewirtschaftung, am Nordhang der Karpaten in Rumänien mit der jungen Hüttenwirtin, die mit ihrem Mann und dem dreijährigen Sohn im Sommer auf der Hütte lebte, ins Gespräch kommt. Die Rumäniendeutsche, eine Siebenbürger Sächsin, stammte aus Sibiu. Sie erzählte über ihre Heimat, über die Schönheit der Natur, wegen der sie sich als Wirtin auf der ca. 1.400 m hoch liegenden Schutzhütte wohl fühlt. Sie berichtete im Gespräch von den schlimmen Zuständen im Gesundheitswesen des sozialistischen Landes Rumänien. Vor nicht allzu langer Zeit musste eine Frau aus der Verwandtschaft infolge eines Unfalls ganz plötzlich ins Krankenhaus. Kein Verwandter wusste etwas von dem Vorfall, so konnte sie auch keiner im Krankenhaus besuchen. Der ausbleibende Besuch wurde ihr zum Verhängnis, denn sie starb auf einer Trage im Gang, weil das übliche Schmiergeld von 1.500 Lei für die Behandlung nicht bezahlt wurde. Der Gang ins Krankenhaus konnte im vielgepriesenen sozialistischen Rumänien zu einem Gang ohne Wiederkehr werden. Wie verroht musste diese Gesellschaft sein, wie niedrig die moralischen Standards?

Wir waren erschüttert, bekamen aber keine Angst, denn wir waren überzeugt, dass man Ausländer nicht so schlecht behandeln würde. Im Sommer 1985 waren wir wieder in unserem geliebten Wanderland Rumänien. Diesmal wollten wir über das Fagarascher Gebirge wandern, in Höhen bis 2500 m. Den für diese Höhen erforderlichen Schlafsack gab es nicht im Sportartikelhandel.

Wir beschlossen deshalb Ende 1984, den Schlafsack selbst herzustellen. Vier wichtige Komponenten für die Herstellung wurden benötigt, und da begann das Dilemma. Die so wichtige Regenschirmseide für die Außenhaut, weil wasserundurchlässig, wurde in einer Weberei in unserer Heimatstadt Greiz hergestellt. Wir fanden einen Bekannten, der als kaufmännischer Direktor in der Firma arbeitete. Die erste Hürde war genommen, denn unser Bekannter konnte in Eigenbedarf für uns den Stoff erwerben. Hürde zwei war dann die Beschaffung der beiden 2 m langen Reißverschlüsse. Hier half der Zufall, denn Carmen hatte eine Freundin in Taucha, die arbeitete in einer Zeltfabrik. Die Freundin kaufte die zwei Reißverschlüsse für den eigenen Bedarf und wir hatten die

Komponente zwei. Komponente drei, die Daunen, fanden wir zufällig in einem Geschäft, abgepackt als Kiloware. Das Dilemma begann dann bei Komponente vier, dem hochwertigen und festen Inlettstoff Perkal. Nach vielen Recherchen konnten wir eine Firma in der Lausitz ausfindig machen, die diesen Stoff herstellt. Der Betrieb durfte aber nicht an uns liefern, sondern nur an den Großhandel, wir waren aber kein eingetragener Großhandelskunde. Was tun? Ich kam auf die Idee, das zuständige Ministerium für Leichtindustrie um Hilfe zu bitten. Da geschah das Wunder, wir erhielten von einem freundlichen Beamten eine Nummer als Kunde des zuständigen volkseigenen Großhandelsbetriebes. Ausgerüstet mit dieser Kundennummer war es dann völlig problemlos, den hochwertigen Futterstoff zu beziehen.

Die Komponenten lagen nun bereit und mussten von Carmen mit unserer Nähmaschine zusammen gefügt werden. Das Nähen der langen Bahnen war viel schwieriger als ursprünglich angenommen. Die besondere Herausforderung bestand aber darin, in die einzelnen Stepptaschen die mit eine Briefwaage ausgewogene Menge an Daunen einzufüllen. Luft anhalten, ja nicht einatmen und schon gar nicht ausatmen, denn sonst stiebten die extrem leichten Daunen durch den Raum. Nach mehreren Abenden war unser Werk fertig. Einziger Schwachpunkt, wie sich später herausstellte, war die Kältebrücke im Bereich der Reißverschlüsse. Das Metall der Reißverschlüsse wurde bei Minusgraden auch innen eiskalt.

Zum großen Abenteuer über die hohen Berge des Fagarascher Gebirges starteten wir am 16.07.1985, 8:30 Uhr, in Sebesu de Sus. Zu diesem Ort in der Nähe des Flusses Old brachten uns Freunde aus Sibiu mit ihrem Auto. Nun waren wir für die nächste Woche völlig auf uns allein gestellt. Alles was wir zum Übernachten und Leben brauchten hatten wir im Rucksack. Carmens Rucksack wog 14 kg, mein Rucksack 23 kg. Die genaue Zuordnung der Rucksack-Frachten hatten wir schon Monate vorher durch Wiegen der einzelnen Teile mit der Küchenwaage festgelegt. Carmen trug die Verpflegung, das brachte ihr den Vorteil, jeden Tag etwas weniger tragen zu müssen. Aber auch 14 kg sind eine große Last über weite Strecken.

Der erste Tag war der mit Abstand schwerste Tag unserer Wanderung, denn wir mussten von 500 m über NN auf 2.200 m aufsteigen, ein gewaltiger Höhenunterschied von 1.700 m. 12 Uhr erreichten wir die Suru-Hütte auf 1.450 m und 19:15 Uhr unser Ziel am Lacul (See) Avrig. Vier Tage später, am 20.07. 1985, passierte Carmen ein kleines Missgeschick, sie knickte beim Abstieg in einem Geröllfeld mit dem rechten Fuß um. Am nächsten Tag fühlte sich Carmen wieder etwas besser und wir konnten unsere Wanderung fortsetzen. Mit Mühe erreichen wir den Bahnhof der Kleinstadt Viktoria und fahren zurück nach Sibiu. Angekommen in Sibiu muss ich Carmen vom Bahnsteig, durch die Unterführung bis zum Bahnhofsvorplatz tragen. Ein junger Mann trägt die beiden Rucksäcke, die ich schon längere Zeit allein getragen hatte. Der hilfreiche Rucksackträger chartert ein sogenanntes »Privattaxi«, das uns zur Wohnung unserer Freunde fährt. Freudig werden wir begrüßt. Gretel und Horst beschließen, uns in Ihrer Wohnung schlafen zu lassen. In Rumänien war das nicht selbstverständlich, es war eine Straftat, die mit 1.500 Lei geahndet wurde. Uns fällt ein Stein vom Herzen, wir müssen nicht in unser Zelt auf dem Zeltplatz von Sibiu.

Am nächsten Tage fährt uns Horst in die Klinik. Vorsorglich werden Geschenke eingepackt, denn wir hatten von den rigiden Methoden in rumänischen Krankenhäusern gehört. Wie vermutet wird die Ausländerin Carmen sehr freundlich und zuvorkommend behandelt. Probleme gibt es mit der Röntgenaufnahme, denn die Assistentin findet zuerst keine brauchbare Röntgenplatte. Wir erfahren dabei, dass im Krankenhaus die Platten mehrfach verwendet werden müssen. Die zweite Aufnahme macht dann deutlich, dass sich Carmen nichts gebrochen hat. Ein straffe Bandage ermöglicht Carmen, wieder zu gehen. Wir atmen auf. In einem anderen Zimmer der Notaufnahme wird gerade ein arg zugerichteter Bauer versorgt. Hoch oben auf einer Alm hatte ein Bär seine Herde angegriffen. Mit dem Mut der Verzweiflung wollte der Hirt den Bär mit einem großen Knüppel verscheuchen. Vermutlich wäre ihm das auch gelungen, wenn er nicht ausgerutscht wäre. Einer alten Regel zufolge stellte er sich tot. Der Bär kam zu dem »Toten«. Beim abdrehen machte er mit seiner Tatze eine schlenkernde Bewegung, vermutlich nicht mit aller Kraft. Die scharfen Krallen hinterließen quer über die Brust des Hirten eine breite Spur, die bis zu den Rippen ging. Eine scheußliche Wunde, mit der er sich bis ins Krankenhaus schleppen musste.

31

Silvester in der Sowjetunion

Dezember 1986 / Januar 1987

Kurz entschlossen hatten wir eine Reise zum »Festival Russischer Winter« in Moskau gebucht. Es wurde ein Traumreise, die Reise nach Susdal, nach Wladimir und natürlich auch nach Moskau. Besonders beeindruckte mich die Klosterstadt Susdal, die bei durchschnittlichen Minustemperaturen von 25 Grad wie ein Märchenland aussah. Verständlich, dass bei diesen Außentemperaturen das Thermometer im Hotelzimmer kaum über 6 Grad anstieg.

Die Silvesterfeier fand im Hotel »Sewastopol«, einem Riesenhotel mit 4.000 Betten, im Zentrum von Moskau statt. Geladen wurde in eine der großen Bankettsäle des Hauses ab 23 Uhr, einer für uns ungewöhnlichen Zeit. Eine tolle Veranstaltung mit großem Menü und Livemusik, im Saal waren Bürger aus 15 europäischen Ländern versammelt. Das neue Jahr haben wir an diesem Abend drei Mal begrüßt. Einmal um 24 Uhr nach Moskauer Zeit, mit einer Rede des sowjetischen Präsidenten Gorbatschow, dann um 1 Uhr nach Rumänischer Zeit und um 2 Uhr, der Zeit unserer Heimat. Gegen 4 Uhr sind wir schlafen gegangen, einige Besucher sollen es aber bis 7 Uhr ausgehalten haben.

Am Abend des ersten Tages im neuen Jahr waren wir bei unseren Freunden Lydia und Sandro zur nachträglichen Neujahrsfeier eingeladen. 18:30 Uhr sind wir an der Metro-Station »Nowogireewo«, wo wir von Sandro abgeholt werden. Wir werden mit einem Mahl der Extraklasse, einem Mahl russischer Gastfreundschaft empfangen. Was da alles auf dem Tisch stand? Da haben die beiden bestimmt Monate sammeln müssen, denn aus dem Normalangebot in den sowjetischen Kaufhallen ließ sich kein großes Menü bereiten. Lydia und Sandro hatten noch Freunde aus Moskau eingeladen, der eine war – wenn ich mich recht erinnere – Intendant des Moskauer Wachtangow Theaters. Zu Neuinszenierungen wurde er auch nach Paris eingeladen. Wir saßen – das war uns völlig neu und unerhört – erstmals mit Weltbürgern an einem Tisch. Faszinierend die Vielsprachigkeit der Gäste, alle konnten neben Russisch, Ihrer Muttersprache, auch Englisch und Französisch, aber auch Deutsch. Wir waren beim Geistesadel der sowjetischen Metropole zu Gast. Die sowjetische Intelligenzija lebte ein angepasstes Eigenleben im sozialistischen Vielvölkerstaat. Sie wussten, dass sie vom System gebraucht werden, sie kannten aber auch ihre Grenzen, denn sie waren keine Revolutionäre. Was sie in den Gesprächen zum Besten gaben war für uns allerdings sehr neu. Die Innenansicht des Riesenreiches entzauberte manches Klischee und relativierte unser Denken und Wissen über den »Großen Bruder«, wie bei uns die Sowjetunion genannt wurde. So richtig spannend wurde es in der Diskussionsrunde aber erst, als Sandro über seine Lebensgeschichte berichtete. Eine ungewöhnliche Geschichte, eine sowjetische Geschichte. Der Vater, ein treuer Parteigänger der Kommunistischen Partei der Sowjetunion (KPdSU) wurde 1936 zum 1. Sekretär der Kommunistischen Partei Kirgisiens gewählt, besser wohl abkommandiert. Kirgisien war eine Sowjetrepublik an der Grenze zu China und Afghanistan, die am 05.12.1936 gegründet wurde. Vorher hatte das Gebiet den Status einer Autonomen Sowjetrepublik. Der 1. Sekretär einer Sowjetrepublik war Staatschef und Regierungschef in einer Person, er hatte eine fast unbeschränkte Machtbefugnis.

Im Rahmen der von Stalin in Gang gesetzten Säuberungswelle kam es auch in Kirgisien zu Massenverhaftungen. Die Denunziationen erreichten im Herbst 1937 ihren Höhepunkt. Am 04.10.1937 wurde deshalb das Plenum des ZK der Kommunistischen Partei Kirgisiens einberufen. Die Sitzung leitet aber nicht der 1. Sekretär, der Vater unseres Freundes, sondern der nur 1,50 m große Jechow, der in dieser Zeit Chef des berüchtigten NKWD und damit rechte Hand Stalins war. Der 1. Sekretär, der die Säuberungen zu Beginn unterstütze, wurde nun selbst Opfer des Denunziantentums. Er wurde inhaftiert. Unser heutiger Gastgeber war damals vier Jahre alt, er kam in ein Kinderheim. Der Name der Familie sollte weitgehend ausgelöscht werden. Der Vater unseres Gastgebers starb ein Jahr später vermutlich an Hunger in einem Gulag. Sandro wurde dann von seinem Bruder in der Nähe von Moskau in einem Kinderheim gefunden und behielt damit seine Identität. Die Familie wurde von weiteren Verfolgungen verschont, da sich Sandros Mutter an Lawrenti Berija wandte. Berija war während des Bürgerkrieges zu Anfang der 20er Jahre Mitglied einer Widerstandsgruppe im Kaukasus, die vermutlich unter der Führung von Sandros Mutter stand. Sandros Mutter hatte den Mädchennamen Lordkipanize, ein häufiger Name in Georgien. Nach der Verhaftung Jechows wurde Lawrenti Berija im November 1939 Chef des NKWD und damit der oberste Folterknecht des Systems.

Bis dahin hatte ich schon viel von der Schreckensherrschaft des Josef Wissarionowitsch Stalin gehört, diese Innenansicht hatte mich aber schockiert. Die vielen schönen Geschichten über die Sowjetunion, die man mir in meiner Kinderzeit erzählt hatte, waren ja nicht ohne Wirkung geblieben. An diesem Tag wurde mir auch klar, dass schöne Reden hinterfragt werden müssen. Fakten waren damals aber viel schwieriger zu bekommen. Es war damals nicht so leicht wie heute, zu Hintergrundinformationen zu kommen.

32

VEB SBTK – Planerfüllung

September 1989

Der Alltag im großen Baubetrieb, der Betrieb Gera im VEB SBTK Gera beschäftigte zu dieser Zeit 850 Mitarbeiter, war zum Ende der 80er Jahre wegen fehlender Ersatzteile für Baumaschinen und Fahrzeuge, sowie Engpässe beim Baumaterial, nur sehr schwer zu managen. Ganz wichtig waren in dieser Situation optimistische Darstellungen der aktuellen und zukünftigen Entwicklung. In den Berichten konnten ab Mitte 1988 aber auch kritische Entwicklungen aufgezeigt werden. Die bis dahin übliche, ständig alles beschönigende, Berichterstattung hatte sich geändert.

Im Interview, das der Redakteur der Betriebszeitung des VEB SBTK Gera »Die Brücke« mit mir führte, findet sich noch die aus heutiger Sicht furchtbare »Offizialsprache« dieser Zeit. Kein Bürger hat so gesprochen und geschrieben, aber in öffentlichen Verlautbarungen und Dokumenten gab es diese »völlig andere Sprache«. Die Zweitsprache war, ohne das wir daran Anstoß nahmen, Bestandteil unseres Lebens geworden. Wir hätten uns vermutlich gewundert, wenn in der Presse so geschrieben worden wäre, wie wir sprechen. Ganz sicher habe ich nicht so gesprochen, wie dies im nachfolgenden Interview wiedergegeben wurde. Der Herr Redakteur hat aber meine Wort in die damals übliche Schreibweise »übersetzt«.

Das Interview gebe ich hier im gekürzten Wortlaut wieder:

Unserem Kombinat sind in diesem Jahr wiederum hohe Aufgaben gestellt. In welchem Maße trägt der Betrieb Gera als größter Kombinatsbetrieb dazu bei?

Unser Betriebskollektiv ringt vom ersten Tag des Jahres 1989 mit Blick auf den Republikgeburtstag um hohe Ergebnisse in der Planerfüllung an den Standorten des komplexen Wohnungsbaus in Bieblach-Ost und südliche Innenstadt Gera. Diese beiden Aufgaben binden die Kapazitäten des Produktionsbereiches Gera mit den Bereichsbauleitungen Bieblach und Lusan (Wohnkomplex Bieblach) und der Bereichsbauleitung Zentrum (südliche Innenstadt). Darüber hinaus sind wir mit unserer Bereichsbauleitung Berlin im Wohnkomplex Hellersdorf, in Marzahn West und seit einigen Monaten auch in der Rekonstruktion des Zentrums unserer Hauptstadt tätig. Die Bereichsbauleitung Eisenberg im Produktionsbereich Eisenberg hat Mitte diesen Jahres begonnen den Neubaukomplex Hermsdorf Waldsiedlung zu erschließen. Mit der Waldsiedlung wird ein Wohngebiet erweitert und abgerundet, das bereits in den frühen siebziger Jahren ein echtes Bewährungsfeld im komplexen Wohnungsbau für unser Kombinat war. Damals wie heute stehen wir komplizierten Bedingungen gegenüber. So machte uns beispielsweise der hohe Grundwasserstand bis hinein in die Monate Juni und Juli schwer zu schaffen. Im Herbst und Winter treten diese Probleme erneut auf …

WE(Wohneinheiten)-Übergabe fanden in diesem Jahr ausschließlich im Wohnkomplex Bieblach Ost statt …

Trotz guter Ergebnisse bis zum gegenwärtigen Zeitpunkt, gibt es doch nach wie vor Probleme der Vorbereitung, die sich nachteilig auf den Bauablauf niederschlagen?

Leider mussten wir feststellen dass wir beim Vorziehen der Bauausführung im zweiten Bauabschnitt häufig behindert wurden durch dieses Nichtvorhandensein von Projekten aus unserem Betrieb Projektierung …

Das führte erstmalig dazu, dass unser Betrieb, seit er eigenverantwortliche in Berlin tätig ist, Rückstände in der Planerfüllung aufweist, die trotz größter Anstrengungen unserer Kollektive in diesem Jahr wohl nicht mehr zu korrigieren sind.

Welche weiteren Maßnahmen neben den Aufgaben im komplexen Wohnungsbau sind durch den Betrieb Gera noch zu lösen?

Neben den Objekten des komplexen Wohnungsbaus konzentrieren wir uns mit unseren Kapazitäten auf einer Reihe von Einzelobjekten, die zu Ehren des 40. Jahrestages der DDR bzw. bis Jahresende zu übergeben sind. An erster Stelle möchte ich dabei den Neubau des Fachkrankenhauses Rudolf Elle in Eisenberg nennen …

Ein weiterer Schwerpunkt ist die Gestaltung des Bereiches zwischen Geithes Passage, Salvatorkirche, Webergasse und der neuen Schalterhalle der Staatlichen Versicherung. Durch Einbeziehung von Geraer Künstlern wird dieser große Innenhof ein echter Erlebnisbereich und ich kann schon heute allen Geraern und Gästen der Stadt empfehlen diesen für meine Begriffe sehr gelungenen Bereich ab dem 7. Oktober anzuschauen.

Die Kollektive des Produktionsbereiches Gleisbau hatten einen erheblichen Anteil an der planmäßigen Übergabe der verlängerten Straßenbahntrasse in Bieblach-Ost am 24. April ...

Abschließend vielleicht noch ein paar Worte über den Republikgeburtstag hinaus?

Der Jahrestag unserer Republik ist ein bedeutender Höhepunkt in der Gestaltung unserer Produktionsabläufe, aber natürlich kein Endpunkt. Wir werden unsere Kräfte darauf konzentrieren ... dass wir auch künftig als verlässlicher Planerfüller und damit stabiler Partner unserer Volkswirtschaft auftreten.

Wir danken für dieses Gespräch.

Übergabe des innerstädtischen Umgestaltungsgebietes, ganz links der Autor

33

Moskau hat sich verändert

1989

Wir hatten mit den Freunden in Moskau vereinbart, uns selbst anzuschauen, wie die Perestroika, der Anfang 1986 von Michael Gorbatschow eingeleitete Prozess zum Umbau und Modernisierung des gesellschaftlichen, politischen und wirtschaftlichen Systems der Sowjetunion, vorankam. Diesmal starteten wir das Abenteuer mit der Eisenbahn über Berlin und Warschau nach Moskau, der Hauptstadt der Sowjetunion und der Russischen Republik.

Am Belorussischer Bahnhof in Moskau werden wir von unseren Freunden Lydia und Sandro herzlich begrüßt. Die nächsten Tage sind angefüllt mit der Besichtigung aller touristisch bedeutender Orte in der Hauptstadt des Riesenreiches. Auf dem Roten Platz wimmelt es von Touristen, die für günstige Fotostandorte wie die Wilden schieben und drängeln. Papageienartig gekleidete US-Amerikaner fallen mir besonders auf, denn auf Ihrem T-Shirt prangt unübersehbar in roten Lettern der Nachweis ihrer Identität »USA «. Einfach wunderbar, der Mut dieser Leute, mitten im »Reich des Bösen« nationale Würde zu bewahren und die Überlegenheit der westlichen T-Shirt-Kultur zu beweisen.

Auf dem Rückweg zum Auto treffen wir auf eine größere Gruppe finster blickender Gestalten. Es sind Mescheten, arme und von tödlichem Hass verfolgte Menschen aus dem Kaukasus. 1944 auf Befehl Stalins aus ihrer Heimat in Georgien nach Usbekistan deportiert, sind sie jetzt Opfer der um ihre Vorrechte fürchtenden Politiker mittlerer Leitungsebenen in ihrer neuen Heimat. Aufgehetzte Usbeken erschlagen die Fremden auf offener Straße. Leider eine Realität im Vielvölkerstaat. Die Gruppe sucht Schutz und Hilfe bei staatlichen Organen in der Hauptstadt Moskau.

Die Folgen des Zerfalls der Sowjetunion für viele einfache Menschen sollten sich wenige Jahre später beim Zerfall Jugoslawiens wiederholen. Am späten Nachmittag fuhren wir zum Puschkinplatz. Dieser Platz ist vielleicht zu vergleichen mit dem Hyde Park in London. Auf dem Platz sind mehr als 500 Menschen versammelt, Milizionäre sind in größerer Zahl, aber in einigem Abstand sichtbar. Man meint sich versetzt in eine Art babylonisches Sprachengewirr, ausgehend von der Vielzahl der gleichzeitig sprechenden Menschen. Einige lauschen den Worten sich ständig abwechselnder Redner, die zur Verstärkung ihrer mehr oder weniger bedeutenden Bemerkungen ein etwas altersschwaches Megaphon

benutzen. Der Wirkungsgrad beträgt 10 bis 15 m, das heißt, in einem etwas größeren Abstand sind die Verkünder bedeutender »Weisheiten« nicht mehr zu verstehen. Der geringe Verständlichkeitsradius wird weiter verursacht durch eine Vielzahl autonomer Diskussionsgruppen mit fünf, zehn oder auch zwanzig Menschen, die wiederum ihren eigenen Höllenlärm erzeugen. Es wird sich offensichtlich sehr heftig um des Kaisers Bart gestritten. Die Perestroika ermöglicht jetzt diese öffentlichen Dispute, die Regeln müssen die Leute noch lernen. Eine solche Diskussionskultur würde ich mir bei uns wünschen

Eine Gefahr geht von diesen Leuten gewiss nicht aus. In dieser Einschätzung steckt nach meiner Auffassung die Tragik der sowjetischen Intelligenz, die nicht fähig und nicht willens ist, eine geistig, moralische Führungsrolle zu übernehmen. Sie bleiben lieber Kritikaster, die nach jedem Ereignis immer wieder sagen, ich habe es doch schon immer gewusst. Sie kennen alle Probleme ihres Landes, sind jedoch nicht bereit sich an die Spitze der erforderlichen Veränderungen zu stellen.

Sagorsk, der 70 km von Moskau entfernte Klosterkomplex wird für mich der absolute Höhepunkt der Reise. Von einer Anhöhe haben wir einen herrlichen Blick auf den Klosterkomplex Sagorsk. Ein Bild wie aus den Märchen von 1001 Nacht. Selten hat mich ein historisches Bauensemble so begeistert. Ich möchte verweilen und kann mich einfach nicht satt sehen. Eine Achtung gebietende Leistung altrussischer Baukunst, aber auch Nachdenken über den geflossenen Schweiß tausender russischer Leibeigener.

Auf der Rückfahrt sitzt uns im Zug eine ältere Dame gegenüber, die uns durch ihren überaus gütigen Blick auffällt. Seltsam, wie doch Blicke, wie Gesten eine Brücke schlagen. Die Kommunikation wird von Carmen und der alten Dame geradezu ersehnt, da wird die Sprachbarriere wieder einmal deutlich. Ein Augenblick in dem man sich wegen seiner Faulheit im Russischunterricht selbst beschimpft und vielleicht sogar schwört: »Wenn ich wieder zu Hause bin lerne ich russisch!« Die Situation wird im konkreten Fall durch unseren guten Engel Lydia gerettet. Das Gespräch kommt zustande, wenn auch über den Umweg der Dolmetscherin. Wir erfahren in kurzer Zeit die wichtigsten Daten des Leidensweges einer russischen Frau. Im Krieg fiel ihr Verlobter oder junger Ehemann. Wir glauben ihr, wenn sie sagt, dass sie sich seit dieser Zeit allein durchs Leben geschlagen hat, denn sie hat nicht wieder geheiratet. Vor drei Jahren hat man sie wegen dem Unfall am Atomkraftwerk aus Tschernobyl umgesiedelt. Sie bekam in Moskau eine kleine Wohnung und ist ganz offensichtlich mit ihrem Leben zufrieden. Der Abschied ist herzlich, mir bleibt die Begegnung noch lange im Gedächtnis, War sie die typische, einfache, russische Frau, wie wir sie aus Erzählungen und Märchen unserer Kindheit kennengelernt haben?

Novodewitschi heißt unser Ziel am 23.06. Hinter dem Namen verbirgt sich ein Kloster und der bekannteste Friedhof in Moskau. Der Friedhof ist wirklich faszinierend, denn noch nie habe ich derart viele verstorbene Persönlichkeiten in solch unmittelbarer Nachbarschaft gesehen. Ein normaler Friedhof hat schon immer Eindruck auf meine Gefühls- und Gedankenwelt gemacht, der führt zu einer besonderen Art von Nachdenklichkeit über das Sein und das Wesen des Menschseins und über die eigene Nichtigkeit. Novodewitschi steigerte dieses Gefühl und lässt mich scheinbar in eine völlig andere Welt eindringen. Ein klein wenig fühlte ich mich emporgehoben bzw. auf seltsame Weise vereint mit den Trägern berühmter Namen. Den Friedhof dürfte die zweite Adresse im sowjetischen Totenreich sein, gleich hinter der Kremlmauer. Neben Generalen und anderen »Helden« wurde hier ein großer Teil der sowjetrussischen Geisteswelt begraben, Gogol liegt neben Majakowski, nur wenige Meter entfernt findet wir das Grab von N. S. Chruschtschow.

Am letzten Tag unseres Besuches besichtigen wir das Kloster Donskoi, benannt nach Dimitri Donskoi, dem Sieger über die Mongolen auf dem Kulikower Feld am Don im Jahre 1380. Zum ersten Mal in der Geschichte hatten die Russen eine bedeutende Schlacht gegen die Mongolen gewonnen.

Am letzten Abend lassen wir die vergangenen sieben Tage Revue passieren, jeder hat dazu seine eigenen Gedanken. Die sonst so lebhafte Diskussion verebbt, jeder hängt seinen Gedanken nach.

Es war ein glücklicher Tag, als ich unsere Gastgeber vor drei Jahren kennenlernte. Da fliegen die Gedanken immer öfter voraus. Was wird mit unseren Freunden? Wohin entwickelt sich das Riesenreich und was bringt diese Entwicklung unseren Gastgebern? Werden wir uns noch einmal sehen? Viele Fragen, die immer wieder den Gesprächsfluss versiegen lassen. Wie denken sie über uns? Das Nachdenken über die russische Seele wird mich bestimmt noch manchen Winterabend beschäftigen.

34

Das Ende der DDR

Mai bis November 1989

Die Tage im Herbst 1989 waren Fernsehtage. Jede Meldung wird sensibel registriert. Was hat Gorbatschow zu Honecker am 07.10.1989, dem 40. Jahrestag der DDR, gesagt, was hat dieser geantwortet? Ein Volk im Aufbruch, aber noch in den Ritualen des Staates DDR. Zaghafte Versuche der Renitenz sieht man überall. Der eine traut sich mehr, der andere noch nichts, die Mehrzahl beobachtet skeptisch. Ganz deutlich ist dies zu beobachten bei den Montagsdemonstrationen in Leipzig. Von einem Häuflein in der ersten Woche bis zu über Hunderttausend.

Begonnen hatte die Sache mit den Kommunalwahlen am 7. Mai 1989. Alle Anzeichen waren auf eine wesentlich niedrigere Zustimmung zur Einheitsliste als in den früheren Wahlen gerichtet. Viele meiner Bekannten hatten ganz offen gesagt, dass sie diesmal mit »Nein« stimmen wollen. Eine Ungeheuerlichkeit, denn nur wenige Jahre vorher waren Gespräche über das eigene Wahlverhalten ein absolutes Tabu. Kurz vor dem Gang zum Wahllokal hatte ich an diesem Tag allen Mut zusammen genommen und einen winzig kleinen Bleistift eingesteckt. Im Wahllokal habe ich dann, nach kurzen forschenden Blicken rechts und links in der Wahlkabine den Bleistift aus der Tasche geholt und den Wahlzettel komplett durchgestrichen.

Mit großer Spannung wartete ich deshalb am Wahlabend auf das halbamtliche Wahlergebnis, das der Wahlleiter der DDR, der Genosse Egon Krenz, am späten Abend verkünden sollte. Der Zeitpunkt der Rede wurde mehrfach verschoben. Kurz vor 22 Uhr stand er vor der Kamera. Richtig erschrocken war ich über sein graues, übernächtigt wirkendes, Gesicht. Noch mehr erschrocken war ich über die Zahlen, die er verkündete. Es waren wieder 98,85 % Stimmen für den Wahlvorschlag. Gemessen an den 99,90 % der vergangenen Wahlen war das eine Vervielfachung der Gegenstimmen, aber das konnte nicht wahr sein. Er hatte ganz offensichtlich gelogen. Das graue Gesicht kündete von der Anspannung, die diese große Lüge dem Mann verursachte. Am nächsten Tag berichteten mir mehrere Mitglieder von Wahlvorständen von 10 % und mehr Gegenstimmen, in einem Jenaer Wahllokal waren es fast 20 % Gegenstimmen. Auf wundersame Weise waren diese Gegenstimmen auf dem langen Meldeweg nach Berlin verloren gegangen. Die Wahllokale, so erzählten mir die Vorstände, hatten die richti-

Ergebnisse der Kommunalwahlen am 07. Mai 1989		
	absolut	in %
Wahlberechtigte	12.488.742	100
Abgegebene Stimmen	12.335.487	98,77
Ungültige Stimmen	11.136	0,09
Gültige Stimmen	12.324.351	99,91
Gültige Stimmen für den Wahlvorschlag	12.182.050	98,85
Gültige Stimmen gegen den Wahlvorschlag	142.301	1,15

gen Zahlen an die Wahlleitungen in den Städten und Kreisen gemeldet. Wer hat die Zahlen danach manipuliert? Waren es die Kreise, die an den Bezirk melden mussten, oder waren es die Bezirke? Im Nachhinein ist es müßig, den oder die tatsächlich Verantwortlichen festzustellen, denn das Wahlvolk wurde belogen.

Im Gegensatz zu früheren Wahlen in der DDR wurde im Kreis der Kollegen ganz offen über die ungeheuerliche Lüge diskutiert. In der Sitzung der Kombinatsleitung des VEB SBTK am Mittwoch nach der Wahl war das Wahlergebnis ein langes Gesprächsthema, in dem über Details der ausgezählten Stimmen in den Wahllokalen gesprochen wurde. An der Diskussion hatte auch der Parteisekretär teilgenommen und sein Unverständnis geäußert, er wurde von uns beauftragt, bei der Kreisleitung in dieser Sache vorstellig zu werden. Das Ergebnis kenne ich nicht, ich vermute aber, dass dort die Mitarbeiter genau so hilflos waren.

An diesem Tag, an diesem Abend, so meine feste Überzeugung, wurde der erste Sargnagel für den Staat DDR eingeschlagen und auch für die Gutwilligen das Vertrauensband, wie es immer so pathetisch hieß, zwischen Volk und Partei/Regierung durchschnitten. Für mich war dieser Abend der Anfang vom Ende der DDR. Die Gutwilligen, zu denen ich mich gezählt habe, standen noch zum System, allerdings mit einer gewissen Distanz. Die entscheidenden Eckpfeiler des Staates DDR, die Verantwortungsträger in den Betrieben, begannen an diesem Abend den Halt unter den Füßen zu verlieren.

Der zweite öffentliche Sargnagel für den Staat DDR kommt auch von Herrn Krenz, der, befragt zu den Vorgängen am 3. und 4. Juni auf dem Platz des Himmlischen Friedens in Peking, feststellte: »... es sei etwas getan worden, um die Ordnung wiederherzustellen.« Das Politbüro der SED bekundete unverzüglich seine Solidarität mit der chinesischen Entscheidung, dem »konterrevolutionären Aufruhr« militärisch ein Ende zu bereiten.

Am 27.06. starten wir zur traditionellen Urlaubsreise nach Rumänien. Auf unserer Fahrt in Richtung Bratislava hören wir im Radio, wie die Außenminister

Österreichs und Ungarns, Alois Mock und Gyula Horn, bei Siegendorf symbolisch den Stacheldrahtzaun an der Grenze durchschneiden. Im Auto diskutiere ich mit Carmen über diesen unglaublichen Vorgang, der gewissermaßen die uns bekannte Weltordnung durcheinander brachte. Scherzhaft bemerke ich, dass wir im kommenden Jahr, im Urlaub 1990, auf der gleichen Route kurz vor Bratislava rechts abbiegen und eine Stunde später in Wien sind. Ja, für Dieter Müller wird dann wohl die Grenze geöffnet, sagte Carmen. Ernst hatte ich meine Bemerkung ja auch nicht gemeint.

Anfang November 1989 sind alle entscheidenden Ereignisse der Wende in der DDR, mit Ausnahme der Maueröffnung in Berlin, schon vorbei. Herr Honecker ist nicht mehr Generalsekretär der SED, dieses Amt hat, zusammen mit dem Amt des Staatsratsvorsitzenden, Herr Krenz übernommen. Herr Modrow, der ehemalige Bezirkssekretär der SED in Dresden, wird Ministerpräsident. Die SED hat sich in PDS umbenannt. Die bipolare Welt löst sich auf.

Ein privater Besuch führt uns in dieser Zeit in die Hauptstadt der DDR. Am 8. November 1989 fuhren wir mit unserem guten alten Wartburg 353 zum Palast der Republik im Zentrum von Berlin. Durch die großen Glasfenster im Erdgeschoss des gewaltigen Gebäudes sehen wir den Staatsratsvorsitzenden Egon Krenz im Gespräch mit einem Fernsehreporter des NDR. Egon Krenz schaut öfter nach draußen und stellt Augenkontakt mit Carmen her, die, neben mir stehend, den neuen DDR-Chef fixiert. Noch während des Interviews kommt, fast unbemerkt, der neue Ministerpräsident, Hans Modrow, aus dem Gebäude. Von Reportern und Passanten unbeachtet geht er allein zum Fahrzeug. Nach dem Interview kommt Egon Krenz aus dem Gebäude, geht schnurstracks zu Carmen und schüttelt ihr die Hand. Dem Fernsehteam, das ihm auf den Fersen blieb, verkündet er, mehr zu den Reportern, als zu Carmen gewandt: Das ist das Volk! Diesen Satz wiederholt er händeschüttelnd mehrmals und eilt dann zum Fahrzeug. Was wollte er den Reportern sagen? Wir bleiben ratlos zurück. Ganz offensichtlich war auch Herr Krenz einfach ratlos.

Im neuen großen Deutschland, das eigenartiger Weise den Namen BRD beibehalten hat, werden als die Hauptkräfte für die Veränderungen in der DDR auch jetzt noch eine Handvoll Leute gefeiert und hofiert, die man als Bürgerrechtler und Systemkritiker bezeichnet. Es wird wohl noch mindestens weitere 20 Jahre dauern, um diesen Unfug endgültig auf den Müll der Geschichte zu befördern. Diese Leute treten auch 25 Jahre nach der Wende noch in Talk Shows auf, sie werden als die Kenner der DDR-Realität dargestellt und sie gebärden sich auch so. Die Mehrzahl dieser Leute sind in die Kategorie der Kritiker an jeder Art von staatlicher Ordnung einzustufen, sie leben durch das Hofieren einer breiten (westlichen) Öffentlichkeit aber immer noch recht gut. Die Rolle dieser Leute am Ende der DDR ist eher unbedeutend. Für dieses Ende ist eine Altherrenriege verantwortlich, die immer noch vom Sieg des Sozialismus sprachen als die Mauerspechte schon arbeiteten.

35

Spenden für Timișoara (Rumänien)

25. Dezember 1989

Freitag der 22.12.1989, der letzte Arbeitstag vor Weihnachten. Während der Vorbereitungen auf das Fest finde ich Zeit, über das zu Ende gehende Jahr nachzudenken. Was war da in den Monaten Oktober/November 1989 in meiner Heimat geschehen? Für einen gelernten DDR-Bürger etwas Unvorstellbares, in seinen Folgen noch nicht Absehbares und am 22.12.1989 noch nicht voll Erfassbares. Wie viele DDR-Bürger bewegten mich in diesen Tagen derartige Gedanken immer und immer wieder. Es bleibt die Frage: Wohin gehen die Veränderungen in unserem Land und wie wird unser Morgen aussehen?

Zur aufregenden Situation in der DDR kommt an diesem 22. Dezember plötzlich im Radio eine Meldung aus Rumänien, eine Meldung, genauso unfassbar wie die Entwicklung in meiner Heimat. In Rumänien, so meldet der Rundfunk, wurde nach blutigen Unruhen das verhasste Ceaușescu-Regime gestürzt. Schlagartig verdränge ich die doch etwas trüben Gedanken zu den Problemen im eigenen Land und denke an Rumänien, dem Land, mit dem mich so unendlich viel verbindet. Seit vierzehn Jahren kenne ich Rumänien, schon elf Jahre habe ich dort mit meiner Frau, und einige Jahre auch mit den jetzt erwachsenen Söhnen, den Sommerurlaub verbracht. Wir kennen dieses landschaftlich sehr schöne Land recht genau. Wir haben die Bedrängnis der Menschen erlebt, ihren Hass auf das Ceaușescu-System und ihre Ohnmacht. Schon vor zehn Jahren sahen wir hassverzerrte Gesichter, wenn der Name des großen Conducator (Führer) Ceaușescu genannt wurde.

In unserer Gegenwart wurde sein Bild angespuckt. Wir sahen aber auch die Jubelfeiern zur »Epoche Ceaușescu« (25 Jahre Herrschaft Ceaușescus) und lasen die Gedichte auf den »Titan der Titanen«, wie er sich nennen lies. Aus dem Gedächtnis fällt mir der Anfang einer Lobhudelei auf Ceaușescu ein. Nach einigem Suchen finde ich das Buch »Mit goldenen Lettern«, Kriterion Verlag Bukarest 1988, und dort das Gedicht von Ion Brad. Es lautet:

> Ein Name
> Tapferer Sohn eines tapferen Volkes,
> ein Mann, geehrt von der Menschheit,
> wir wünschen dem geliebten Führer:

Ein Leben wie des Landes Unsterblichkeit!
Ein Mann, wie unsere Trikolore,
du bist unser Stolz, unser Licht.
Dein Gedanke trägt der Zukunft Gewicht,
dein Leben ist eins mit dem Lande.
Für alle ein Symbol des Heldentums,
der Einheit, die uns nie entzweie,
reinstes Metall kommunistischen Ruhms:
Das ist Ceaușescu Nikolae.
Ein Mann an der Spitze des Landes,
ein Mensch voller Menschlichkeit.
Gesandt hat ihn uns die Geschichte,
Geschichte zu schreiben in dieser Zeit.

Ich kann es einfach noch nicht so richtig glauben, dass es nun auch in diesem sozialistischen Land zu einer Umwälzung kommt. Aber die sich ständig wiederholenden Nachrichten lassen es doch zur Gewissheit werden, der »Namensgeber« einer ganzen Epoche ist auf der Flucht vor seinem eigenen Volk. Meine Bindung zu Rumänien und ganz besonders zu den Menschen in diesem Land, lässt mich mit ihnen fühlen, freuen und hoffen. Mir fällt ein, dass meine Heimatstadt Gera Partnerstadt der rumänischen Stadt Timișoara ist. Diese Stadt ist jetzt der Ausgangspunkt der Revolution in unserem Urlaubsland, hier soll es die meisten Opfer gegeben haben.

Am Abendbrottisch dreht sich das Gespräch nur um die Ereignisse in Rumänien. Mit einem Mal steht die Frage im Raum, ob und wie wir helfen können? Für einen DDR-Bürger in dieser Zeit eine doch recht ungeheuerliche Frage, denn um die Dinge im Ausland kümmern sich Partei und Regierung. Dem Normalbürger oblag das Einzahlen von Solidaritätsspenden auf imaginäre Konten, deren Verwendung ihm nichts anging. Aber seit einigen Wochen sind wir mündige Bürger und können eigene Entscheidungen treffen. Erforderlich ist lediglich Zivilcourage und etwas Mut. Die Hilfsidee wird immer bohrender, sie nimmt Gestalt an. Unversehens kommen zur vagen Idee ganz praktische Gedanken für deren Umsetzung. Kurz entschlossen rufe ich gegen 20 Uhr einige Bekannte an, das Deutsche Rote Kreuz in der DDR wird von mir konsultiert. Gegen 21:30 Uhr liegt der konkrete Ablaufplan für die Hilfsaktion für unsere Partnerstadt Timișoara vor.

Für den nächsten Tag, den 23.12.1989, habe ich alle für die Aktion wichtigen Personen, nach Abstimmung mit Oberbürgermeister Horst Jäger, in dessen Dienstzimmer eingeladen. Die Besprechung dauert nur wenige Minuten, der von mir am Vorabend aufgestellte Plan findet die Zustimmung aller Anwesenden. Das Bürgerkomitee »Hilfe für Timișoara« wird gegründet. Von 7:15 Uhr bis 12 Uhr telefoniere ich mit einer Vielzahl von offiziellen Stellen, überall wird mir ganz unbürokratisch Hilfe zugesagt. So eröffnet die Stadt- und Kreissparkasse Gera noch am gleichen Tag, einem arbeitsfreien Sonnabend, ein Spendenkonto, der Zoll sagt die Abfertigung der Hilfssendung zu. Die 12 Uhr-Beratung des Bürgerkomitee stellt fest, für die »Hilfsaktion« gibt es keine Hindernisse mehr. 14 Uhr beginnt die Beladung des Lastzuges mit mehr als 26 t Lebensmitteln und Verbandszeug. Leitende Angestellte, Lagerpersonal und Kraftfahrer, alle helfen ohne einen Blick auf die Uhr. Gegen 18 Uhr ist das Fahrzeug beladen und startklar, die Zollverschlüsse sind angebracht. Die Abfahrt wird für den 24.12.1989, dem Heiligabend, 9 Uhr, festgelegt. Auf Grund beängstigender Nachrichten aus Rumänien, in der Nacht wurden zwei Korrespondenten bei Timişoara erschossen, verschieben wir den Start auf den 1. Weihnachtsfeiertag.

Am 25.12.1989, 10 Uhr, beginnt die Fahrt, die die beiden Kraftfahrer und mich über die ČSSR und Ungarn nach Timişoara bringen soll. In Szeged, einer Stadt in Südungarn müssen wir wegen der anhaltenden Kämpfe auf der Straße von der ungarischen Grenze nach Arad unsere Route ändern. Zusammen mit anderen Fahrzeugen aus der Bundesrepublik Deutschland und Österreich fahren wir durch einen Zipfel von Jugoslawien, die früher von deutschen Siedlern bewohnte Batschka. Kurz nach 13 Uhr, am 26.12.1995, dem 2. Tag unserer Nonstopfahrt, erreichen wir die Grenzstadt Jimbolia, früher Hatzfeld, in Rumänien.

Von der Bevölkerung wird unser Lastzug, mit dem zu beiden Seiten gut sichtbaren Plakat »Gera-DDR hilft Timişoara« überall begeistert begrüßt. Die Menschen stehen oft mit Tränen in den Augen am Straßenrand und begrüßen uns mit dem berühmten Victory-Zeichen. Kinder strecken uns beide Hände mit dem Zeichen entgegen. Besonders die älteren Menschen können die Tränen nicht unterdrücken, junge Leute führen Freudentänze auf. Die Fahrt zum 40 km entfernten Timişoara wird immer wieder gestoppt durch Straßensperren. Schützengräben sind überall ausgehoben, Soldaten und Zivilisten liegen hinter schussbereiten Maschinengewehren in Stellung. Es herrscht Kriegszustand, eine Ahnung von Gefahr liegt förmlich in der Luft. In den Dörfern bestehen die Sperren aus Fahrzeugen und Landmaschinen. Die jungen Soldaten in dem uns begleitenden Militärjeep erreichen jeweils ein kurzzeitiges Öffnen der Sperren, nach uns werden sie eiligst wieder hergestellt. 13:40 Uhr, nach 1.250 km Fahrt, erreichen wir unser Ziel. In Timişoara nimmt die Zahl der Straßensperren zu, teilweise liegt nur eine Ent-

Letzte Vorbereitungen vor dem Start

fernung von 100 m zwischen zwei Sperren. Wieder erfahren wir die schon bekannte herzliche Begrüßung. Vom Begleitjeep werden wir zu einem Großhandelslager gelotst, hier sollen wir entladen.

Ganz gefühlsmäßig habe ich gegen diese Art einer anonymen Spendenabgabe eine große Abneigung, zu oft habe ich von missbräuchlicher Verwendung vieler Hilfsgüter in aller Welt gehört. Mein Entschluss steht fest, in diesem Lager wird nicht entladen. Ich muss einen Befehl erteilen, um zu erreichen, dass ein junger Mann uns zum größten Krankenhaus der Stadt geleitet. Mit meinem Entschluss will ich erreichen, dass die Spenden tatsächlich zu den Hilfsbedürftigen gelangen.

Wieder sind Straßensperren zu passieren. Am Krankenhauseingang müssen wir erst einmal anhalten, Durchlass erhält man hier nur mit einem Sonderausweis. Die Ursache für die strenge Bewachung des Krankenhauses erfahre ich erst am nächsten Tag. Nach mehreren Anläufen gelingt es mir, die Direktorin des Krankenhauses zu erreichen. Ich muss mich einer Leibesvisitation unterziehen, dann werde ich mit Eskorte in ihr Büro gebracht. Mit der Direktorin vereinbare ich, das Verbandmaterial und die Fleischkonserven im Krankenhaus zu entladen. Für die Entladung erhalten wir die Unterstützung einer Gruppe von Medizinstudenten. Die jungen Leute schwitzen ganz schön beim Entladen von mehreren Tonnen Lebensmitteln und Verbandsmaterial.

Die zweite Hälfte der Ladung wollen wir im Kinderkrankenhaus entladen. Wieder müssen wir Straßensperren passieren. Es wird schon dunkel, als wir im Kinderkrankenhaus ankommen. Nach einem längeren Gespräch mit der Wache, unterstützt von den uns begleitenden Studenten, erhalten wir Einlass im Kinderkrankenhaus. Die 8.640 Schokoladenweihnachtsmänner, weitere Süßigkeiten und die Kindernahrung will ich hier entladen. Zweimal wird die nächtliche Entladeaktion wegen Schießereien in der unmittelbaren Nachbarschaft unterbrochen. Blitzschnell geht der Entladetrupp jeweils in Deckung. Ganz rührend die Bemerkung einer jungen Studentin zu unserer Ladung von 5.390 kg Zucker: »Ihr habt so viel Zucker mitgebracht, gibt es jetzt in der DDR noch Zucker?«.

Mit einem Redakteur der deutschsprachigen Zeitung fahre ich während der Entladung zu dessen Redaktion. Angesichts der vielen Sperren, mit Posten, die ihre Maschinenpistolen im Anschlag halten, und bei fast völliger Dunkelheit, keine Fahrt für Hasenfüße. Bei der dritten Sperre und dem immer lauter werdenden Zähneklappern des Redakteurs, fordere ich einen der finster aussehenden Posten auf, uns im Fahrzeug zu bekleiten. Eine gute Idee, wie sich bei den nächsten Posten herausstellt, denn der Durchlass wird nunmehr ganz unkompliziert gewährt. Die Redaktion ist von Militär besetzt. Wir werden recht unfreundlich vom diensthabenden Offizier behandelt. Leider war unsere Fahrt umsonst, denn in der Redaktion war niemand mehr anwesend. Gegen 21:45 Uhr haben wir die Entladung beendet und fahren mit den Studenten wieder in das Krankenhaus, unser heutiges Nachtquartier. Die beiden Fahrer gehen nach den Anstrengungen der letzten beiden Tage sofort schlafen.

Ich sehe gemeinsam mit den Schwestern und Ärzten des Krankenhauses in einem Fernsehraum die Verhandlung gegen das Ehepaar Ceaușescu und ich sehe die toten Ceaușescus. Die Bilder rufen sehr verhaltene Reaktionen beim Krankenhauspersonal hervor. Die Verhandlung gegen die Ceaușescus war eine Farce, sie beruhte nicht auf Prinzipien von Rechtstaatlichkeit. In mir erhebt sich die Frage, ob es richtig ist, altes Unrecht mit neuem Unrecht zu vergelten. Meine Gedanken sind entstanden aus vielen Jahren humanitärer Erziehung, lassen sich diese aber so ohne weiteres auf rumänisches Denken übertragen? Eine Antwort fällt schwer und doch bejahe ich die Vorgehensweise der Militärrichter. Für diesen Sinneswechsel ist ein Kameramann des serbischen Fernsehens aus Belgrad verantwortlich, der während der Fernsehsendung neben mir sitzt und furchtbar grausame Bilder zeigt. Bilder von den Massengräbern vor der Stadt, die ich teilweise schon zu Hause im Fernsehen gesehen hatte. Hier war aber nicht Gera, ich war genau in der Stadt, in der es zu diesen Gräueltaten gekommen war. Noch nie habe ich derart schlimme Dinge gesehen. Der Kameramann hat sehr große Fotos gemacht von den Grausamkeiten der Securitate, darunter mit Stacheldraht erdrosselte Kleinstkinder. Jetzt bin auch ich einverstanden mit der Erschießung des N. Ceaușescu und seiner Frau.

Die Medizinstudenten hatten mir die Vorgänge in der Stadt geschildert, die Zusammenstöße der mutigen Menschen mit Spezialeinheiten der Securitate. Die vielen Toten auf dem Platz vor der großen Kathedrale kann ich vor meinen Augen sehen. Die jungen Leute erzählen mir dann von einem kaum noch zu überbietenden Akt menschlicher Grausamkeit. In dem Krankenhaus, in dem ich mich in dieser Nacht befinde, sollen in den Nächten vorher die Verletzten vom Tropf abgehängt, erschlagen, aus dem Gebäude transportiert und am Stadtrand verscharrt worden sein. Wie ich später erfahre, soll man auch noch in dieser Nacht über dunkle Kanäle Verletzte aus dem Krankenhaus, trotz der starken Bewachung, gebracht haben. An dieser Geschichte muss etwas dran sein, das finde ich am nächsten Morgen bestätigt.

Zum Abschiedsbesuch bei der Direktorin des Krankenhauses treffe ich den Leiter eines österreichischen Notarztteams. Der Mann, es soll sich um eine Kapazität in Österreich handeln, ist mit mobilen OP-Fahrzeugen, Ärzten und Helfern am frühen Morgen eingetroffen. Für ihn gibt es nichts zu tun, dies erfährt er in meiner Gegenwart von der Chefin des Krankenhauses.

Der 27.12.1989 bringt für mich den schönsten Moment der ganzen Hilfsaktion. Mit der Oberschwester des Kinderkrankenhauses haben wir eine kleine Weihnachtsfeier verabredet. Eine Weihnachtsfeier ist etwas besonders, denn im christlichen Land Rumänien hatte Ceaușescu vor 25 Jahren das Weihnachtsfest verboten, es sollte aus dem Bewusstsein der Menschen ausgelöscht werden. Die Oberschwester hatte einen Tannenbaum organisiert und im Foyer des Krankenhauses aufgestellt. Unter dem Tannenbaum standen Hunderte der von mir mitgebrachten Schokoladenweihnachtsmänner. Um 9 Uhr beginnt die improvisierte Weihnachtsfeier, erstmals seit 25 Jahren in einem öffentlichen Gebäude. Die strahlenden Augen der Kinder und jungen Mütter werde ich wohl nie in meinem Leben vergessen. Gleichermaßen beeindruckt bin ich von der Persönlichkeit des ärztlichen Direktors des Kinderkrankenhauses, Herrn Prof. Dr. Turkanu. Was musste dieser Mann in den Jahren des Ceauşescu-Regimes ertragen, welche Kompromisse musste er eingehen?

Einige Wochen später sehe ich im Zweiten Deutschen Fernsehen verhungernde Babys in genau diesem Krankenhaus. Mein Eindruck von Prof. Turkanu wird konfrontiert mit den furchtbaren Fernsehbildern. Warum hat dieser Mann die unmenschliche Behandlung Neugeborener nicht verhindert? Was mag ihn bewegt haben, der mit mir über Humanität und Menschlichkeit gesprochen hatte, der Mann mit europäischer Bildung, der Mann, der fünf europäische Sprachen fließend beherrschte? Widersprüche dieser Art waren ganz sicher Voraussetzung für das eigene Überleben in einem unmenschlichen System. Die zwei Gesichter des Herrn Turcanu sind gleichsam Symbol für den Niedergang von Anstand und Moral in einer Diktatur. Aus der Sicht des Individuums entsteht eine Art Vernunftsymbiose, die von Außenstehenden nur allzu schnell verurteilt wird. Es stellt sich für mich die Frage, wie weit darf und kann der Einzelne beim Ablegen menschlicher Grundwerte gehen und wieweit kann er das selbst noch beurteilen?

Gleiche Gedanken bewegen mich bei Frau Dr. Nowak, die zur Zeit meines Aufenthaltes das große Krankenhaus leitete. Frau Nowak war vorher Kreisärztin für den Kreis Timişoara und hatte somit enge Verbindungen zur Führung der Securitate. Ich komme selbst aus einem Land, in dem viele Menschen mit zwei Gesichtern lebten. Es nützt mir dabei wenig, festzustellen, dass es bei uns keine staatlich verordnete Tötung von Babys durch Nahrungsentzug gab. Warum hatten wir nicht genügend Mut, warum haben wir uns angepasst?

Aus dieser Position betrachtet bringe ich ein bisschen Verständnis für die zwei Gesichter auf. Beurteilen kann dies wohl auch nur ein Mensch, der selbst viele Jahre in einer Diktatur gelebt und die ständige Angst in vielen Nächten fast physisch gespürt hat. Moralapostel können eine solche Haltung nicht begreifen, und ich kann ihnen nur wünschen, dass sie nie unter ähnlichen Bedingungen in derartige Konflikte kommen. Den Menschen in meinem Land und in Osteuropa, die nach dem Sieg der Revolution behaupten, sie waren schon immer gegen das Regime und sind somit völlig unschuldig, möchte ich die Worte des Jesus von Nazareth aus Johannes 8, Vers 7, auf den Weg geben: »Wer unter euch ohne Sünde ist, der werfe den ersten Stein ...«

Ich war nach Rumänien gefahren, um Menschen in Not zu helfen. Zurückgekommen bin ich mit dem Gefühl, an einer Zeitenwende teilgenommen zu haben.

36

Streik beim SBTK

Januar 1990

Da hatte ich den Großteil meines Lebens in der DDR gelebt, einem Staat, in dem es seit der Verfassungsänderung im Jahr 1974 kein gesetzliches Streikrecht gab. Und nun riefen ca. 40 Kraftfahrer des Produktionsbereiches Gera zum Streik auf. Im Gesamtbetrieb mit 850 Mitarbeitern war das zwar nur eine Minderheit, aber die Bauproduktion in diesem großen Bereich würde weitgehend zum Erliegen kommen.

Eine verzwickte Geschichte, aber genau genommen galt im Januar 1990 das DDR-Recht wohl schon nicht mehr. Überall im Lande fanden Streiks statt. Täglich berichteten Zeitungen, Funk und Fernsehen über Streikaktionen. Überall ratlose Betriebsleiter und Verantwortliche. Die Streikenden gingen fast selbstverständlich schon vom Recht der Bundesrepublik Deutschland aus. Was sollte ich tun, wie sollte ich angemessen reagieren? Ich war ratlos, musste aber handeln. Bekannte Muster gab es nicht, ich konnte nirgends nachfragen. Meine Entscheidungen gehorchten dem Bauchgefühl, und da war es mir doch ganz schön mulmig.

Am 12.01.1990 wurde zum Streik aufgerufen, beginnen sollte er am 16.01.1990, um Mitternacht. Begleitet wurde der Streikaufruf von einem Forderungs-Katalog an die Betriebsleitung. Es handelte sich in zwei Punkten um politische Forderungen, die ich nicht beeinflussen konnte. Lohnerhöhungen oder Besserstellungen wurden nicht gefordert. Die Streikaufrufer wollten, so wörtlich, »... die Arbeitsintensität unserer Werktätigen erhöhen. Im Gespräch mit der Betriebsleitung sollten ökonomische Reserven aufgedeckt werden.« Die Initiatoren gaben damit indirekt zu, dass es mit der Intensität bei der Arbeit nicht ganz so gut bestellt sei. Mir wurde vorgeworfen, die schon im Dezember 1989 aufgezeigten Probleme nicht mit den Aufrufern besprechen zu wollen. Ganz unterschwellig schwang da wohl schon die Angst um die Erhaltung Ihrer Arbeitsplätze mit.

In einem Punkt wird meine Entfernung aus dem Amt gefordert. Die Streikaufrufer waren der Meinung, ich könnte die Sicherung ihrer Arbeitsplätze nicht garantieren. Sprecher der Streikaufrufer war ein Lkw-Fahrer. Er fuhr im Schichtdienst einen sowjetischen Kipper vom Typ Kras. Der Herr gehörte damit zu der Berufsgruppe, die im Lohn-Ranking des Betriebes immer vor mir lag. Besser als der Achtzigste von insgesamt 850 Mitarbeitern war ich nie, damit lagen die Einkünfte von mindestens 10 Prozent der Leute über denen des Chefs. Ein Kuriosum des DDR-Lohnsystems, das den Lohn der Arbeiter wesentlich niedriger besteuerte, als den der Angestellten. Der Arbeiter-und-Bauernstaat DDR hatte in seinen Gesetzen umgesetzt, was auf dem Etikett stand. Die Gehälter und die Grundlöhne der Arbeiter wurden nach der gesetzlich vorgegebenen Tabelle versteuert, die, wie alle derartigen Tabellen, bei höheren Beträgen steil anstieg. Bei den Arbeitern wurden die Grundlöhne von ca. 250 Mark auch nach dieser Tabelle versteuert, Steuern waren auf diese Beträge aber nur von Singles zu entrichten. Die restlichen zwei Drittel des Lohnes, der Leistungslohnanteil, wurden mit 5 Prozent versteuert, bei 500 M waren das gerade mal 25 M.

Zu den 80 Mitarbeitern, die regelmäßig mehr Lohn als ich bekamen, gehörten die 35 Kraftfahrer im Schichtbetrieb des Produktionsbereiches Gera. Diese gutsituierten Herren rufen nun zum Streik auf! Der Hauptgrund, meine Entlassung zu fordern, waren wohl meine unangemeldeten Besuche auf Baustellen. Dies konnte auch schon einmal um Mitternacht sein. Bei zwei meiner Kontrollfahrten auf der Großbaustelle in Bieblach-Ost, einem neuen Ortsteil von Gera, hatte ich um diese Zeit weder einen Kraftfahrer, noch einen Baggerfahrer angetroffen. Am folgenden Tag, zum Schichtbeginn um 18 Uhr, hatte ich mit Ihnen gesprochen und mitgeteilt, dass sie für die nicht geleistete Arbeit vom Zeitpunkt meiner Kontrolle bis zum Schichtende um 5 Uhr früh keinen Lohn erhalten. Meine Anweisung zur Reduzierung der Bezüge konnte ich am Ende nicht durchsetzen, da die betriebliche Gewerkschaftsleitung und der Sekretär der SED-Betriebsparteiorganisation meine Maßnahme für zu streng hielten. Den Genossen Produktionsarbeitern müsse man dies einfach nachsehen, so die Argumentation des Sekretärs der Kombinatsparteileitung der SED.

Die Schilderung zeigt, wie niedrig die Arbeitsproduktivität war. Bereitschaft zu höheren Leistungen gab es nur noch in wenigen Fällen, dafür mussten die Damen und Herren Produktionsarbeiter gehätschelt und gestreichelt werden. Zusammen mit den ständig defekten Baumaschinen und Fahrzeugen lässt sich da leicht vorstellen, dass die Produktivität bei ca. 50 Prozent der möglichen Arbeitsproduktivität lag.

Ausgangspunkt des Streikes war ein Aufruf der Kraftfahrer des VEB Kombinat Kraftverkehr Gera, einem Betrieb mit 8.000 Mitarbeitern im Bezirk Gera. Dem politisch motivierten Streik hatten sich unsere Kraftfahrer angeschlossen und deren Forderungskatalog erweitert.

Am Nachmittag des 12.01.1990 lud ich die leitenden Mitarbeiter des Betriebes zu einer außerordentlichen und erweiterten Leitungssitzung in die Firmenzentrale. Ich erläuterte den Damen und Herren der Betriebsleitung und den Leitern der vier Produktionsbereiche meinen Standpunkt zum Aufruf. Nach meiner Ansicht waren die Probleme in der Produktion nicht durch Streik zu lösen, die ausfallenden Stunden werden nicht bezahlt.

Für die Erhaltung der Arbeitsplätze, das war eine weitere Forderung der Streikaufrufer, werde ich mich mit großem Engagement einsetzen, dies dürfte auch bei den Mitgliedern der Leitung so sein. Es geht aber gar nicht allein um den Erhalt der Arbeitsplätze von Schlossern und Kraftfahrern, sondern um den Erhalt aller unserer Arbeitsplätze.

Die Forderung auf Abschaffung des Ministeriums für Staatssicherheit war wohl unsinnig, denn dies lag wohl nicht im Bereich unserer Möglichkeiten. Darüber hinaus sollten ich die informellen Mitarbeiter der Staatssicherheit benennen. Genauso verrückt, denn die Betriebsleitung kannte die informellen Mitarbeiter natürlich nicht.

Zur Forderung nach meiner Abberufung bat ich alle leitenden Mitarbeiter um ihre Meinung. Die vier Produktionsbereichsleiter, der Produktionsleiter des Betriebes und der Hauptmechaniker sprachen sich gegen meine Entfernung aus der Funktion aussprachen aus. Mehrfach wurde die Frage gestellt, wer denn in dieser schweren Zeit das Schiff steuern soll, wenn nicht Dieter Müller. Für meine Entfernung aus dem Amt sprach sich nur der Transportleiter des Betriebes Gera aus, der ja auch Mitglied des Streikkomitees war.

Zusammenfassend habe ich dann um eine namentliche Abstimmung bei allen Mitarbeitern über meinen Verbleib in der Funktion des Betriebsleiters gebeten. Dieses Votum war wichtig für meine Psyche, denn leicht war diese völlig neue Situation nicht zu verkraften. Mit dem Rückhalt der wichtigsten Mitarbeiter konnte ich nun die kommenden Auseinandersetzungen etwas lockerer angehen. Vereinbart wurde noch ein Gespräch mit den Streikaufrufern am 15.01. 1990, also einen Tag vor dem angekündigten Streik.

Das vom Transportleiter vorbereitete Gespräch mit den Streikaufrufern fand am 15.01.1990 auch statt, wurde aber nach wenigen Minuten abgebrochen. Die Kraftfahrer erklärten, sie wollen nicht mit uns sprechen. Es wird am 16.01. gestreikt und sie wollen dafür auch kein Geld haben. Das war eine klare Ansage.

Gleichfalls am 15.01.1990 sprach ich mit den Mitarbeitern des Produktionsbereiches Trebnitz, anwesend waren 26 Mitarbeiter, über den Streikaufruf. Im Ergebnis des Gesprächs stellte ich erleichtert fest, der Produktionsbereich Trebnitz wird sich nicht am Streik beteiligen. Vorgeschlagen wurde die Bildung eines Betriebsrates. Warum nicht, so meine Meinung.

Am 16.01.1990 begannen die Kraftfahrer des Produktionsbereiches Tinz den angekündigten Streik. Gleich am Morgen wurde mit den großen Kippern der Autobahnzubringer gesperrt. Das hatte gespenstige Züge und ging in Richtung eines Generalstreikes. Es wirkte martialisch, ja militant. Wohin soll das führen? Die Bürger der DDR hatten in der Schule ja über den Kapitalismus gelernt: »Alle Räder stehen still, wenn dein starker Arm (als Arbeiter) es will!«. Dieser oft zitierte Satz wurde nun in die Tat umgesetzt. Ich vermute, dass die Organisatoren dann doch auch Angst vor der eigenen Courage bekamen.

Gegen 8 Uhr begannen die Gespräche mit dem Streikkomitee in Gera-Tinz, an der auch der Kombinatsdirektor, mein Vorgesetzter, teilnahm. Eine spannende Auseinandersetzung, in der konstruktiv über viele Details der Organisation und Abläufe gesprochen wurde. Viele Anregungen habe ich auch als Denkansätze für Veränderungen mitgenommen. Merkbar war aber auch die Angst um die Zukunft, denn die großen Veränderungen zeichneten sich schon ab, allerdings war für keinen Teilnehmer die noch kommende Wucht der Änderungen erkennbar. Die Ahnung von tiefen Einschnitten war aber überall deutlich zu spüren.

Zuerst einmal distanzierten sich die Kraftfahrer von den Ausschreitungen am Vortag, wozu die Sperrungen von Straßen gehörten. Den Streikenden war auch bewusst, dass es kein Streikrecht gibt. Die allgemeine Unsicherheit dürfte beim Streikaufruf ein wichtige Rolle gespielt haben. Hinzu kam die Solidarisierung mit den Kraftfahrern des VEB Kombinat Kraftverkehr und die sicher vorhandenen Mängel in der eigenen Organisation. Seit den Strukturänderung des Betriebes 1988 wäre in ihrem Bereich nichts besser geworden, stellten sie kritisch fest. Besonders im Fokus der Kritik stand der diktatorische Führungsstil des Produktionsbereichsleiters Gera.

Nach stundenlanger, teils recht kontroverser Diskussion stellt der Fuhrparkleiter fest: Herr Müller hat das Problem möglicherweise erkannt. Er fragt, ob ich mich der Aufgabe als Betriebsleiter noch stellen wolle? Meine Antwort: Ob ich mich nochmals motivieren kann, weiß ich nicht. Bis jetzt habe ich meine Arbeit als Idealist getan. Weitermachen erfordert die Zustimmung aller Kollegen. Ein Betriebsleiter kann nie allen auch alles recht machen! Der Streikführer fasste dann zusammen, dass mir das Vertrauen ausgesprochen wird, denn wir können nicht über jede Leiterentscheidung diskutieren. Er bat dann noch um Klärung von Ungereimtheiten bei den Lohnzuschlägen.

Drei Tage später erhielt ich dann das Ergebnis der Abstimmung in allen Produktionsbereichen und der Verwaltung. Leider habe ich die Zusammenfassung nicht aufgehoben, es dürfte aber 690 Zustimmungen und 160 Ablehnungen gegeben haben. 81,18 Prozent war ein sehr gutes Ergebnis für mich. Denn in dieser Zeit gab es ähnliche Situationen in vielen volkseigenen Betrieben, in etwa 50 Prozent wurde den Betriebsleitern das Vertrauen entzogen. Für die anstehenden Auseinandersetzungen war ich damit sehr gut legitimiert, denn wer kann schon auf eine derart hohe Zustimmung verweisen.

Meine Ahnungen über die weitere Entwicklung hatten sich dann in wenigen Monaten bestätigt. Die große Zahl von Kraftfahrern und Maschinisten wurde nicht mehr benötigt. Die, die weiter Verwendung fanden, waren dann in der Lohnskala recht weit unten. Über dem Gehalt eines Firmenchefs lagen Sie auf jeden Fall nicht mehr.

37

Diskussion mit dem 1. Sekretär der Kreisleitung

1989

Zu Beginn des Jahres 1989 gab es noch keine Anzeichen für das Ende der DDR zum ablaufenden Jahr, und doch gab es kleine Veränderungen, zuerst fast unmerklich. Mehrfach spürte ich die abnehmende Präsenz der Spitzenfunktionäre auf Bezirks- und Stadtebene zu besonderen Anlässen. In meiner Eigenschaft als Chef eines großen Baubetriebes gab es fast wöchentlich Fertigstellungen von Verkehrswegen und deren feierliche Übergabe an die Auftraggeber. Diese Gelegenheiten hatten die führenden Genossen der Bezirksleitung und der Kreisleitung der SED bis dahin immer genutzt, um auf Erfolge im sozialistischen Aufbau und ihren Anteil daran aufmerksam zu machen. Auch bei vergleichsweise kleinen Straßen- oder Wegeabschnitten kamen die Parteisekretäre zu den feierlichen Übergaben. Die Bauleute waren dabei eine beliebte Staffage und die Presse durfte natürlich auch nicht fehlen.

Am 24. April 1989 wurde der 2. Bauabschnitt der Straßenbahntrasse zur Wendeschleife Bieblach-Ost für den Verkehr freigegeben, eine bedeutende Erweiterung des Geraer Straßenbahnnetzes. Die in solchen Fällen üblichen Feierlichkeiten hatte ich zusammen mit unserem Auftraggeber, dem VEB Städtischer Nahverkehr Gera, organisiert. Zum obligatorischen Durchschneiden des Bandes wollte aber diesmal kein Parteisekretär kommen. Oberbürgermeister Horst Jäger konnte somit als Chef der Stadtverwaltung ohne Rücksicht auf die bis dahin einzuhaltende Hierarchie seines Amtes walten. Es war eine wohltuende Normalität in die städtischen Angelegenheiten eingezogen. Die große Aufmerksamkeit in der Presse nutzte ich, um Werktätige des Betriebes auszuzeichnen. Uwe Seifert aus der Werkstatt in Tinz wurde »Aktivist der sozialistischen Arbeit«, Dieter Nitsche und Helmut Krause wurden mit der »Tiefbaumedaille in Bronze« geehrt.

Im Herbst 1989 wurde die Lage immer unübersichtlicher. Die Mehrzahl der Mitarbeiter in meinem Betrieb kamen nach wie vor regelmäßig und pünktlich zur Arbeit. Durch Ausreisen entstanden Lücken bei den Mitarbeitern. Beim Führungspersonal, bis herunter zu den Gruppenleitern, gab es aber keine Flüchtlinge. Es wurde viel diskutiert, irgendwie war die messbare Arbeitsleistung geringer, es begann eine Phase des Abwartens. In Diskussionsrunden wurde zunehmend offener und ohne Scheu gesprochen, aber das Arbeitsleben verlief in den bekannten Bahnen. In dieser Periode des Stillstandes, des »Luft-anhaltens« erreichte mich die Einladung der größten Tageszeitung der Stadt Gera, der »Volkswacht«, zu einer Diskussionsrunde im neuen Jugendklub des im Bau befindlichen Wohngebietes Gera Bieblach-Ost am 31.10.1989, 19 Uhr. Erstmals stellte sich der 1. Sekretär der Kreisleitung der SED den Fragen der Einwohner.

Der Jugendclub war brechend voll. Neben dem 1. Sekretär, Wolfgang Hei-land, hatten Volker Tauchert, 1. Stellvertreter des Oberbürgermeisters, Reinhard Jeziorski, Stellvertreter des Stadtbaudirektors und ich Platz genommen. Die ersten Fragen richteten sich naturgemäß an die Stadtverwaltung. Kritisiert wurde, dass es für die 14.000 Einwohner im neuen Wohngebiet bis jetzt nur eine Kaufhalle gibt und noch kein Büro der Stadtverwaltung, in dem Bürger ihre Beschwerden vorbringen können. Hauptblitzableiter war ich, denn naturge-mäß waren in dem sehr großen Wohngebiet Straßen, Gehwege und Parkplätze nicht komplett fertig, und das war nun mal meine Aufgabe. Laut Zeitungsbericht soll ich gesagt haben: »Wir sind nicht in der Lage, alles sofort fertig zu stellen. Wir haben nicht genügend Baukapazitäten.« Ein Bürger bemerkte dazu kri-tisch: »Krankheitsbedingt war ich ein Vierteljahr zu Hause und konnte den Bau der Schiffelstraße beobachten. Wenn ich dann sehe, dass Schaufeln kaputt gehen, weil man sich darauf stützt, dann rate ich Ihnen, Ihre vorhandenen Ka-pazitäten zu kontrollieren und besser einzusetzen.« Der Mann erntete großen Beifall und hatte die Lacher auf seiner Seite.

Völlig neu und überraschend war für alle Anwesende die folgende Anfrage: »Wenn es überall an Kapazitäten fehlt, warum holen wir dann nicht unsere Bauleute aus Berlin zurück?« Erstmals an diesem Abend ergriff der 1. Sekretär

Volkswacht vom 25.04.1989: Meine Ansprache zur Verkehrsfreigabe

das Wort. Er versicherte: »Wir holen die Leute zurück, wenn wir das Begonnene in Berlin zu Ende gebracht haben. Etwas Neues fangen wir dort nicht mehr an.« Ich schüttelte mit dem Kopf, denn der Parteisekretär hatte keine Verfügungsgewalt in solchen Fragen. Die Antwort machte die Naivität des Mannes deutlich, der im Glauben an seine Macht völlig übersah, dass er über Geldquellen diesen Umfangs keine Verfügungsgewalt hatte.

Die Bürger hatten sich so langsam in Rage geredet und nun gab es auf einmal ganz direkte Fragen an den obersten Chef der Stadt, den 1. Sekretär der SED Kreisleitung. Er möge, so die erste Forderung, das neue Gästehaus der SED-Bezirksleitung in ein Hotel umwandeln. »Ich verfüge nicht über das Gästehaus!«, so seine Antwort. Mutig wurde auch Jugendpfarrer Kamm, der diese Bezeichnung auch 25 Jahre später noch führt, als er fragte, ob sich der 1. Sekretär auch zu einem Dialog mit der evangelischen Kirche bereiterklärt. Die Antwort war ein deutliches »Ja«.

Dieser Abend war für mich wie eine Zeitenwende, denn zum ersten Mal, seit ich politisch denke, und das lag etwa 35 Jahre zurück, hat sich der 1. Sekretär einer Kreisleitung derartigen Fragen gestellt. Er ist gleichsam von seinem Sockel gestiegen, sein Mythos der Unfehlbarkeit und Unantastbarkeit hatte sich gleichsam in Luft aufgelöst. Er war, gemeinsam mit seiner Partei, auf dem Boden des realen Alltags angekommen. Privilegien gab es nicht mehr, er musste sich in das normale Lebensgetriebe einfügen. Wie schwer wird ihm das wohl gefallen sein?

38

Besuch in Nürnberg

Januar 1990

Zum Jahresende 1989 hatte mich der damalige Geraer Stadtbaudirektor, Dr. Günter Linsel, zu einem Gespräch mit Vertretern unserer Partnerstadt Nürnberg eingeladen. Ein Teilnehmer an der Gesprächsrunde war der damalige Geschäftsführer der Bauinnung Nürnberg, Herr Strauß. Im Ergebnis des angeregten Gesprächs, in dem eine innige Verbindung zwischen Gera und Nürnberg beschworen wurde, vereinbarte ich einen Gegenbesuch in Nürnberg, denn wir konnten ja seit einigen Tagen ins »kapitalistische Ausland«, zu dem die BRD gehörte, reisen.

Die erste Reise in das andere Deutschland lag schon ein paar Tage zurück, als ich, wie die Mehrzahl der DDR-Bürger, die 100 DM Begrüßungsgeld abgeholt hatte. So ganz wohl war mir dabei nicht, denn ich empfand dieses Geld als eine Art Bestechung. Die Wohltat der CDU-Regierung unter Helmut Kohl sollte sich für die CDU der DDR allerdings auszahlen, denn eine große Anzahl der Bürger der DDR stimmten zur Wahl im April 1990 für die gewendeten Blockflöten, die CDU. Sie hatten damit ganz unkritisch eine Partei gewählt, die 40 Jahre in der DDR treu an der Seite der SED gestanden und manchen Gesetzesvorschlag der SED für viel zu weich gehalten hatte. Die mir bekannten CDU-Genossen waren immer am Lautesten, wenn es um das Beteuern der unverbrüchlichen Freundschaft mit der Sowjetunion oder das Preisen der »großen Erfolge beim Aufbau des Sozialismus in der DDR« ging.

Diese Wendehälse sollten in den nächsten 25 Jahren die Politik in meiner Heimat bestimmen. Da sie sich nicht so sicher in der Kunst des Regierens fühlten, holten Sie sich glücklose und abgehalfterte CDU-Politiker aus den alten Bundesländern. Diese schon einmal gescheiterten Existenzen konnten nun noch einmal neu beginnen und das Füllhorn wohlfeiler Sprüche über uns ausschütten.

Der in Rheinland-Pfalz gescheiterte Herr Vogel wurde Ministerpräsident in Thüringen, um nur ein Beispiel zu nennen. Der ewig lächelnde Mann verstieg sich in seiner Unwissenheit über wirtschaftliche Zusammenhänge zu der Behauptung, die billigen Löhne in Thüringen wären ein großer Standortvorteil für den Freistaat. Diesen und ähnlichen Unsinn verbreitete er ohne Unterlass, als ob der Tageslohn der Näherinnen in Bangladesch von 3 US$ für die Menschen in diesem Land zum Standortvorteil geworden wäre. Die Bürger meines Landes hatten 1990 die CDU gewählt, weil die angeblich »etwas von Wirtschaft verstehen«. Für mich stehen diese Wendehälse und die von Ihnen importierten Alleskönner für den wirtschaftlichen Niedergang meiner Heimat, für die Abwanderung von annähernd 40.000 jungen Menschen aus meiner Stadt. Wer zieht diese Leute zur Verantwortung?

Zum Gegenbesuch nach Nürnberg fuhr ich mit dem Technischen Leiter des von mir geführten Betriebes. Unser erster Weg führte uns zur Bauinnung, wo wir sehr freundlich empfangen wurden. Der Chef der Innung, Herr Strauß, erklärte ganz ausführlich und ohne jede Besserwisserei, wie die Baubranche in der BRD funktioniert. Die damals wie heute übliche Pyramide der Bauwirtschaft, beginnend vom Bauhandwerker, über die mittelständischen Unternehmen, hin zu den Baukonzernen, kam mir irgend wie bekannt vor, denn auch in der DDR gab es ja eine ähnliche Struktur. Die Bauhandwerker waren in beiden Systemen Privatunternehmen. Der Unterschied begann bei den mittelständischen Betrieben, in der DDR waren das die volkseigenen Kreis- und Stadtbaubetriebe und, in einer Art Sonderstellung, die teils recht großen Baugenossenschaften und die zwischengenossenschaftlichen Bauorganisationen der Landwirtschaft. Mein Kollege und ich kamen aus einem volkseigenen Baukombinat der DDR, das einem privatwirtschaftlich organisierten Baukonzern in der BRD entsprach.

Der Unterschied wurde im Gespräch mit dem Geschäftsführer der Bauinnung auch bald merkbar, denn der war ja der Interessenvertreter der Handwerker und das war eine für uns unbekannte Welt. Recht neu war für uns das System der Auftragsvergaben, das ja ein Teil unserer zukünftigen Baupraxis werden würde. Hier erkannten wir unseren Nachholbedarf. Im technischen Bereich gab es wohl keine Unterschiede, wenn man einmal davon absieht, dass man sich in der BRD jederzeit neue Baumaschinen kaufen kann und bei uns in der DDR dafür ein staatlicher Fonds benötigt wird.

Unser Gastgeber hatte sich aber schon gedacht, dass wir ein größeres Unternehmen besuchen wollten und für den folgenden Tag einen Besuch bei der Firma Franz Roth geplant. Die Firma Franz Roth, ein Unternehmen mit ca. 150 Mitarbeitern, war aus der Tradition des ursprünglichen Handwerksbetriebes Mitglied der Innung. Hier wurde es für uns richtig interessant. Herr Roth, der geschäftsführende Gesellschafter, ein Begriff, denn ich damals noch nicht so richtig zu deuten wusste, hatte in einem größeren Raum die Führungskräfte des Unternehmens versammelt. Wir wurden ganz herzlich begrüßt. Herr Roth hielt eine vorbereitete Rede und bemühte dabei, recht unsicher, die politischen Klischees der damaligen Zeit. Er sprach von den Brüdern im Osten, die nun bald wieder zu einem Gesamtdeutschland gehören würden. Die Herren der Firma Roth verfolgten die Rede Ihres Chefs mit einigem Unbehagen, denn was sollten sie mit Statements über die politische Großwetterlage anfangen. Neugierig waren sie aber allemal und daraus entstand dann ein langes Gespräch über Fachliches am Bau. Hier gab es die gleiche Sprache und damit auch eine Gesprächsbasis, frei von Ideologie und vorformulierten Reden. Interessant war für uns das Fachsimpeln über den Straßenbau, die Herstellung von Schwarzdecke, für die die Firma Roth eine eigene Mischanlage besaß.

Nach der Gesprächsrunde zeigte uns der Firmeninhaber seine Baustellen in der Stadt, und ganz stolz auch seine Mischanlage. Wir fanden da ganz viele Parallelen, denn auch in unserem Kombinat hatten wir ja mehrere Mischanlagen. Hier wurden aber auch Unterschiede deutlich. Die Materialien für die Mischanlagen mussten wir mühselig beschaffen und aus Waggons der Deutschen Reichsbahn entladen, hier wurde das Material mit Lkw direkt an die Mischanlage gefahren. Ökologisch war unser System ganz zweifellos besser, aber das System in Nürnberg und damit in der BRD war wirtschaftlicher.

Der größte Unterschied bestand wohl in der Planung und Bauvorbereitung. Bei uns in Gera haben wir die Planung, nach Abstimmung mit den Auftraggebern, selbst erstellt und dann in die Tat umgesetzt. In der BRD gab und gibt es in den Unternehmen keine Planungsabteilung. Die technische Leistung bestand und besteht hier in der Erstellung eines Angebotes auf der Grundlage der von den Auftraggebern gelieferten Pläne und Leistungsverzeichnisse. Zu kurz kommt dabei die Bauvorbereitung, oft wird recht hemdsärmelig an den Baustellen begonnen. Der Polier muss dann immer die Mängel ausbügeln. Später stellte ich dann fest, dass die Baukonzerne die Baustellen wie bei uns im Kombinat vorbereiteten, in aller Regel mit einem Planungsbüro als Subunternehmer. Bei den Bauhandwerkern und den mittelständischen Unternehmen war und ist dies eher selten der Fall. In der Praxis führt das häufig zu erheblichen Verlusten.

Auf dem Gang in die Marktwirtschaft, der nun vor uns lag, hatten wir Beide viele neue Erkenntnisse gewonnen. Das wird noch ein langer Weg, die Hindernisse werden noch sehr groß werden.

39

Besuch in Kassel

Februar 1990

Ende Januar ging bei mir eine Einladung des Bauindustrieverbandes Hessen e.V. ein, ursprünglich gerichtet an meinen Kombinatsdirektor. Der hessische Verband lud Verantwortliche der Bauwirtschaft der Bezirke Gera, Erfurt und Suhl zu einer Tagung nach Kassel ein. Was ist ein Bauindustrieverband dachte ich, und stellte eine Verbindung zu den in der DDR bestehenden Erzeugnisgruppenverbänden her? Ich sagte die Teilnahme zu, das Geheimnis der Funktion und Aufgabe des Verbandes würde ich dort ja kennen lernen.

Die Tagung fand am 8. Februar 1990 in einem Hotel der Innenstadt von Kassel statt. Alles war bestens vorbereitet und ganz offensichtlich so angelegt, dass wir Ossis ins Staunen kommen sollten. Das begann am Buffet, mit für uns damals unbekannten Speisen und Früchten, sowie Getränken aller Art. Nach der Stärkung begann dann die Show-Veranstaltung, an der – neben uns Ossis – die Mitglieder der Regionalgruppe Kassel des Bauindustrieverbandes Hessen teilnahmen. Eröffnet wurde die Versammlung vom Vorsitzenden des Verbandes, der sein Brot bei einem Baukonzern als Vorstand verdiente. Danach sprach der Hauptgeschäftsführer des in Wiesbaden ansässigen Verbandes über dessen Aufgaben. Hauptmatador der Veranstaltung war Herr Drosse, der Geschäftsführer der Regionalgruppe Nordhessen in Kassel. Er verkörperte den alleswissenden Könner seiner Branche, den nichts aus der Ruhe bringt, der überall und immer Bescheid weiß. Das war auf den ersten Blick schon beeindruckend. Recht schnell wurde das Bild der Harmonie von den teilnehmenden Unternehmern aus Nordhessen relativiert, die die Show ganz gelassen sahen und als Theateraufführung bezeichneten. Im Gespräch stellte sich dann schnell heraus, dass die eine Teilnehmer-Gruppe die Eigentümer der Bauunternehmen waren, die andere Gruppe die angestellten Niederlassungsleiter der Konzerne. Der Unterschied wurde mir an diesem Abend mehrmals mit recht abschätzigen Bemerkungen deutlich gemacht, nach dem Motto: »Der angestellte Niederlassungsleiter kann ja die große Lippe riskieren, hinter ihm steht ein kapitalstarker Konzern, als Unternehmer muss ich für die Folgen meines Tuns mit meiner Existenz gerade stehen!«

Die Ziele des Bauindustrieverbandes waren, so stellte ich bald fest, überhaupt nicht vergleichbar mit den Aufgaben der Erzeugnisgruppenverbände der DDR, in denen ich mitgearbeitet hatte. Schon an diesem Abend wurde mir klar, dass der Verband nur eine wichtige Aufgabe hat, dies ist die Vertretung seiner Mitglieder in Arbeitsrechtsfragen. Bei der bevorstehenden Angleichung der Rechtssysteme werden diese Fragen an Bedeutung gewinnen, somit musste ich Mitglied eines solchen Verbandes werden. Der Rest der Verbandsarbeit war Show und Teil des regelmäßigen Treffens der Herren Bauunternehmer und Angestellten bei einem guten Glas Wein oder Bier.

An diesem Abend im Februar 1990 ging es den hessischen Verbandsoberen aber nur um die Erweiterung Ihres Vereins, denn die Auflösung der DDR war zu diesem Zeitpunkt ja schon geklärt, es fehlte nur noch der Termin. Vielleicht war es aber auch nur eine Art Entwicklungshilfe, wie man sie ja auch jedem Land der dritten Welt zukommen lässt. Tatsächlich wurde an diesem Abend auch über die Gründung eines Verbandes gleicher Zielstellung in Thüringen gesprochen.

Am 1. März 1990 bildet sich ein Komitee für die Vorbereitung der Gründung eines Bauindustrieverbandes im Bezirk Gera. Zum Gründungskomitee gehören die Herren Schmidt (VEB Stadtbau Gera), Schein (VEB BMK Erfurt, Betrieb Gera) und Schneider (VEB SBTK Gera). Im ersten Gespräch fabulierte man noch von der Erlangung von Wettbewerbsvorteilen, Mitspracherecht bei Vergaben und Verbesserung der Berufsausbildung. So richtig hatten sie die Marktwirtschaft noch nicht begriffen. Woher auch?

Am 21. März 1990 wurde dann der Bauindustrieverband Ostthüringen in Kleinhelmsdorf gegründet. Hauptanliegen der Versammelten war der Schutz der DDR-Betriebe vor den Bauunternehmen aus der BRD. Ein frommer Wunsch, wie sich bald zeigte.

Ein Realist in der Kasseler-Runde war Herr Hess vom Bayerischen Bauindustrieverband, der von einem großen Facharbeitermangel in Bayern sprach. Diesem Mangel hat die untergegangene DDR dann 20 Jahre lang durch den Wegzug der jungen Menschen aus meiner Heimat ausgeglichen.

Der zweite Realist war Herr Fischer vom Baukonzern Dyckerhoff und Widmann, der ganz deutlich formulierte, dass die Unternehmen wohl ihre Probleme selbst lösen müssen. Er empfahl dem neuen Verband seinen Tätigkeitsschwerpunkt auf die Beratung von Unternehmen zu legen. Ein weiser Vorschlag, aber woher sollten die Berater kommen? Einige Funktionsträger im Verband wurden dann unternehmensberatend tätig, mit meist fatalen Folgen. Herr Fischer bezweifelte auch, dass größere Betriebe der DDR die Auftragsbücher füllen können. Ausgehend von der Mangelwirtschaft der DDR hatte diesen Hinweis kaum ein Teilnehmer aus Thüringen verstanden. Zu mächtig war die Bauwirtschaft der DDR in der DDR gewesen. Die Folge waren dann Pleiten ohne Ende ab Mitte der 90er Jahre.

Die Bildung des Bauindustrieverbandes fand weit vor der Vereinigung der beiden deutschen Staaten statt, unter ganz selbstverständlicher Vorwegnahme der mit Sicherheit kommenden gesetzlichen Regelungen. Das war schon kurios. Später fusionierten die Verbände Thüringen und Hessen.

40

STRABAG AG

1990

Bei meinen Bemühungen, für den Rest des Betriebes Gera im VEB SBTK Gera eine möglichst sichere Zukunft zu finden, hatte ich mich ab April 1990 um viele Kooperationspartner bemüht. Mir war klar, dass das von mir geführte Unternehmen in der Marktwirtschaft der BRD allein keine Chancen hat. Der Belegschaft und mir fehlte einfach die Erfahrung in einem völlig anderen Umfeld. Die Regularien der DDR, in der ich 25 Jahre als Betriebsleiter tätig war, hatten ja keine Gültigkeit mehr. Einziger Halt war für mich die Gewissheit, dass die Baustatik, eine wichtige Basis für alles Tun in der Bauwirtschaft, in Ost und West völlig gleich war. Steine blieben Steine und Bitumen einfach Bitumen, und unsere technische Ausbildung war gewiss nicht schlecht gewesen. Dieses Wissen um die Gleichheit der Basis unseres Handelns war auch meine Zuversicht, im neuen System bestehen zu können.

Der eine oder andere Geschäftsmann aus den alten Bundesländern wurde mir vom Kombinatsdirektor als Gesprächspartner empfohlen oder auch vorgeschrieben. Von Anfang an hatte ich aber mit dem größten deutschen Straßenbauunternehmen, der STRABAG AG in Köln, geliebäugelt. Ausgehend von meinem bisherigen Berufsweg war ich Straßenbauer durch und durch. Die Fortsetzung meines Berufsweges wäre wohl beim deutschen Marktführer am besten gesichert gewesen, so war meine Vorstellung.

Am 17. April 1990 kam es dann zu einem ersten Gespräch in Köln. Mein Gesprächspartner war der damalige Vorstand der Sparte Tief- und Straßenbau, Herr Dr. Waltersdorf. Im Zusammenhang mit dem Vorstandsbesuch hatte ich auch an der Geschäftsleitungssitzung der Sparte Tief- und Straßenbau des Konzerns teilgenommen. Bei der Sitzung gab es eine recht große Offenheit, die ich staunend zur Kenntnis nahm. Die Niederlassungsleiter hatten Umsätze im Bereich von 100 Mio DM zu vertreten. Die Bemerkung eines der Territorialfürsten relativierte die erstaunliche Offenheit, als er sinngemäß zum Ausdruck brachte, dass die wirklichen Probleme doch nicht hier vor dem Chef ausgebreitet werden, und das wirtschaftliche Ergebnis – das wahre Geheimnis – in dieser Runde nie angesprochen wird. Im Ergebnis der Gespräche schlug mir Herr Waltersdorf vor, den kompletten Betrieb Gera übernehmen zu wollen. Es wurde eine Absichtserklärung erarbeitet, mit der ich noch am Abend nach Hause fuhr. Die Absichtserklärung habe ich am 18. April meiner Betriebsleitung in Gera vorgestellt.

Zu diesem Zeitpunkt war schon klar, dass wegen der Rückübertragung von Eigentum an Antragsteller der von mir geführte Betrieb wesentlich kleiner werden würde. In der Diskussion über die parafierte Absichtserklärung wurde mir richtig deutlich vor Augen geführt, dass alle meine leitenden Mitarbeiter, die ich ja schon viele Jahre kannte, nur noch an ihre eigene Zukunft dachten. Der durchaus verständliche Wunsch lähmte aber den Blick auf reale Entwicklungen. Vor dem großen Konzern hatten die Leute an meinem Tisch Angst, zu anonym schien der Riese. Eher konnte man sich in dieser Phase die Arbeit in einem kleinen mittelständischen Betrieb vorstellen, dort kannte man den Chef und irgendwie strahlte das mehr Geborgenheit aus. Unterm Strich gab es keine einhellige Zustimmung für meine Idee, die ja in Form einer Absichtserklärung schriftlich vor Ihnen lag.

Mit Blick auf viele Menschen, die in dieser schwierigen Zeit recht ziellos agierten und voller Ängste waren, habe ich meinen inneren Wunsch, hin zur STRABAG, in Verantwortung für die mir anvertrauten Menschen zurückgestellt und weiter auf einen weißen Ritter gewartet. In der Kombinatsleitungssitzung am 23. April erhielt ich mit meiner Idee auch eine Abfuhr. Hier waren die Gründe ähnlich wie im Betrieb, denn der Kombinatsdirektor und die Fachdirektoren hatten nur noch ihre ganz persönlichen Ziele im Visier. Das Schicksal der Mitarbeiter war ihnen egal. Wer wollte es ihnen verdenken? Die Abfuhr wurde begründet mit der Angst, dass der Konzern den brutalen Rotstift zuerst bei den Mitarbeitern ansetzen würde. Ein weiteres Argument war die nostalgische Feststellung, dass eine Familienbetrieb ein besseres Klima bietet. Ganz offensichtlich hatten sie die Vorstellung, dass am Familienbetrieb die Zwänge der Marktwirtschaft ein bisschen vorbeigehen. Was für ein Irrtum!

An meinem Ziel, zur STRABAG zu gehen, hielt ich weiter fest. Es wurde allerdings nicht einfacher, da die Kombinatsleitung immer noch an den Superübernehmer glaubte. Mein Kontakt zur STRABAG riss nicht ab, und ich konnte für den 20. September 1990 ein Gespräch mit Vertretern des Konzerns in Gera organisieren. Eingeladen hatte auf meine Bitte die STRABAG mit einem Fernschreiben an den Kombinatsdirektor, der jetzt Geschäftsführer war. Die Herren der STRABAG erläuterten des Konzept ihres Unternehmens und dessen Standardgliederung in Niederlassungen je Bundesland, mit entsprechenden Außenstellen. Verwundert zeigte sich Herr Ditter, der angereiste Vertreter der STRABAG darüber, dass die Geschäftsleitung die funktionierende Einheit SBTK zerschlagen will. Die STRABAG würde das ganze Kombinat, das in der Zwischenzeit SIT GmbH hieß, übernehmen. Insgesamt könne sich die STRABAG die Übernahme von 650 Personen vorstellen. Zum Angebot gehörte die sofortige Übernahme von Gesellschaftsanteilen, die Finanzierung notwendiger Investitionen in neue Baumaschinen, die Schulung von Kalkulatoren und den Austausch von Mitarbeitern. Vorstellen könne man sich auch, wenn es denn mit der SIT insgesamt nicht klappen sollte, dieses Modell auch mit dem Betrieb Gera umzusetzen. Die Treuhand hätte dem vorgeschlagenen Modell zugestimmt.

Aus meiner Sicht ein gutes Angebot, mit einer recht sicheren Zukunftsperspektive für einen Großteil der Mitarbeiter. Herr Schulze, einer der Geschäftsführer der SIT, vorher der Produktionsdirektor im Kombinat, hätte sich mit der Gesamtübernahme anfreunden können, er vermutete nur, dass es dazu zu spät sein dürfte. Er hatte mit seine Vermutung recht, denn längst waren wichtige Teile aus dem Gesamtverbund des ehemaligen Kombinates herausgebrochen. Vereinbart wurde dann lediglich eine Zusammenarbeit, eine lose Absichtserklärung, ohne eine Verbindlichkeit. Das vorformulierte Angebot der STRABAG blieb in der Aktentasche des Herrn Ditter, die SIT wollte bis zum 26. September ihren Standpunkt schriftlich formulieren. Erwartungsgemäß wurde das Angebot der STRABAG ausgeschlagen. Am 26. September kam zur Entgegennahme der Entscheidung Herr Sieberts, der Beauftragte des Vorstandes der STRABAG, nach Gera. Wir tranken noch einen Kaffee auf der Sorge und dann fuhren meine zerplatzten Hoffnungen nach Köln zurück.

Mir hatte die Sache natürlich keine Ruhe gelassen und ich suchte deshalb nochmals das Gespräch mit der Konzern-Zentrale. Nach meinem Schreiben vom 13. November an den Vorstand der STRABAG lud mich Herr Dr. Waltersdorf zum 27. November nach Köln ein. In einem langen Gespräch, es endet an diesem Freitag erst nach 20 Uhr, rät Herr Dr. Waltersdorf von der Fortführung des Betriebes Gera ab, die STRABAG möchte den Betrieb Gera auch nicht mehr kaufen. Er drängt mich, eine Außenstelle der STRABAG in Gera zu eröffnen und zu führen. Personal wird dann je nach Bedarf eingestellt. Der Konzern hatte seine Strategie geändert, sie basierte auf der Übernahme von Fachleuten, die kleine schlagkräftige Einheiten aufbauen sollten. Aus Köln habe ich den fertigen Arbeitsvertrag mitgenommen, es fehlte nur meine Unterschrift. Im Vertrag wurde mir ein Monatsgehalt von 5.200 DM, eine Weihnachtsgratifikation, eine Ermessensgratifikation und 2 % Tantieme auf den Reingewinn des Bereiches angeboten. Der Vertrag wäre am 1. Januar 1991 in Kraft getreten. Für die damaligen Verhältnisse war das ein sehr guter Arbeitsvertrag, und doch habe ich ihn nicht angenommen.

Die STRABAG hatte ihre Strategie der Komplettübernahme ganzer DDR-Betriebe geändert, denn die hatte zu Riesenverlusten und später zur Insolvenz des Konzerns geführt. Herrn Dr. Waltersdorf hatten die Flops der vergangenen Monate, resultierend aus der falschen Übernahmestrategie, auf die Abschussliste der STRABAG gebracht. Nach dem Unfalltod des Hauptgesellschafters der STRABAG, zu Weihnachten 1990, war Herr Dr. Waltersdorf seinen Vorstandsposten los. Am 01.01.1991 musste er sich eine andere Arbeit suchen.

Nach Herauslösung vieler Teile aus dem Betrieb Gera waren immer noch über 200 Mitarbeiter geblieben, ich fühlte mich für sie verantwortlich. Ich konnte sie nicht im Stich lassen.

```
STRABAG BAU-AG                          SIEGBURGER STRASSE 241
                                        5000 KÖLN 21 (DEUTZ)
                                        TELEFON 02 21 / 824 · 01
                                        TELEX 8 871 050 STK D
                                        TELEFAX 02 21 / 8 24 29 36

                                        10. Oktober 1990
                                        501-1 Li/Me


        Herrn
        Dipl.-Ing. Dieter Müller
        Fritz-Bätz-Straße 19

        6502 Gera-Zwötzen



        Sehr geehrter Herr Müller,

        anbei erhalten Sie den Anstellungsvertrag für die Firma
        STRABAG STRASSEN- UND TIEFBAU GMBH WEST-THÜRINGEN WALTERSHAUSEN.
        Die unterschriebene Zweitschrift schicken Sie bitte an uns
        zurück.

        Für Ihre Tätigkeit wird Ihnen ein VW-Passat Variant
        zur Verfügung gestellt, den Sie gemäß den steuerlichen Bestim-
        mungen auch privat nutzen können.

        Zwei Jahre nach Ihrem Eintritt werden wir Ihnen eine Ruhegeldzu-
        sage mit einem Grundbetrag, wie bei vergleichbaren Herren üblich,
        erteilen.

        Für die Jahre 1991 und 1992 entfällt die Anrechnung eines Ver-
        lustes gem. § 1 Abs.3 des Anstellungsvertrages.

        Wir hoffen auf eine erfolgreiche Zusammenarbeit.



        Anlagen              Mit freundlichen Grüßen

                     Für STRABAG STRASSEN- UND TIEFBAU GMBH
                          WEST-THÜRINGEN WALTERSHAUSEN

                            STRABAG BAU - AG
```

Den Vertrag und damit die Anstellung bei der STRABAG habe ich, aus heutiger Sicht nicht nachvollziehbar, nach Bedenkzeit mündlich und am 06.01.1991 schriftlich abgelehnt. Aus dem Betrieb Gera wurde durch meine Initiative wenig später die STG Gera GmbH, eine Gesellschaft für Straßen-, Tief- und Grünanlagenbau mbH, gegründet. Im Nachhinein war meine Entscheidung wohl etwas sehr selbstlos, gemessen an der Hemdsärmeligkeit und dem Gebrauch der Ellenbogen, die die neue Zeit, die Marktwirtschaft, erforderte. Für mich persönlich führte diese Entscheidung schließlich weg von meinem geliebten Straßenbau und hin zu vielen Veränderungen in den nächsten 25 Jahren meines Arbeitslebens.

41

Die D-Mark und ihre Folgen

1990

Der von mir geführte Betrieb Gera im VEB SBTK Gera hatte Anfang 1990 fast 850 Mitarbeiter, gegliedert in die Produktionsbereiche (PB):

PB 1 Gera	Erd- und Tiefbau, sowie Grünanlagenbau, einschließlich einer Mischanlage für Beton
PB 2 Eisenberg	Straßenbau, einschließlich einer Mischanlage für Schwarzdecke
PB 3 Trebnitz	Rohrleitungsbau, unterirdischer Rohrvortrieb (faktische Alleinstellung in der Bauwirtschaft der DDR), Heizungsbau und Sanitär
PB 4 Gera-Zwötzen	Gleisbau

Das Produktionsprofil des Betriebes ermöglichte, mit Ausnahme des Baus von Gebäuden, den Komplettbau von Wohngebieten mit 15.000 Wohnungen, wie z. B. in Gera-Lusan. Beginnend beim Erdbau, über den Bau der Straßen, dem Straßenbahnbau, über die Wasser- und Abwasserversorgung, die Gasversorgung, die Strom- und Telefonversorgung bis zu Grünanlagen und Spielplätzen. Bei uns konnte man alles aus einer Hand bestellen, einschließlich der dafür erforderlichen Planungen, die wir vom Projektierungsbetrieb im Kombinat erstellen ließen. Wir waren Schlüsselfertigbauer und Projektsteuerer in einem, eine Superkombination. Unsere Leistungen erbrachten wir in Gera und Umgebung, in Berlin und in der Sowjetunion, wir waren ein sowohl national als auch international aufgestelltes Unternehmen.

Schon nach wenigen Gesprächen mit Bauunternehmern aus der BRD wurde mir klar, unser Firmenprofil war in der alten BRD unbekannt und hatte damit auch keine Zukunftschance. Die Unternehmer aus der Bauwirtschaft der BRD, die Anfang 1990 auf Einkaufstour zu uns kamen, hatten so eine Firmenkonstellation noch nicht gesehen.

Die Politiker, die den Einheitsprozess vorantrieben, hatten von solchen Details in den einzelnen Wirtschaftszweigen noch nichts gehört und damit auch keine Vorsorge für den Erhalt unserer Betriebsstrukturen getroffen. Hinzu kamen die gesetzlichen Regelungen, die den Alteigentümern die problemlose

Rückgabe ihrer in den 70er Jahren enteigneten Betriebe ermöglichten. Es genügte der Antrag der Erben, die von einem plötzlichen Geldsegen in D-Mark träumten. Zwischen diesen divergierenden Kräften standen Leute wie ich, die seit vielen Jahren die althergebrachten Führungsrituale in der DDR kannten, die diese gravierenden Änderungen aber völlig unvorbereitet trafen.

Ein bisschen Vorbereitung auf die neue Zeit gelang mir auf Vermittlung meiner Schwägerin. Sie hatte im Januar 1990 die Teilnahme an einem Lehrgang für Gesellschaftsrecht an der Humboldt Universität in Berlin vorgeschlagen und ich hatte gerne angenommen. In wenigen Tagen lernte ich, was eine GmbH, eine AG und eine GBG denn eigentlich ist. Die Bezeichnungen hatte ich wohl schon gehört, aber nicht gewusst, was sich dahinter verbirgt.

Ab Februar 1990 begann dann ein unglaubliche Zerreißprobe. Auf der einen Seite hatte ich immer noch für die Erfüllung der Pläne zu sorgen und die vertraglich vereinbarten Bauleistungen fertig zu stellen, auf der anderen Seite musste ich die Rückübertragungsansprüche auf Teile meines Betriebes ernsthaft prüfen und eine möglichst reibungslose Rückübertragung sichern und dann wollte ich natürlich für mich und die Mitarbeiter, in deren Bereichen es keine Restitutionsansprüche gab, eine Zukunft sichern.

Ein Dreierspagat, ein unlösbares Problem. Da gab es Tage, wo einfach nichts mehr klar war. Wie sollte ich hier den richtigen Weg finden und was bitte schön ist der richtige Weg. Dazu kam die Streikaktion von Mitarbeitern der Transportabteilung im PB Gera. Eine verfahrene Kiste. Viele Menschen im Betrieb hatten Ängste. Wem konnten sie noch vertrauen? Sollten sie dabei bleiben, den alten Kadern, wie mir, zu trauen? Mich kannten Sie ja, aber die von allen Seiten auf sie einstürmenden Heilsversprechungen waren verführerisch.

Im Fernsehen, im Radio und in der Presse begann der Wahlkampf und damit eine gnadenlose Abrechnung mit allem, was bis dahin für richtig gegolten hatte. Der sich nun abzeichnende Sieg der Blockflötentruppe CDU im neuen Gemeinwesen führte zu skurrilen Anfeindungen gegen die alten Führungspersonen. Leicht waren die allzu schnell Gewendeten mit Verleumdungen und Verdächtigungen zur Hand. Leute ohne jede Erfahrung im Führen von Betrieben wussten nun auf einmal alles besser, häufig unterstützt von den nun in Scharen einfallenden Beratern und Möchtegernberatern aus den alten Bundesländern.

Es begann ein regelrechter Run auf die Fleischtöpfe, hier die Betriebe der DDR. Da ging es schon nicht mehr um die Erhaltung einer funktionierenden Volkswirtschaft, auch wenn die teilweise marode war. Es ging nur noch darum, ein Stück vom Milliardenkuchen zu sichern, bei dem man ja nur zugreifen musste, der ohne jeden Schutz war. Das Herausreißen von Stücken aus einem bis dahin funktionierenden Ganzen führte schließlich zum kompletten Zusammenbruch der DDR-Wirtschaft. Den Todesstoß brachte dann die Einführung der D-Mark am 01.07.1990, die von den Politikern gegen den Rat der Finanzexperten erfolgte.

Im Rahmen einer planmäßigen Sitzung der Betriebsleitung im Juni 1990 hatte ich meinen Leitungsmitgliedern folgenden Spruch ins Stammbuch geschrieben:

»Bis jetzt waren wir Bauleute die Könige in der Wirtschaft der DDR, wir bestimmten außerhalb des Wohnungsbauprogramms und der Bauten für die Landesverteidigung was gebaut wird. Aufträge aus anderen Branchen wurden wohlwollend zur Kenntnis genommen, aber nur ausgeführt, wenn es unserer Planerfüllung diente. Ab dem 01.07.1990 seid ihr für jede Auftragsandeutung dankbar, ihr küsst die Füße eurer Auftraggeber und bei einem stirnrunzelnden Augenaufschlag geht es dann runter zum nächsten Fußkuss.«

Meine Ankündigung wurde noch etwas müde belächelt, laut wollte dem Chef aber keiner widersprechen. Die raue Wirklichkeit der Marktwirtschaft hat meine Darstellung dann aber bald bestätigt und sogar übertroffen. Mein Großbetrieb wurde dann recht schnell klein.

Zuerst fanden sich die Eigentümer des PB 4 in Gera-Zwötzen ein. Der Rückgabeanspruch konnte lückenlos nachgewiesen werden. In einem fairen Verfahren erhielten die Antragsteller, die vom verrenteten ehemaligen Leiter des Produktionsbereiches Gleisbau unterstützt wurden, ihr Vermögen, den Betrieb, zurück. Zum Geschäftsführer bestellten sie zuerst meinen ehemaligen Produktionsbereichsleiter. Die Eintragung ins Handelsregister als EHT GmbH (Eisenbahn- Hoch- und Tiefbau GmbH) erfolgte zum 01.07.1990. Kurze Zeit später wurde der Leiter der Bahnmeisterei Gera der Deutschen Reichsbahn zum Geschäftsführer bestellt. Dieser Herr war kein Unternehmertyp, er war Bahnbeamter. In zwei oder drei Jahren war das neugegründete Unternehmen insolvent. Übersehen hatten die Erben, dass der moderne Gleisbau teure Technik benötigt, zur Zeit der Enteignung in den 70er Jahren hatte das Unternehmen aber praktisch keine Technik, das wichtigste Kapital waren damals kräftige junge Männer.

Die Erben wollten den von mir kurz vorher eingesetzten Produktionsbereichsleiter und einige weitere Mitarbeiter nicht übernehmen. Aus den nicht Übernommenen gründete ich eine Gleisbauabteilung, die bald dem ausgegliederten Unternehmen in allen Belangen überlegen war. Die Ursache der Überlegenheit war der Westpartner für den Gleisbau, die Firma Leonhard Weiß in Crailsheim. Schon am 21. Februar 1990 hatte es den ersten Kontakt mit dieser Firma gegeben, als die Herren Oppel und Rieger in der Kombinatsleitung vorsprachen. Am 13. März lag die Kaufabsichtserklärung der Firma Weiß vor, die in der Kombinatsleitungssitzung zur Kenntnis gegeben wurde. Der Leiter meines Produktionsbereiches Gleisbau führte am 22. März erste Kooperationsgespräche in Crailsheim. Ich war am 28. März in Crailsheim.

Der Abteilungsleiter Gleisbau in Crailsheim hatte für mich ein umfangreiches Besichtigungsprogramm organisiert. Ganz stolz zeigte er mir auch die neu aufgebauten EDV-Abteilung des Unternehmens, das damals an die 2.000 Mitarbeiter

beschäftigte. Wir hatten in Gera eine EDV-Abteilung seit 1980. Hier in Crailsheim war man stolz auf eine Neuerung, die bei uns schon 10 Jahre Bestandteil
der Betriebsorganisation und Abrechnung war. Eine funktionierende Betriebsab-
rechnung hatten sie trotz ihrer Neuerung noch nicht. Richtig schmunzeln
musste ich über den Stolz des Werkstattleiters auf die Abrechnung der eigenen
Reparaturwerkstatt für die Baumaschinen, in der monatlichen jede Schraube
aufgeführt wurde. Diese unglaubliche Bürokratie werden sie wohl bald wieder
abschaffen, dachte ich mir, spätestens wenn die Kritik der Schlosser und Werk-
stattmeister richtig laut wird. Der Besuch in Crailsheim wurde damit ein Schlüs-
selerlebnis für mich. Die scheinbar große Überlegenheit der Bauwirtschaft in
der BRD schrumpfte mit einem Mal auf Normalmaß zusammen. Fortan konnte
ich wesentlich gelassener reagieren, wenn die Sprüche der Kaufinteressenten
allzu sehr abgehoben waren.

Am 24. April wurden die ersten Maschinen in Crailsheim abgeholt, darunter
ein Zwei-Wege-Bagger, der auf Straße und Schiene fahren kann. Am 25. April
wird der Kooperationsvertrag mit der Firma Leonhard Weiß unterschrieben.
Meine neue Gleisbauabteilung erhält die neuen Maschinen. Mit Hochdruck ar-
beite ich in den Monaten Mai und Juni am Aufbau der Abteilung. Herr Stoll,
der ehemalige Produktionsbereichsleiter wird ab 1. Juli neuer Abteilungsleiter.
Aufträge haben für den Rest des Jahres 1990.

Am 2. Juli erhalten wir von der Firma Leonhard Weiß die Kaufabsichtserklärung für den von mir geführten Betrieb, Details werden am 8. Juli in Crailsheim
besprochen. Am 18. und 19. Juli bin ich zur Akquise für die Gleisbauabteilung
bei den Bahnmeistereien in Altenburg, Weißenfels, Werdau, Zeitz und Zwickau. Der Aufbau der Gleisbauabteilung nimmt Gestalt an. Am 6. August wech-

seln 12 Mitarbeiter aus dem Bereich Tiefbau in die Gleisbauabteilung. Herr Oppel, der Abteilungsleiter Gleisbau der Firma Leonhard Weiß kommt zur Besprechung des Entwurfes eines Rahmen-Subunternehmervertrages am 3. September nach Gera.

Am 6. September wird der Vertrag besprochen und am 7. September erklärt mir deren Geschäftsführer, Herr Schmidt, dass er unsere neue Gleisbauabteilung kaufen möchte. Herr Schmidt besucht mich in unserer Wohnung, ihm kommen Tränen der Rührung wegen dem unverhofften Glück der Wiedervereinigung Deutschlands. Mein Frau ist beeindruckt von den Reden, die aus tiefstem Herzen zu kommen scheinen.

Schon eine Woche später kommt es zu einer jähen Wendung in der Zusammenarbeit zwischen uns und der Firma Leonhard Weiß. Ganz offensichtlich hatte der »liebe Herr Schmidt« bei seinem Besuch in Gera auch mit dem neuen Abteilungsleiter und dessen Werkstattchef gesprochen und sie überredet, bei der Treuhand einen Antrag auf Herauslösung aus meinem Betrieb zu stellen. Dieser Weg war für die Firma Leonhard Weiß wesentlich billiger als der ursprünglich vorgesehene Kauf der Gleisbauabteilung.

Die Herren Stoll und Hößelbarth stellten den Antrag. Seltsam, was damals alles möglich war. Der »liebe Herr Schmidt« gründete eine Außenstelle in Gera und stellt die Leute meiner Gleisbauabteilung komplett ein. Da half auch kein Verweis auf den Kooperationsvertrag vom 25. April, in dem wechselseitig vereinbart war, keine Mitarbeiter des Vertragspartners zu übernehmen.

Der »liebe Herr Schmidt« hatte Anstand bewiesen! War er der Typ der Normal-Unternehmer in der BRD? Diese Frage habe ich mir mehrfach gestellt. Gott sei Dank bin ich dann einem derartigen Partner nicht wieder begegnet. Für diesen Herrn galten die normalen Spielregeln der Marktwirtschaft im »wilden Osten« ganz offensichtlich nicht.

Ich hätte es allerdings wissen müssen, denn kurz vorher hatte ich die Festveranstaltung zur Feier des 90-jährigen Bestehens der Firma Weiß in Crailsheim besucht. Zu dieser Feier reisten mindestens fünfzehn Leiter von Bahnmeistereien der Deutschen Reichsbahn der DDR an, und jeder der Herren fuhr einen gut ausgestatteten neuen VW Passat. Ein Schelm der Böses dabei dachte! Die guten Beamten der Deutschen Reichsbahn hatten dabei ganz offensichtlich kein Unrechtsbewusstsein. Kurios war die Veranstaltung in Crailsheim auch wegen dem Festredner, dies war der ehemalige Bundestagspräsident Phillip Jenninger, der am 9. November 1988 über die Rede zu den Pogromen der Nazis am 09.11.1938 gestolpert war. Ein unsympathischer Typ, der da mit seiner Frau neben mir im Bierzelt saß.

Die anderen Ausgliederungen verliefen wesentlich unspektakulärer. Aus dem PB 1 – Gera – wurde nach Antrag der Firma Doil und Sohn in Cottbus, die Bereichsbauleitung Zentrum ausgegliedert. Die Cottbuser Firma hatte bis zur Verstaatlichung in den 70er Jahren eine Außenstelle in Gera betrieben. Aus der Bauleitung mit ca. 50 Mitarbeitern wurde ein eigenständiges Bauunternehmen, der Bauleiter des Bereiches wurde Geschäftsführer. Nach anfänglichen Erfolgen agierte das Unternehmen glücklos am Markt und ging später in Insolvenz.

Der PB 2 – Eisenberg – wurde zum größten Teil an die STRASSING in Bad Soden-Salmünster verkauft. Die beiden Geschäftsführer, die Herren Vaupel und Schulz, waren schon Ende März zu einem ersten Besuch in Gera. Mehrheitsgesellschafter des Unternehmens war die Mitteldeutsche Hartsteinindustrie, ein Konzern mit Sitz im hessischen Hanau.

Nach einem Treffen in Bad Soden-Salmünster wird ein Gegenbesuch in Gera und Eisenberg vereinbart. Die beiden Geschäftsführer, beide waren mir recht sympathisch, halten sich bei ihrem Besuch nicht lange bei der Vorrede auf. Die Schwarzdeckenmischanlage in Eisenberg, die mit der auf meine Veranlassung 1989 eingebauten Stadtgasheizung und Tuchfilteranlage zu einer der modernsten Anlagen der DDR gehörte, war die Hauptursache für das Interesse der Herren aus Bad Soden-Salmünster. Die Anlage hatte ich im Jahre 1989 wegen Beschwerden der Anlieger infolge der starken Geruchs- und Staubbelästigung modernisiert.

Nach der Besichtigung in Eisenberg, wurde der Kaufantrag aufgesetzt. die Treuhand stimmt dem Verkauf durch die SIT GmbH zu. Noch im Juni 1990 wird der Produktionsbereich Eisenberg aus dem Betrieb Gera herausgelöst. Das Unternehmen fusionierte 1995 mit der Limes GmbH in Erfurt, wie die STRASSING ein Unternehmen der Mitteldeutschen Hartsteinindustrie AG. Der Sitz wurde nach Erfurt verlegt.

Die Werkstatt des PB 2 – Eisenberg –, zu der auch sehr geschickte Tischler gehörten, wurde im Rahmen eines »Management bye out« ausgegliedert. Drei Mitarbeiter gründeten die Firma und wurden Gesellschafter, keine gute Konstellation für ein kleines mittelständisches Unternehmen. Ein Gesellschafter schied nach wenigen Jahren aus, kurz darauf musste das Unternehmen Insolvenz anmelden.

Der PB 3 – Trebnitz – wurde komplett an die 1971 enteignete PGH »Hermann Drechsler« zurück gegeben. Die PGH verkauft den Betrieb an eine Münchener Firma und verpachtet an diese Firma die Gebäude, Werkstätten und Lagerflächen. Geschäftsführer wurde auch hier mein Produktionsbereichsleiter, der nach wenigen Jahren von einem Branchenfremden aus Bayern ersetzt wurde. Der eingeflogene Geschäftsführer musste nur kurze später Insolvenz anmelden.

In den Ausgründungen aus meinem Betrieb wurden die Bereichsleiter auch Geschäftsführer. Nach wenigen Jahren wurden sie ausnahmslos entlassen, das zieht sich wie ein roter Faden durch die Privatisierungen dieser Zeit. Der Rest des PB 1, das ist dann eine andere Episode.

42

Wie wir den Betrieb kaufen wollten

Oktober 1990

Der aus 210 Mitarbeitern bestehende Rest des Betriebes Gera im VEB SBTK Gera, jetzt SIT GmbH, war im Oktober 1990 der einzige Betrieb des ehemaligen Kombinates, der noch nicht privatisiert war. Fast täglich kamen Interessenten aus den westlichen Bundesländern und aus anderen Ländern Westeuropas. Ständig musste ich stundenlange Gespräche führen, die mich von meiner eigentlichen Arbeit abhielten. Interessant war es allemal, mit den oftmals recht unbedarften Glücksrittern und Hochstapler zu reden. Da kamen Leute, die das Wort Tiefbau gerade noch fehlerfrei schreiben konnten und die wollten ein Tiefbauunternehmen mit 210 Mitarbeitern kaufen. Wie sollten wir aus der Masse von Scharlatanen den wirklich seriösen und potenten Interessenten herausfinden. Bei manchem Blender war das gar nicht so einfach.

Im Rahmen einer Geschäftsleitungssitzung in der neuen Zusammensetzung des nun kleineren Betriebes Gera der SIT GmbH sprachen wir über die für alle Beteiligte frustrierende Situation, die uns stark verunsicherte. Wir stellten uns die Frage, ob und wie lange wir auf den richtigen Käufer warten sollten. Jeder von uns gab sich Mühe, aber mit der Motivierung für die täglichen Aufgaben wurde es zunehmend schwerer. Einer von uns kam in dieser Situation auf die Idee, den Betrieb im Rahmen eines »Management-Buy-out« die Firma zu kaufen. Wir beschlossen einen Privatisierungsantrag bei der Treuhandanstalt, Niederlassung Gera, zu stellen. Von den ursprünglich sechs Interessenten blieben die Herren Peterlein, Schimmel, Willenberg und ich übrig.

Den Antrag geben wir am 17. Oktober 1990 bei der Treuhandanstalt ab, wir bieten einen Kaufpreis von 1.013.000 DM. Das war schon recht mutig, wir vertrauten aber auf die von überall zugesagten Fördermittel für Existenzgründer. Wegen der Klärung der Finanzierung nehmen wir am 24.10.1990 Kontakt zur Hessischen Landesbank auf. Zwei Herren dieses Instituts erläutern uns die Möglichkeiten für die Förderung einer Existenzgründung. Sie stellten uns eine Vielfalt von Programmen des Bundes und der Länder vor. Am Ende brachte das mehr Verwirrung als Klarheit. Der Antrag wird dann am 27.10.1990 mit Herrn Wolf, dem damaligen NL-Leiter Gera der Treuhand, besprochen.

Ausgerüstet mit den Hinweisen des Herrn Wolf, richten wir den Antrag am 31.10.1990 an den Aufsichtsrat der SIT GmbH. Vorsitzender ist Herr Michel, der in den letzten Monaten des Bestehens der DDR das Amt des Bezirksbaudirektors inne hatte. Vorher war Herr Michel Abteilungsleiter für Investitionen beim VEB Elektronik Gera. Seine Mitgliedschaft in einer der ehemaligen Blockparteien, damit in dieser Zeit ganz automatisch ein ausgewiesener Gegner des DDR-Regimes, war als Qualifikation für sein neues Amt völlig ausreichend. Genau genommen verfügte er über keinerlei Qualifikation für das Amt, aber das war damals, wie heute, in politischen Ämtern nicht so wichtig.

Während seiner Tätigkeit als Bezirksbaudirektor hat er sich wenig um sein Amt bemüht. Sein Hauptaugenmerk galt dem Anknüpfen von ganz privaten Beziehungen für die Zeit nach seiner Tätigkeit als Bezirksbaudirektor. Dienstreisen führten ihn in viele Länder Westeuropas, besonders oft hielt er sich an der Riviera auf. Folgerichtig gründet er, gut vorbereitet, nach dem Ausscheiden aus dem Amt, eine Bauträgerfirma, die Ostconsult GmbH, die recht lange erfolgreich in Gera am Markt war. Herr Michel war nun der Herr über unsere Zukunft.

Am 01.11.1990 kommt es dann zum ersten Gespräch mit der SIT GmbH über den Kaufantrag und der damit verbundenen Trennung des Betriebes Gera in ein Bauunternehmen und ein Transportunternehmen. Die Geschäftsführung der SIT lehnt die Trennung des Betriebes Gera rundweg ab. Die Herren Bergk und Schulze, die beiden von der Treuhand bestellten Geschäftsführer, glauben leider immer noch an die Wirksamkeit der alten Strukturen aus der DDR. Herr Schneider, der ehemalige Kombinatsdirektor, rät auch zur Trennung vom Fuhrpark, denn: »Den eigenen Fuhrpark kann ich nicht abbestellen«.

Auch der Fuhrparkleiter, der im Ehrenamt als Betriebsratsvorsitzender fungiert, möchte nach monatelanger Ablehnung nun auch die Trennung vom Bauunternehmen. An der Haltung der Entscheider, der beiden Geschäftsführer der SIT, ändert dies nichts. Meine Mitbewerber wollen trotz der Ablehnung am Antrag festhalten. Mir will die Sache nicht gefallen, aber zusammen mit meinen drei Kollegen bleib ich bei der Entscheidung für den Kauf der Firma. Wir wollten weiter um unsere Idee kämpfen.

Am 23.11.1990 erhalten wir die Information, dass die Treuhandanstalt eine Firma BATRA, Geschäftsführer ist ein Herr Harzl, aus der Schweiz favorisiert. Der Aufsichtsrat hatte am 22.11.1990 über die Offerte gesprochen. Herr Schneider hatte in dieser Sitzung noch die Privatisierung über mein Modell befürwortet. Vermutlich hatte sich der Aufsichtsratsvorsitzende, Herr Michel, aber schon für die Karte Batra entschieden.

Zu unserem Modell gehört die Trennung zwischen Baubetrieb und Fuhrpark und den Verkauf der Fläche Tinz an die Firma Sponsel aus Bamberg. Herr Sponsel betrieb damals in Bamberg eine florierende Baumaschinenvermietung, er wollte das gleiche Geschäft auch in Gera aufbauen. Der Standort in Tinz, direkt an der Autobahnauffahrt gelegen, war ein hervorragender Standort für ein solches Geschäft. Herr Sponsel hätte einen Teil von Tinz als Bauhof an uns vermietet, so hatten wir uns vorab vereinbart.

Im Kreis der Mitbewerber Schimmel und Willenberg besprechen wir die Lage, wir sind uns einig in der Ablehnung der Firma BATRA und wollen es noch einmal bei der STRABAG versuchen. Der Versuch bei der STRABAG scheitert am 27.11.1990 im Gespräch mit Herrn Dr. Waltersdorf in Köln. Telefonisch erhalte ich dann am 30.11.1990 die Mitteilung, dass die BATRA den Zuschlag bekommen soll, unsere Bewerbung und die der Fa. Sponsel bleiben Nebenangebot. Eine Recherche bestätigte dann unsere Vermutung zur BATRA. Die Firma ist als AG in der Schweiz, im Kanton Zug, mit einem Kapital von 50.000 Franken registriert. Hauptaktionär ist ein Herr Peterhaus. Wir vermuten, dass die BATRA die Gewinne der kolumbianischen Drogenmafia wäscht.

Am 13.12.1990 kommt es bei der Geschäftsleitung der SIT GmbH zu einem Gespräch, an dem, neben dem Antragsteller BATRA auch meine Kollegen und ich teilnehmen. In der langen Verhandlung bietet die BATRA an, uns vier Bewerber in der Gesellschaft weiter zu beschäftigen. Herr Harzl bittet im Gespräch um eine Auszeit, um mit mir unter vier Auge sprechen zu können. In diesem Gespräch macht er deutlich, dass wir vier Antragsteller, sollten wir unseren Antrag aufrecht erhalten, sofort entlassen werden, wenn die Batra den Zuschlag erhält. Er empfahl mir deshalb, noch in dieser Sitzung unseren Antrag zurückziehen. Nach Konsultation mit meinen Mitbewerbern ziehen wir unseren Antrag zurück. Auch wenn wir den Rückzug an diesem Tag als Niederlage empfanden, im Nachhinein, als wir die Probleme der Bauwirtschaft richtig kennengelernt hatten, war der Rückzug eine gute und richtige Entscheidung.

Kurz vor Jahresschluss, am 21.12.1990, bewirbt sich eine Firma BENOBA aus Berlin um unseren Betrieb. Gesellschafter ist u. a. der ehemalige Oberbauleiter des Betriebes Jena im VEB SBTK in Berlin, Herr Thorwesten. Die Gesellschaft bietet 3,2 Mio DM für den Betrieb. Richtig glücklich bin ich mit diesem Angebot nicht, denn hinter der BENOBA steht kein Kapital. Die Firma hatte sich im Schneeballsystem finanziert. Günstige Einkäufe, besonders Grundstücke, werden für weitere Ankäufe beliehen. In Gera will die BENOBA auch noch den VEB Stadtbau kaufen, einen Betrieb mit auch noch ca. 150 Mitarbeitern.

Am 11.01.1991 beschwert sich der Betriebsrat des von mir geführten Unternehmens beim neuen Chef der Treuhand Niederlassung Gera, Herrn Jessen, dass die Geschäftsführer-Positionen in der SIT-Holding nicht ausgeschrieben werden. Den Herren Schneider und Schulze werden Inkompetenz und Kungelei vorgeworfen.

Am 11.01.1991 bewirbt sich die Fa. Kutter aus Memmingen um den Betrieb. Die Firma Kutter ist ein Straßenbauunternehmen und würde damit gut in meine Vorstellungen passen. Kurz entschlossen fahre ich nach Memmingen und schaue mir die Firma an. Gemessen an den Spezialleistungen der Firma, dem Abfräsen von Schwarzdecken, passen wir nicht ganz zur Firma Kutter, aber vermutlich besser als zur BENOBA. Die SIT GmbH verlangt von der Fa. Kutter ein Konzept, das dann auch in recht guter Qualität erstellt wird. Im

Konzept erklären die Herren aus Memmingen ihre Bereitschaft, insgesamt 150 Mitarbeiter zu übernehmen.

Jetzt kommen weitere Bewerber hinzu, u. a. die französische Firma Lefebre, die holländische Firma Broil und die Moll AG in München. Moll war damals eine recht große Firma im Münchener Raum. Sie hatte eine große Tochtergesellschaft in Österreich und hatte auch in Chemnitz schon einen Teil des Tiefbaukombinates Karl-Marx-Stadt gekauft. Nach Verstreichen der vereinbarten Übernahmefrist, am 21.01.1991 streicht der Aufsichtsrat die Bewerbung der BATRA aus der Liste. Der Geschäftsführer der BATRA hatte mir telefonisch mitgeteilt, dass er die Option nicht wahrnimmt. Eine Begründung nennt er nicht. Vielleicht hatte der Drogenhandel 1990 nicht genügend Überschüsse erzielt. Alles läuft auf die BENOBA hinaus.

43

BENOBA – Wie eine Luftnummer platzt!

Die BENOBA GmbH in Berlin stellt am 21.12.1990 Antrag auf Kauf des ehemaligen Betriebes Gera des VEB SBTK Gera, zu diesem Zeitpunkt Niederlassung Gera der SIT GmbH Gera. Am 05.03.1991 wird der Kaufpreis auf 4.000.000 DM nachgebessert, einschließlich Altkredite und Sonderverlustkonten. Der Zuschlag an die BENOBA erfolgte vermutlich auf der Grundlage einer politischen Weisung des Wirtschaftsministeriums, das die Treuhand angehalten hatte, auch ostdeutschen Existenzgründern Chancen bei der Privatisierung einzuräumen. Zu diesem Zeitpunkt lagen ja seriöse Kaufanträge von großen Unternehmen aus der alten BRD und Westeuropa vor. Mein Favorit war die Firma Kutter in Memmingen, die einen Preis von 2.200.000 DM geboten hatte. Machen konnte ich da nichts mehr, denn die BENOBA war von der Treuhand favorisiert.

Am 25.03.1991 kommt es zu einem ersten Gespräch mit den geschäftsführenden Gesellschaftern der BENOBA in Gera. Mir wurde die Anstellung als Geschäftsführer ab 01.04.1991 angeboten, den Vertrag erhalte ich am 30.07.1991. Am 28.03.1991 folgt die Beurkundung der Gründung der STG GmbH, ich werde zum alleinigen Geschäftsführer bestellt. Intern werden jedoch Beschränkungen für meine Handlungsfähigkeit festgelegt und ein Gewinnabführungs- und Beherrschungsvertrag. Die STG GmbH wird damit eine Außenstelle der BENOBA.

Die Beschränkungen und die Pachtzahlungen für die Immobilien lassen der STG fast keine Luft zum Atmen. Die STG, die in meiner Zeit Gewinne erwirtschaftete und über Rücklagen verfügte, wurde völlig ausgeblutet, zwei Jahre später kam es dann fast folgerichtig zur Insolvenz. Ich war Alleingeschäftsführer, aber stärker beschnitten als ein VEB-Betriebsleiter in der DDR. Zu einem ersten Besuch bei den neuen Herren in Berlin fahre ich am 05.04.1991. In der Zentrale der BENOBA finde ich die Gesellschafter beschäftigt mit der Vergrößerung ihres Imperiums.

Das von mir erarbeitete Unternehmenskonzept stelle ich den Herren vor. Es wird am 8. April 1991 ohne wesentliche Änderungen bestätigt. Der Geschäftsführer der BENOBA informiert am gleichen Tag den Betriebsrat der STG GmbH über den Kauf der Firma am 11.04.1991, der rückwirkend ab 01.01.1991 gilt. Gekauft werden von den Gesellschaftern das Grundstück in der Parkstraße, der Firmensitz, und das große Grundstück in Tinz (17.450 m²). Gegen meinen Rat werden auch mehr als 50 Kraftfahrer und Schlosser übernommen, das entspricht bei 210 Mitarbeitern einem Anteil von annähernd 25 Prozent des Personals. Übernommen wurden auch die 26 Lehrlinge, die man zu diesem Zeitpunkt schon Auszubildende nannte. Ein schwerer Geburtsfehler!

Die Betonmischanlage war zu diesem Zeitpunkt schon aus dem Vermögen des Betriebes verschwunden, denn der ehemalige Kombinatsdirektor hatte sie, gleichsam als Morgengabe, schon der Heidelberger Zement AG, seinem künftigen Arbeitgeber zugeschanzt. Der gleichfalls zum Betrieb gehörende Lagerplatz an der B 92 in Gera-Lusan war schon an eine Tankstellengesellschaft verkauft. Wegen dem von mir favorisierten Zusammengehen mit den Firmen Kutter oder STRABAG hatte ich über eine halbe Million DM in einen neuen Einbauzug für Schwarzdecke investiert. Die erste Verlegung mit dem neuen Fertiger erfolgte medienwirksam in Bieblach-Ost.

Ausgehend von der Selbständigkeit meines Urgroßvaters wollte ich damals selbständig werden. Die beste Möglichkeit, so meine Meinung, für das Erlernen der Selbständigkeit, war die Zusammenarbeit mit Leuten, die Selbständigkeit schon lange kennen. Die Leute aus Berlin hatten aber die gleiche Sozialisierung wie ich, woher sollten sie die neuen Spielregeln kennen? In der Euphorie der Wiedervereinigung war jeder der Ansicht, ganz besonders aber die Herren in Berlin, mit einer Firma, noch dazu einer Baufirma, muss man einfach Geld verdienen. Da war ich schon etwas skeptischer.

Folgerichtig kündigte ich meinen Anstellungsvertrag am 17.07.1991, nachdem ich beschlossen hatte, zusammen mit Herren aus Nürnberg eine eigene Firma in Gera zu gründen. Letzter Auslöser für diesen Schritt war am Ende die Forderung der Gesellschafter, alle Mitarbeiter des Unternehmens ab 01.04.1991 neu bei der STG GmbH anzustellen, mit Probezeiten von 3 oder 6 Monaten. Diesen Verstoß gegen den Kaufvertrag und den gesetzlichen Kündigungsschutz konnte und wollte ich nicht umsetzen. Die Stimmung im Unternehmen hätte sich auf den Nullpunkt abgekühlt, hohe Leistungen waren dann nicht mehr zu erwarten.

Mir waren die Leute aus Berlin nicht ganz geheuer. Mein Gefühl hatte mich auch nicht betrogen, denn einige Jahren später wurden die Herren vor Gericht gestellt und verurteilt. Die Herren in Berlin drängten mich im Unternehmen zu bleiben. Einfach ausreisen konnte ich wirklich nicht, das wäre ein großer Vertrauensbruch gegenüber der Mitarbeitern gewesen.

Rein zufällig traf ich im August einen ehemaligen Stadtrat der Stadt Gera wieder, der in der Wendezeit 1990 Staatssekretär in Berlin war. Dem Mann schlug ich meine Nachfolge vor. Er war seit fast einem Jahr ohne Arbeit und stimmte zu. In Berlin war man einverstanden mit meinem Vorschlag, aber schon am 1. Januar 1991, wurde er seines Amtes wieder enthoben. Nachfolger wurde Herr Hartmann, der in den 80er Jahren Leiter des Betriebes Gera war, dem Vorläufer der STG GmbH. In dieser Funktion blieb er bis zur Insolvenz. Die Luftnummer war geplatzt.

44

Gründung eines Tiefbauunternehmens

1991

Ich kann mich heute nicht mehr erinnern, wie es zur Verbindung mit der Firma Langguth aus Nürnberg kam, die später zu einer gemeinsamen Firma führte. Auf meiner Suche nach Selbständigkeit hatte ich mich überall in Gera und Umgebung umgeschaut, bei Bekannten nach einer günstigen Gelegenheit gefragt. Bei der Privatisierung des VEB SBTK Gera hatte es ja nicht geklappt, das wäre, im Nachhinein betrachtet, vermutlich auch eine Nummer zu groß gewesen.

Im Mai 1991 kam es zu einem ersten Gespräch mit Herrn Alfred Müller, dem Geschäftsführer der Ernst und Ludwig Langguth GmbH & Co in Nürnberg. Das auf Kabeltiefbau spezialisierte Unternehmen in Nürnberg hatte mit Gesellschaftsvertrag vom 14.01.1991 die BAGERA GmbH in Gera gegründet, der Eintrag ins Handelsregister Gera erfolgte am 14.03.1991. Der Geraer Gründungsgesellschafter hatte sich schon wenige Wochen später mit dem Mehrheitsgesellschafter Langguth total überworfen und war aus dem Unternehmen wieder ausgeschieden. Diese Geschichte hätte mich hellhörig machen müssen, denn unter normalen Bedingungen ändert man ja nicht so schnell eine so wichtige Entscheidung.

Trotz dieses kleinen Schattens entschied ich mich für die BAGERA, für die Selbständigkeit, auch wenn ich dabei von der Oberklasse der Bauwirtschaft in die Trittrollerklasse wechseln musste. Kabeltiefbau in einem großen Handwerksbetrieb war wohl die Trittrollerklasse. Bei einem Besuch in Nürnberg, an dem auch meine Frau teilnahm, stellte uns Herr Alfred Müller das von ihm geführte Geschäft in den rosigsten Farben vor. Er erklärte mir das hervorragend funktionierende System der Beschränkten Ausschreibungen im Raum Nürnberg für den Kabelleitungsbau.

Die Geschichte lief immer wie folgt ab: Die Beschränkte Ausschreibung traf mit der Post am Vormittag im Unternehmen ein. Sofort wurde der Preis ermittelt, im Kabelleitungstiefbau war das zu diesem Zeitpunkt schon eine Computerarbeit. Nachmittag gegen 15 Uhr stand der Preis fest. Anschließend wurde bei den bekannten Mitbewerbern der Branche in und um Nürnberg angerufen. Spätestens nach einer weiteren Stunde waren die fünf bis sechs weiteren Mitbewerber bekannt. Im nächsten Schritt wurde dann vereinbart, wer das günstigste Angebot abgibt und die weitere Reihenfolge der Gebote festgelegt.

Bei der Öffnung der Angebote in den Diensträumen der ausschreibenden

Stelle zwei Wochen später wurden dann die Angebote in der vorher vereinbarten Form verlesen. Die Branche hatte sich ein eigenes Preissystem geschaffen, mit der die ausschreibenden Stellen auch ihre Kalkulationen erstellten. Dieses System funktionierte in Nürnberg und vermutlich auch anderswo bis 1994, dann brach es wegen der Krise am Bau wie ein Kartenhaus in sich zusammen. Die Preise in diesem Sektor der Bauwirtschaft fielen schlagartig um 30 bis 40 Prozent. Im Jahr 1991 war aber die Welt noch in Ordnung und die Bauunternehmen fuhren exorbitante Gewinne ein. So gesehen konnte der Nürnberger Geschäftsführer die Welt in schillernden Farben malen.

Der Besuch in Nürnberg war aber für meine Frau in anderer Weise ernüchternd, denn sie hatte an den Fachgesprächen nicht teilgenommen. Ernüchternd, weil der Geschäftsführer uns in zwei Kneipen im Stadtzentrum Nürnberg führte, in denen er bekannt war wie ein bunter Hund und überall mit »Du!« und »Hallo!« begrüßt wurde. Meiner Frau schien das für eine Respektsperson, wie dem Geschäftsführer eines Bauunternehmens, nicht schicklich zu sein. Alfred Müller muss eine schillernde Figur in der Schickeria von Nürnberg gewesen sein.

Am 18.07.1991 wurde der Gesellschaftsvertrag geändert und ich wurde mit einem Anteil von 20 Prozent in die Gesellschaft aufgenommen. Meine Unerfahrenheit im Gesellschaftsrecht war es zuzuschreiben, dass ich in die nachfolgend dargestellte Gesellschafterkonstellation einstieg:

E. und L. Langguth GmbH & Co	62 %	93.000 DM
D. Müller, von der Bank geliehen	20 %	30.000 DM
RA Haase Nürnberg	14 %	21.000 DM
Herr Nitzsche	4 %	6.000 DM

Die Firma Ernst und Ludwig Langguth war vor einigen Jahren in Insolvenz gefallen, die Mehrheit hatte daraufhin die Fa. Kassecker in Waldsassen erworben. Kassecker wiederum war eine 100-prozentige Tochter des Baukonzerns Bilfinger und Berger in Mannheim.

Mit meinen 20 Prozent konnte ich natürlich nichts bewirken. Erst später musste ich feststellen, dass der Herr Haase, ein ehemaliger Bundestagsabgeordneter, in einem Stimmrechtskartell mit der Firma Langguth verbunden war, das damit immer zwei Drittel der Stimmen für Entscheidungen aufbrachte. Noch war ich aber optimistisch, die sich aus der schlimmen Konstellation ergebenden Nachteile sollte ich erst später kennen lernen.

Meinen Dienst in dem Unternehmen, in dem ich nun Miteigentümer war, wollte ich ursprünglich am 01.09.1991 antreten. Wegen der ungeklärten Nachfolge bei der Geschäftsführung der STG GmbH, konnte ich es aber nicht mit meinem Gewissen vereinbaren, dort einfach aufzuhören. Der Termin wurde deshalb von mir zweimal verschoben. Erst am 16.10.1991 begann ich meine

Tätigkeit bei der BAGERA. Diese Verspätung findet kein Verständnis beim Mehrheitsgesellschafter, ab sofort werde ich von der Führung gemobbt.

Das war für mich eine eigenartige und auch ganz neue Situation. Bis jetzt war ich Geschäftsführer in großen Unternehmen gewesen und nun musste ich mich den Anfeindungen von Fachleuten eines ganz kleinen Spezialgebietes aussetzen. Im großen Betrieb hatte es viele dieser Spezialgebiete gegeben. Ich war nun in einer Welt gelandet, die nicht meine Welt war.

Das erste Büro der neu gegründeten Firma befand sich in den Räumen der ehemaligen SED-Bezirksleitung am Hauptbahnhof in Gera. Zu den gemieteten Räumen gehörte auch das Zimmer des früheren 2. Sekretärs der Bezirksleitung, der hatte seinen Schreibtisch auf ein Podest stellen lassen, so dass die eintretenden Mitarbeiter zu ihm, dem erhöht sitzenden, aufblicken mussten. Vermutlich hatten sich die führenden Genossen ein wenig an den Thronen absolutistischer Herrscher orientiert. Wie in Feudalzeiten üblich wurde das Zimmer mit dem höher stehenden Schreibtisch von uns Mitarbeitern nicht benutzt, es war dem Herrn Geschäftsführer des Hauptgesellschafters, Herr Alfred Müller, vorbehalten. Eines Morgens kam ich in das »Chefzimmer« und sah Herrn Müller da oben thronen. Ich konnte nicht an mich halten und musste lauthals lachen. Herr Müller hatte das Gehabe der von ihm so verachteten SED-Oberen nachgeahmt ohne zu bedenken, wie er sich dabei lächerlich machte. In seinen Augen war er ja auch ein großer Mann, er war der Chef und ich von seinen Gnaden. Es fehlte nur noch der Hofknicks, den er von mir und anderen Mitarbeitern aus dem Osten abverlangte. Die Szene blieb mir dann immer in Erinnerung wenn ich den Mann sah, die Szene hatte aber auch einen großen Einfluss auf die weitere Zusammenarbeit.

Herr Alfred Müller war für das Unternehmen nicht erforderlich, denn er war Mitglied in einer Vielzahl von Verbandsgremien und verbrachte dort auch einen Großteil seiner Arbeitszeit. Dort war er aktiv. Im eigenen Geschäft verließ er sich auf die »von selbst eingehenden Aufträge«, auf der Grundlage des schon geschilderten Systems! Das waren schöne Zeiten.

Das Personal des Unternehmens BAGERA bestand ausschließlich aus Handwerkern und Bergleuten eines Uranbergbau-Betriebes der SDAG Wismut, des damals größten Arbeitgebers in der Region. Organisator war Herr Nitzsche, der auch die Leute persönlich kannte. Herr Nitzsche und einige der Mitarbeiter hatten im Jahr 1990 schon in Nürnberg bei der Firma Langguth gearbeitet. Die Leute waren sehr motiviert, sie hatten die für den Bergbau typisch hohe Arbeitsmoral. Die fehlenden handwerklichen Kenntnisse für den Tiefbau eigneten sie sich ganz schnell an, gefördert durch viele Schulungen. Das war ein gutes Team. In den Schulungen vermittelten wir auch Grundkenntnisse zum Baurecht und zu den Vorschriften der Telekom. Unsere Vorarbeiter waren damit Partner der Telekom-Bauleiter, mit denen sie auf Grund ihres hohen Wissenstandes die Aufmaße erstellen konnten.

Der Bauhof befand sich in den ersten Monaten auf einem Bauernhof in Korbußen. Etwas später mietete ich im Geraer Schulgarten in Untermhaus eine Baracke und Freiflächen, die dann als Bauhof dienten.

Die Baracke wurde in kurzer Zeit vom neu eingestellten Bauleiter Hochbau, Herrn Peter Heinrich, umgebaut und renoviert. Das muss im Februar oder März 1992 gewesen sein. Peter Heinrich war vorher beim BMK Erfurt, Betrieb Gera, viele Jahre als Oberbauleiter tätig gewesen.

Die Verbindung mit Herrn Heinrich wurde nach einigen Monaten wieder aufgelöst, da sich die erhofften Hochbauaufträge nicht einstellten. Wir hatten besonders auf die Sanierung von Wohnblöcken des Typs Q6 B spekuliert, ein Montagebausystem aus den 50er Jahren, für die Peter Heinrich eine ganz spezielle Technologie entwickelt hatte.

Anfang 1992 erhielt ich vom Tiefbauamt der Stadt Gera den Auftrag, den Knoten B2/B7 in Gera-Langenberg umzubauen. Es gab keine Planunterlagen. Gebaut wurde nach Festlegungen im Rahmen von Baustellenbegehungen, eine sicherlich etwas ungewöhnliche Art der Bauplanung und Bauvorbereitung. Der Tiefbauamtsleiter hatte mir seine Vorstellungen skizziert und mit der Bemerkung: »Du machst das schon!« den Auftrag erteilt. In der Praxis hat das hervorragend funktioniert, der Knoten wurde fast ohne Störung des Verkehrs erweitert, Abbiegespuren eingebaut und damit komplett umgebaut. Parallel verlegten wir auch neue Versorgungsleitungen und bauten zwei moderne Lichtsignalanlagen ein.

Hauptgeschäft der neugegründeten Firma war aber naturgemäß der Kabeltiefbau, da die Muttergesellschaft aus dieser Branche kam. Die Verbindungen des Herrn Alfred Müller zu den Beamten der Telekom, die damals in Massen alle wichtigen Positionen in der ehemaligen Deutschen Post der DDR besetzten, waren einfach exzellent. Wir erhielten ständig Aufforderungen für die Beteiligung an beschränkten Ausschreibungen, unser Tätigkeitsschwerpunkt verlagerte sich nach Leipzig.

Mit drei bis vier Baukolonnen wurden viele Kilometer Kabel verlegt. Gern erinnere ich mich an eine Ausschreibung für eine Vielfachverlegung von Kabeln zwischen Stadtroda und Jena. Ausgeschrieben waren je ein Drittel normaler Erdstoff, ein Drittel schwerer Erdstoff und ein Drittel Fels. Angeboten hatten wir die Arbeit für den Preis des normalen Erdstoffs. Die Kabel haben wir dann auf der ganzen Strecke von fast 10 km mit einem Kabelpflug eingepflügt. Lediglich auf einer Länge von ca. 100 m mussten wir mit dem Bagger arbeiten. Bei einer Rechnungslegung von knapp 300.000 DM lagen die Kosten bei ca. 160.000 DM. Leider haben wir nicht immer so gute Geschäfte gemacht.

Die Spannungen zwischen mir und Herrn Alfred Müller aus Nürnberg wurden in den nächsten Monaten nicht kleiner. Die Ursachen hatte ich ja schon geschildert. Anfang 1993 hatten wir uns so weit auseinander gelebt, dass die Mehrheitsgesellschafter am 31.03.1993 meine Abberufung beschlossen.

Im März 1993 hatten wir uns um einen neuen Firmensitz bei Schmölln bemüht. Im Jahre 1994 ist die Firma dann auch ins neue Domizil gezogen.

Die Firma Langguth konnte ab Mitte der 90er Jahre mit den schlechter werdenden Preisen nicht mehr mithalten und musste 1996 Konkurs anmelden. Für Herrn Alfred Müller dürfte damals eine Welt zusammen gebrochen sein. Sein System hatte im sich verschärfenden Wettbewerb keine Chance gehabt. Es war ja auch seine zweite Insolvenz. Bei seinem geringen Engagement für die Belange der Firma war das ja auch ganz folgerichtig.

Die BAGERA hat mit Gesellschaftern und Geschäftsführern aus der Region alle Stürme überstanden und ist, wenn auch verkleinert und nach einer Insolvenz, noch heute am Markt.

Aus dem Intermezzo mit den sich maßlos überschätzenden Herren aus Nürnberg hatte ich viel gelernt.

45

Paris

21. Juni 1992

Es ist schon hell, als ich in einem Hotelzimmer erwache. Wo bin ich? Ganz langsam kehrt die Erinnerung zurück. Ich bin in Paris. Gestern kam ich, kamen wir, mit einem Reisebus aus meiner Heimatstadt Gera in Ostthüringen nach Paris, der Hauptstadt unseres Nachbarlandes.

Wir sind in Paris. Gebucht hatten wir eine viertägige Reise nach Paris im größten Kaufhaus unserer Stadt, es hätte aber auch eine Vielzahl anderer Buchungsstellen gegeben. Also nichts besonderes, eine ganz normale Reise? Die Reise fand im Mai 1992 statt, eben eine normale Reise nach Paris. Normal und doch nicht normal!

Wie oft hatten wir von Paris geträumt? Geträumt von einer um Lichtjahre entfernten Stadt. Filme hatten wir von und über Paris gesehen, Reportagen im Fernsehen und viele Bücher gelesen. Eigentlich kannten wir Paris ganz genau. In Gedanken saßen wir schon oft in einem Straßencafé an der Champs Élysée, wir waren auf dem Eiffelturm und sahen Paris zu unseren Füßen. Wir waren zu Besuch im Moulin Rouge, wir bummelten durchs Quartier Latin. In Gedanken, im Traum hatten wir Paris schon oft besucht.

In der Wirklichkeit war zwischen uns und Paris seit 40 Jahren ein schier unüberwindliches Hindernis. Ein Hindernis, welches wir nach langer Gewöhnung gar nicht mehr als Hindernis erkannten, obwohl es real vorhanden war. Wir kannten Paris auch so ganz genau, wir mussten deshalb nicht wirklich dort gewesen sein. Bestärkt fanden wir dieses Denken in folgendem Zitat bei Paustowski: »Fast einem jeden gebildeten Menschen, dem es nicht an Einbildungskraft mangelt, hält das Leben eine Begegnung mit Paris bereit. Manchmal findet diese Begegnung statt, manchmal nicht. Alles hängt davon ab, wie es sich fügt. Aber selbst wenn es nicht zu einer Begegnung kommt, und wenn ein Mensch, ohne Paris gesehen zu haben, stirbt, ist er sicher in seiner Vorstellung oder in seinen Träumen wiederholt dort gewesen.«

Sinnigerweise steht das Zitat in der Autobiographie der Marlene Dietrich, die ihr halbes Leben in Paris lebte. Sie hatte das Zitat von Paustowski wegen ihrer Sehnsucht und Liebe nach Paris einfach treffend gefunden. Besser kann man es nicht beschreiben. Paustowski, ein Mann aus der Sowjetunion, ein Russe, wie wir aus dem Osten des alten Kontinents. Wir können Paustowski

Mit Carmen vor
der Glaspyramide
des Louvre

verstehen, kommen wir doch aus dem gleichen Teil dieser Welt, wenn auch etwas weniger östlich. Das Zitat war Widerspiegelung unseres Denkens.

Nie hätten wir eine wirkliche Begegnung mit Paris für möglich gehalten. Seit nunmehr fast zweieinhalb Jahren hätten wir nach Paris fahren können. Aber wenn man kann, beliebig, zu jeder Zeit, hat die Sache keine Eile mehr. Und doch mussten wir nach Paris, wir mussten tatsächlich dort gewesen sein, denn Paris ist nicht irgendeine Stadt, sondern Paris. Nun sind wir in Paris. So ganz richtig kann ich es immer noch nicht glauben. Ich klopfe mir an den Kopf. Ja, ich bin wach und ich bin in Paris.

Ich habe, wir haben unsere Träume eingeholt. Wir fahren durch Paris. Wir laufen durch Paris. Wir waren schon oft hier, wenn auch nur in unseren Gedanken. Wie selbstverständlich finden wir uns im Hof des Louvre zurecht, finden die moderne Glaspyramide ganz in Ordnung und Notre Dame gar nicht so gewaltig aufregend. Wir besuchen ja auch nur altbekanntes, schon oft waren wir an den jetzt aufgesuchten Stellen.

Die eigentliche Faszination an unserem ersten wirklichen Besuch in Paris ist die Übereinstimmung mit unseren häufigen Gedankenbesuchen. Moulin Rouge ist zwar etwas kleiner, Pigalle etwas liederlicher als gedacht, aber sonst ist Paris wie wir es kennen. Eine faszinierende Stadt.

Die Zeit scheint stillgestanden zu sein, denn wir kennen die Stadt so schon seit 40 Jahren. Ein Traum wurde Wirklichkeit. Nein, es war kein Traum, wir waren schon hundertmal in Paris. Die Augen brauche ich mir nicht mehr zu reiben. Das Hotelzimmer befindet sich tatsächlich in Paris. Nach der Morgentoilette und einem kleinen französischen Frühstück sind wir in wenigen Minuten wieder in unserer Traumwelt, mitten in Paris.

46

Israel

1992

Im zweiten Jahr nach der Einheit haben wir uns einen Kindheitstraum erfüllt, den Besuch im »Heiligen Land«. Wegen der aktuellen politischen Lage haben uns alle für verrückt erklärt, weil wir gerade jetzt nach Israel reisen wollen. Im Gegensatz zu vielen anderen Reisezielen war die Beschaffung eines Flugtickets recht schwierig, denn die wenigen Flüge waren fast immer ausgebucht. Eingeladen sind wir seit zwei Jahren von unseren Freunden aus Moskau, die 1989 nach Israel ausgewandert sind. So richtig an ein Wiedersehen hatten wir nicht geglaubt. Aber die unglaublichen Veränderungen in den letzten beiden Jahren haben es ermöglicht.

Unser Flieger startet in München am 26.09.1992, 8:30 Uhr. Das Abfertigungsritual stellt alles bisher erlebte in den Schatten, eine unglaublich akribische Kontrolle und Befragung. Die speziell für Flüge nach Israel gebaute Abfertigungshalle liegt einen Kilometer vom Hauptterminal entfernt. Die Halle wird vom Bundesgrenzschutz mit Schützenpanzerwagen, Maschinengewehr im Anschlag, gesichert.

Wegen einem Kommunikationsfehler treffen wir unsere Freunde in Jerusalem nicht an. Nun müssen wir eine Bleibe suchen. Der Führer einer deutschen Pilgergruppe gibt uns einen Tipp, wir sollten bei Schmidts Girls College gegenüber vom Damaskustor nachfragen. Die Oberin der vom christlichen Orden »Deutscher Verein vom Heiligen Land« betriebenen Schule für palästinensische Mädchen bietet uns ein Zimmer an. Wir sind überglücklich, es ist ein Wunder geschehen! In unserer »Festung«, wie wir die Unterkunft nennen, sprechen wir mit jungen Leuten, darunter zwei Mädchen aus Dresden, die hier an ihren freien Tagen übernachten. An den Arbeitstagen sind sie in einem kleinen Dorf in der Westbank, in Quebebe, ca. 12 km von Jerusalem entfernt. Sie arbeiten dort als Volontärinnen in einem Altenheim für arabische Frauen. Unsere Unterkunft am Damaskustor ist kein 4-Sterne Hotel, aber eine Pension in bester Lage im Zentrum von Jerusalem. Von der Dachterrasse haben wir einen Blick auf das unter uns liegende Damaskustor und das Panorama der Altstadt, mit Felsendom und Al-Aqsa-Moschee. Traumhaft schön, besonders am Abend, wenn die Sonne über der Altstadt untergeht.

Am nächsten Morgen führt unser erster Weg zum Garten Gezehmane, einem

Vor dem Felsendom in Jerusalem

im Neuen Testament genannten Ort, in dem uralte Ölbäume stehen. Die geringe Entfernung des Gartens von der Stadtmauer und dem vor 2000 Jahren dahinter stehenden Tempel der Juden machen mir die Geschichte des Verrates von Judas an Jesus richtig deutlich. Ja, so kann es gewesen sein. Meine Religionslehrerin in Greiz hatte zu Anfang der 50er Jahre den Ort so geschildert, wie ich ihn jetzt fand. Diese Übereinstimmung zwischen meiner Gedankenwelt und der realen Welt war ein verblüffendes Erlebnis, ich hätte dies nicht für möglich gehalten. Mit einem Mal war ich von der Richtigkeit der Geschichte des Jesus von Nazareth überzeugt. Es stimmte alles überein, so muss es wohl vor 2000 Jahren gewesen sein. In den nächsten Tagen finde ich die Übereinstimmung beim Besuchen historische Plätze der Bibel, wie Grabeskirche, Kidrontal und die Geburtskirche in Bethlehem, immer wieder.

Wir schauen uns auch Mea Sharim an, das Viertel der ultraorthodoxen Juden. Hier fühlen wir uns zurück versetzt in das arme Osteuropa vor 150 Jahren. Die Welt scheint stehen geblieben zu sein. Diese Leute, eine recht groß gewordene Minderheit im modernen jüdischen Staat, leben nach den Regeln ihrer Ururgroßeltern. Der Staat zahlt ihnen eine Art Rente, dafür beten Sie für das Judentum. Ihr Einfluss auf den israelischen Staat ist über ihre Abgeordneten in der Knesset, dem israelischen Parlament, sehr groß. Diese Abgeordneten tragen damit auch die Hauptverantwortung für die nicht endend wollenden Siedlungsprogramme des Staates Israel auf palästinensischem Gebiet und damit den Unfrieden im Heiligen Land.

Am Abend unterhalten uns mit einer deutschen Ordensschwester, die in einem Altenheim für arabische Frauen in Emaus (Westbank) arbeitet. Ihr Bericht über das schlimme Los arabischer Frauen, die aus der Familie verstoßen werden, wenn sie keine Söhne geboren haben, macht uns sprachlos.

Auf der Fahrt zum 1.200 m unter Jerusalem liegenden Toten Meer erreichen wir nach 10 km den »Sea level«, den NN (Normalnull-Punkt). Unvorstellbar, denn gäbe es eine Verbindung zum Weltmeer würde es hier einen riesigen See geben. Ganz so fern sind meine Gedanken aber offensichtlich nicht, denn schon gibt es Pläne für eine gewaltige Rohrleitung vom Mittelmeer zum immer mehr austrocknenden Toten Meer. Ein paar Kilometer weiter sind wir in der Jordanebene, 400 m unter dem Meeresspiegel. Eine fantastische Landschaft. Links das unter einer leichten Dunstglocke liegende Tote Meer, rechts ein bizarr gestaltetes Gebirge, das bis auf 1.200 m Höhe ansteigt.

An der kleinen Ortschaft En Gedi steigen wir aus und gehen zum Strand. Bei fast 40 Grad im Schatten leidet der Strand nicht an Überfüllung. Schnell wollen wir ins Wasser gehen, falsch, wir gehen aufs Wasser. Der Salzgehalt von ca. 25 Prozent lässt kein Schwimmen zu. Wie ein Kork schwimmen wir auf der Oberfläche, ein ertrinken ist wirklich nicht möglich, es sei denn man würde ohne Not eine übergroße Menge der Salzbrühe schlürfen, brrrr. Carmen trifft beim Baden eine Gruppe älterer Herrschaften, allerdings nicht beim klassischen Baden, sondern beim Plauschen. Die Korken, hier Menschen, liegen oder sitzen und reden miteinander. Ein eigenartiger, aber vergnüglicher Badespaß. Die Herrschaften sprechen jiddisch und etwas deutsch. Mich berührt es, wie vorurteilsfrei nach den deutschen Problemen gefragt wird. Nach der jüngsten Entwicklung in unserer neuen, großen Heimat habe ich gerade in diesem Land Schamgefühle.

Unsere Gastgeber kommen am 1. Oktober aus dem Urlaub und melden sich bei uns, wie ziehen um in ihr Gästezimmer. Der Abend bei unseren Freunden wird ausgefüllt mit langen Debatten über die Probleme dieser Zeit, natürlich steht Israel im Mittelpunkt. Wir sprechen über die vielen Einwanderer aus der früheren Sowjetunion, von denen wahrscheinlich nur 60 Prozent jüdischen Glaubens sind. Die Integration der Menschen aus Russland ist schon mal wegen der hebräischen Sprache sehr schwierig. Israel ist in vielen Bereichen ein europäischer Sozialstaat, der den Neubürgern mehr als das Existenzminimum gewährt. Die uns aus Moskau bekannten Alla und Wadim hatten wegen ihrer in Moskau sehr bevorzugten Stellung – er als Regisseur beim Volkstheater, mit Reisen ins westliche Ausland, sie als Dozentin an der Theaterhochschule – große Anpassungsprobleme.

Am 4. Oktober fahren wir vom arabischen Busbahnhof in Ostjerusalem, mit einem palästinensischen Bus, in das 40 km entfernte, und 250 unter NN liegende Jericho. Wir sitzen zwischen Arabern in verschiedensten Bekleidungen, aus der westlichen Welt begleiten uns fünf französische Ordensleute.

Jericho soll die älteste Stadt der Welt sein. Um 8000 vor Christi gab es hier die erste städtische Siedlung. In der Bibel wird beschrieben wie Josua gegen 1250 vor Christi mit seinen Trompeten die Mauern der Stadt zum Einsturz gebracht haben soll. Wieder diese Verbindung zur Bibel, wieder die Übereinstimmung. Stehen wir nun an einer Art Wiege der städtischen Menschheit?

Einen Tag unter Arabern in der Wüste. Es ist wie in einem alten Film, weißer Mann kommt in kleines Nest, er nutzt ganz selbstverständlich die Dienste der Einheimischen. Ihre Herzlichkeit ist eine völlig neue Erfahrung.

Am 7. Oktober findet in diesem Jahr das Jom Kippur-Fest, der Versöhnungstag, statt. Die frommen Juden begehen den Tag mit beten und strengem Fasten. Es ist der 10. Tag der Bußtage nach dem Neujahrsfest. Nach jüdischem Verständnis kein Feiertag, eher vielleicht ein Gedenktag. An diesem Tag ruht alles, es gibt keinerlei Verkehr auf der Straße. Nur ganz kleine Kinder sehe ich bei einem Spaziergang, die Ruhe ist absolut. Jetzt verstehe ich, warum im Jom Kippur Krieg 1974 die syrische und die ägyptische Armee die Israelis fast geschlagen haben. Mit der hereinbrechenden Dunkelheit beginnt wieder das Leben. Die Menschen gehen auf die Straße, aber das Auto bleibt stehen.

Am vorletzten Tag erkunden wir den Norden Israels. Entlang des Jordans fahren wir See Genezareth, am Ostufer geht es steil hinauf zu den Golanhöhen. In der Nähe von Quneitra, in der von den UN kontrollierten Sicherheitszone auf dem Golan, geht es entlang der Grenze, vorbei an zerstörtem und intaktem Kriegsgerät, zum Hermongebirge. Direkt am Fuße des Berges liegt das malerische Dorf Majdal Shams. Von hier sind es nur noch wenige Kilometer bis zum 2.200 m hoch gelegenen Wintersportzentrum der Israelis auf syrischem Territorium. Die Kabinenbahn führt bis auf den Gipfel des 2.800 m hohen Hermon. Um diese Jahreszeit, in einem südlichen Land, kann man sich Wintersport einfach nicht vorstellen.

Wir fahren entlang am westlichen Quellfluss des Jordans zur Stadt Kiryat Shmona. Die Stadt liegt am Ostabhang des südlichen Libanongebirges. 20 Jahre lebten die Menschen im Keller, aus Angst vor dem täglichen Beschuss mit Granaten und Raketen aus dem Libanon. Wegen diesem Beschuss hat die israelische Armee die Sicherheitszone im Libanon geschaffen. Aber nur vier Wochen nach unserem Besuch in der Stadt schlägt eine heimtückisch abgeschossene Granate in einem Wohnhaus ein und tötet einen Jungen von 14 Jahren. Die israelische Armee beantwortete den Angriff mit tagelangem Bombardements der Hisbollah-Stellungen am Litani und in der Bekaa-Ebene im Libanon. Auge um Auge, Zahn um Zahn, so steht es ja in der Bibel!

Am letzten Tag vor der Rückreise besuchen wir das Nationalheiligtum der Israelis, die Festung Massada am Toten Meer. Hierher, in die Bergfestung, die Herodes 30 vor Christi erbauen ließ, hatten sich die jüdischen Aufständischen im Jahr 71 nach Christi zurückgezogen. Einen Tag vor der offensichtlich nicht aufzuhaltenden Erstürmung der Festung durch die römischen Legionäre haben sich die Verteidiger mit ihren Frauen und Kindern umgebracht, über 900 Menschen. So wurde Massada, die auf einem 450 m hohen Felsen liegende Riesenfestung (größer als der Königstein), zum Symbol des jüdischen Widerstandes.

Am Abend verabschieden wir uns von den lieben Gastgebern, den uns vertrauten Menschen aus der großen Sowjetunion. Wie haben Ihre Seelen die Umstellungen in dieses völlig andere Leben verkraftet? Werden wir uns einmal wieder sehen? Nach ihrer Emigration aus der Sowjetunion hatte ich diese Frage verneint. Heute neige ich mehr zu umgekehrten Antwort.

Sehr wohl haben wir uns in diesen Tagen in unserem Stamm-Kaffeehaus am Damaskustor gefühlt, wo wir immer wie alte Bekannte mit Handschlag vom palästinensischen Besitzer begrüßt werden.

47

Reise zum Dach der Welt

1994

Mein Kinder- und Jugendtraum war ein Besuch im geheimnisvollen Nepal. Die ersten Reiseberichte über das Land im Himalaja hatte ich wahrscheinlich so um 1950 gelesen. Zu dieser Zeit war Nepal noch ein gesperrtes Land, dem normalen Mitteleuropäer nicht zugänglich. Große Bewunderung hatte ich für die Reisenden, die trotz aller Schwierigkeiten in das Himalaja-Königreich gelangten. Gestaunt hatte ich auch über die Sitten und Gebräuche in Nepal, die die Autoren dieser Zeit beschrieben hatten.

Im geteilten Europa war die Erfüllung des Traumes unmöglich. Er rückte in immer weitere Ferne. Aber Träume sind nichts Materielles, sie kommen ständig wieder. Da stand in einer Zeitschrift, im Herbst des Jahres 1993, eine werbende Anzeige für eine Reise nach Nepal. Der alte Traum meldete sich in diesem Augenblick ganz spontan wieder und stellte die berechtigte Frage: Warum fährst Du nicht? Ja warum eigentlich nicht? Warum sollte ich eine 1950 schon ersehnte Reise weiter verschieben? Bei diesen Argumenten gab es nur eine Antwort: Ich fahre (fliege) nach Nepal. In der Welt des Jahres 1993 war es dann frustrierend einfach, einen so alten Traum in die Tat umzusetzen. Es genügte ein lächerlich kleiner Brief, mit der Erklärung, ich möchte nach Nepal fahren. Die Antwort mit der Bestätigung kam schneller, als es zum Entschluss gebraucht hatte. Eine verrückte Welt, diese Welt des Jahres 1993, gemessen an meiner Traumwelt des Jahres 1950.

Nach dem Überflug von Delhi sehe ich den majestätischen Himalaja, das Ziel meiner Träume. Am Airport in Kathmandu empfängt mich, und die anderen Mitreisenden auf der Trekkingtour, der Führer für die nächsten zwei Wochen. Er heißt Phu Thundu Sherpa, Sherpa steht dabei für den Volksstamm aus dem er kommt. Schon am nächsten Tag starten wir mit einem kleinen Flugzeug, einer »Twin Otter«, nicht gerade der letzte Schrei der Technik, um 11 Uhr mit 14 Passagieren und viel Gepäck. Das schwer beladene Flugzeug hat Mühe den 3.400 m hohen Pass kurz vor Lukla, unserem Zielflugplatz, zu überwinden. Zur Landung geht es dann steil nach unten auf einen der wohl abenteuerlichsten Flugplätze der Erde. Es ist 11:30 Uhr, wir sehen plötzlich unter uns die Landebahn. Schon einen Moment später rumpelt es kurz, wir sind auf der Schotterpiste gelandet. Ausrollen kann das Flugzeug nicht, denn es geht ziemlich steil bergauf, vielleicht 10 Prozent. Die Maschine muss Vollgas geben, um hinauf zu kommen. Kurz vor einer riesigen Felswand dann eine 90-Grad-Kurve, und schon stehen wir auf dem kleinen Flugplatz »International Lukla Airport«. Wir sind in meiner Traumwelt angekommen.

In zwei Tagesetappen geht es zur Sherpa-Hauptstadt Namche Basar. Die 600 Höhenmeter Anstieg von der Hillary-Brücke bis nach Namche sind für die Hälfte meiner Mitreisenden eine Überforderung. Darauf waren Sie nicht vorbereitet. Ganz langsam gehe ich nach oben und bin mit einem Mal allein. Am Ortseingang von Namche treffe ich einen 10 Jahre alten Jungen, mit dem ich mich unterhalte, ohne dessen Sprache zu kennen. Der Junge beeindruckt mich mit seiner Herzlichkeit und Offenheit. Wir kommen gemeinsam auf immer neue Ideen für die Verständigung. Nach 45 Minuten kommen die nächsten Mitglieder unserer Wandergruppe. Mein Freund aus Gera kommt mit dem Rest der Gruppe noch 90 Minuten später, völlig entkräftet, hier oben an. Er kann nicht einmal mehr seinen kleinen Rucksack tragen. Er liegt am nächsten Morgen immer noch ganz apathisch im Bett. Eine Stunde später wird er wieder in Richtung Flugplatz absteigen und sein Leiden hört auf. Zwei weiteren Gruppenmitgliedern geht es nicht viel besser.

Jetzt erst wird mir so richtig deutlich auf was ich mich bei dieser Reise eingelassen hatte. Die Probleme mit der Höhe und den damit verbundenen Einwirkungen hatte ich schlichtweg übersehen. Meine Fitness, basierend auf zweimal wöchentlich Fußball spielen, hielt ich für ausreichend. Bei meinen Mitreisenden war es noch wesentlich schlimmer, die hatten ganz offensichtlich die Spaziergänge im Stadtpark mit Wanderungen im Hochgebirge verwechselt. Das war einfach frustrierend mit den schwankenden Gestalten. Durch die Einnahme von Tabletten aller Art – wie Drogensüchtige – wollten sie ihre Probleme lösen, ein Teufelskreislauf von Unwohlsein und neuen Tabletten beginnt.

Bei der Übernachtung im 4.400 m hoch gelegenen Dingboche bekam ich dann auch Probleme. In der Nacht hatte ich furchtbare Herzschmerzen. Vor Angst wollte ich manchmal schreien, nur mit eisernem Willen habe ich dem Angstgefühl widerstehen können. Was war passiert? Jedes Mal kurz vor dem Einschlafen kam es zu bisher von mir noch nie erlebten Herzrhythmusstörungen. Blitzschnell musste ich mich aufsetzen und die Atmung mit dem Zentralnervensystem übernehmen. Erst viele Minuten später konnte ich jeweils das Steuerkommando für das Herz wieder an das vegetative Nervensystem übergeben. Diese Qualen kann man einfach nicht schildern. Immer wieder trat diese Rhythmusstörung auf. Im Sitzen, bei 3 Grad Minus, habe ich dann das ersehnte Dämmern des neuen Morgen erlebt, ein beglückendes Gefühl. Die Störungen konnte ich mir einfach nicht erklären, denn bis jetzt gab es bei mir keine Probleme mit der Kondition oder der Höhe, oder doch? Die Zweifel nagten an mir, besonders weil heute, an diesem 13.01.1994, der Höhepunkt der gesamten Wanderung bevorstand. Es sollte auf den 5.075 m hohen Vorgipfel des Pokalde gehen. Zum Frühstück fühlte ich mich wie erschlagen, müde und kraftlos. Aber so kurz vor einem kleinen Lebensziel wollte ich nicht aufgeben. Eine, zwei, drei Tassen Tee, langsam kommen die Lebensgeister wieder.

Um 9 Uhr beginnen wir mit dem Aufstieg, der durch eine 6–7 cm dicke Neu-schneeauflage erschwert wird. Wegen meiner immer noch bestehenden Schwäche gehe ich am Schluss der Gruppe. Nach einer knappen Stunde wird mir das Tempo aber doch zu langsam, irgendwie kommt auch die Kraft zurück. Weit vor mir steigt Martin allein bergwärts, den holst du nie wieder ein, so dachte ich. Auf einmal gingen wir nebeneinander und lösten uns in der Führung ab. In einem recht unübersichtlichen Gelände suchte dann wieder jeder seine eigene Ideallinie. Auf halber Höhe war dann auf einmal unser Führer, der Sherpa Phu, hinter uns und dann als Spurgeher vor uns. Im Übermut vermeintlicher Kraft übernehme ich etwas zu zügig die Führung und bin mit einem Schlag ohne Kraft. Auch eine Pause ändert nichts. Es geht bei mir nur noch im Minirhythmus weiter. Drei kleine, langsame Schritte, Pause und so weiter. Martin und Phu sind in kurzer Zeit meinen Blicken entschwunden. Aufgeben, nein, das kommt nicht in Frage. Verbissen kämpfe ich weiter mit dem Berg, es geht jetzt durch ein unübersichtliches Blockfeld. Die beiden sehe ich wieder, und fünf Minuten später bin ich auf meinem »höchsten Gipfel«, einem 5.075 m hohen Vorgipfel des Pokalde.

Ich bin glücklich, denn ich habe mich selbst überwunden. Für mich ist damit klar, der Bergsport ist nur in zweiter Linie abhängig von Kraft und Kondition. Entscheidend ist der Kopf, die Einstellung zur gewollten Leistung. Nach 50 Minuten kommt noch ein Vertreter der jüngeren Generation, der 35-jährige Günter aus Niederbayern. Der Rest der Gruppe gibt weit unterhalb des Gipfels auf. Die 745 Höhenmeter in dieser Höhe waren auch eine ganz schöne Herausforderung. Überglücklich stehe ich auf dem Gipfel und werde belohnt mit einer Postkartensicht. Die Großen der Erde sind mir ganz nah, sehen kann ich aber nur den Makalu. Everest und Lhotse haben sich hinter dem Pokalde versteckt. Auf der anderen Talseite, der beherrschende Berg des Solu Khumbu, die Ama Dablam. Mit knapp 7.000 m Höhe ist sie fast 2.000 m niedrigerer als der nur wenige Kilometer entfernte Mount Everest. Eine fantastische Welt, die Welt der höchsten Berge unserer Erde.

Im Quartier entdecke ich bei einem mehr zufälligen Blick auf meine Pritsche nun auch die Ursache für die Herzstörungen in der vorigen Nacht. Die Pritsche ist ca. 3 Prozent geneigt in Kopfrichtung, damit kommt das Blut der höher liegenden Beine beim Umschalten der Herzleistung auf die verminderte Leistung des Schlafbetriebes wie ein Wasserfall zum Herz, die Pumpe kann die mit einem Mal erforderliche Mehrleistung nicht verkraften. Der zweite Sieg an diesem Tag. Mein Ziel hatte ich erreicht, ich war dem Mount Everest recht nahe gekommen. Der um 1950 zum ersten Mal geträumte Wunsch ist in Erfüllung gegangen. Für die nächsten Wanderungen in die hohen Berge dieser Welt war ich nun mental gerüstet und wollte mich auch besser vorbereiten.

48

Lehrjahre in der Marktwirtschaft

1993–1996

Meinen Traum, selbst eine Baufirma zu gründen und erfolgreich zu führen, möglicherweise vom Urgroßvater ererbt, hatte ich mir ja erfüllt. Mit dem Austritt aus der BAGERA war er aber erst einmal wieder ausgeträumt. Die Konstellation mit mehreren Gesellschaftern konnte ja auch nicht funktionieren. Erschwerend kam hinzu, dass der Vertreter des Hauptgesellschafters kein Unternehmer war, sondern nur ein Angestellter. Ich musste mich um eine neue Arbeit bemühen. Zu dieser Zeit war das nicht schwierig, denn in der Hochphase der wahnsinnig aufgeblasenen Baukonjunktur gab es keine arbeitslosen Bauingenieure.

Zwei Jahre war ich Unternehmer gewesen, das war eine in der Gesellschaft anerkannte Position. In dieser Zeit hatte ich auch mit vielen städtischen Behörden zu tun. Die eine oder andere alte Bekanntschaft brachte nach dem Vitamin-B-Prinzip auch den einen oder anderen Auftrag für mein Baugeschäft. In dieser Zeit reifte bei mir die Erkenntnis, dass ich es mit einer Anstellung auf keinen Fall bei der staatlichen Auftraggeberseite oder bei irgend einem Amt in meiner Heimat versuchen sollte. Zu deutlich sah ich die Ängste der mir bekannten Ingenieure und Sachbearbeiter, die in die Amtsstuben der neuen Zeit übernommen worden waren. Einfach schlimm die sichtbare Liebedienerei und Unterwürfigkeit. Überall war die Angst um den Verlust des Arbeitsplatzes mit Händen spürbar. Obwohl ich die Damen und Herren der neuen Führungselite, die ohne eigenes Zutun zu höheren Ämtern gekommen war, alle kannte – wir hatten noch vor Wochen zusammen gearbeitet – hatte ich ein kein gutes Gefühl.

Sie waren jetzt gnadenlose Scharfrichter über die alten Führungen, ganz besonders über die mit SED-Abzeichen. Die neue Herrenkaste entsprang den alten Blockparteien und auch der neu gegründeten SPD. Sie hatten meistens keinerlei Erfahrungen, aber sie hatten den großen Vorteil schon immer alles besser gewusst zu haben. Das schlimme an der Sache war, und ist es bis heute, dass diese Damen und Herren keine Entscheidungen treffen, denn sie haben Angst vor Fehlentscheidungen und den möglicherweise daraus entstehenden persönlichen Folgen.

Panische Angst hatten die ehemaligen SED-Mitglieder davor, als Genossen identifiziert zu werden. Häufig wurde mir zu Beginn eines Gespräches bedeutet, ich soll doch bitte nicht erwähnen, dass wir uns aus früheren Zeiten kannten und vielleicht sogar gemeinsam irgend eine Veranstaltung besucht hätten.

Die Duckmäuserei, die schon die DDR partiell gelähmt hatte, fand ihre Fortsetzung unter umgedrehten Vorzeichen. Die Menschen mussten sich also gar nicht ändern, sie hatten es ja so gelernt und jahrelang so praktiziert. Trotz Aufbruchsstimmung legte sich Mehltau über das Land. Die neuen Chefs, bei denen es sich in der Mehrzahl um die zu Tausenden eingeflogenen Beamten und Konzernangestellten aus der dritten und vierten Reihe der Administration der alten BRD sowie verkrachten Unternehmern handelte, führten sich auf wie Kolonialoffiziere. Den unwissenden Schwarzen, hier den ehemaligen DDR-Bürgern, musste man ja erst mal beibringen wie denn das so mit der Marktwirtschaft funktioniert. Hier wurden Wunden geschlagen, die noch lange Zeit für die Heilung benötigen.

Das Land wurde und wird noch immer regelrecht gelähmt durch »Nichtentscheiden« und mangelndes Wissen über die Regularien der neuen Zeit! Dieser Mehltau hat sich bis heute nicht verzogen. Immer wieder starren mich Bekannte aus alten Zeiten entsetzt an, wenn ich Ihnen erzähle, dass ich zu Anfang der 90er Jahre in Bayern auf Anerkennung stieß, wenn ich die Frage nach einer möglichen Mitgliedschaft in der SED mit einem klaren »Ja« beantwortete.

Eine neue Arbeit war schnell bei der Sackmann Bau GmbH in Eisenberg gefunden, bei der ein alter Bekannter als Geschäftsführer tätig war. Er wollte sich als freier Architekt niederlassen und suchte einen Nachfolger. Am 14.04.1993 nahm ich die Arbeit als Geschäftsführer auf. Bei der Firma handelte es sich um eine Rückübertragung zu den Alteigentümern. Große Teile des VEB Kreisbau Eisenberg, mit einer breiten Gewerkepalette, übernahm die Familie Sackmann. Die Firma war in den 30er Jahren sehr groß gewesen und hatte mit der Organisation Todt im Osten Europas große Projekte ausgeführt.

Die große Heizungs- und Sanitärabteilung wurde gleich zu Beginn als eigenständige GmbH ausgegliedert und separat geführt. Der geschickte Fremdgeschäftsführer erwirtschafte exorbitante Gewinne, die Sparte wurde zu einem Juwel in der kleinen Holding. Bei dem von mir übernommenen Baugeschäft, bestehend aus einer Hoch-, einer Tiefbau- und einer Dachdeckerabteilung, war das mit den Gewinnen nicht so gut. Genau genommen hatte das Unternehmen noch keine Gewinne geschrieben und ab 1994 kam es zu einem Verfall der Baupreise.

Der Fehler in der Grundkonstruktion der Firma bestand in der zu breiten Aufstellung. In solch relativ kleinen Firmen, wir hatten an die 60 Beschäftigte, muss der Chef sich überall auskennen, oder er muss die Führung der Sparten mit exzellenten Leuten seines Vertrauens besetzt haben. Bei mir klappte das im Tiefbau, meinem Spezialgebiet. Die Sparte schrieb trotz der fallenden Preis immer schwarze Zahlen. Meine größte Baustelle damals war der Umbau der Tribünenanlage des Stadions der Freundschaft in Gera, hier erzielte ich bei einem Umsatz von 1,40 Mio DM einen Ertrag von 220.000 DM vor Steuern. Schwieriger war das in den beiden anderen Sparten, von denen ich nicht viel verstand. Die Spartenchefs waren im Kreisbaubetrieb in DDR-Zeiten ungekrönte Könige gewesen, der neuen Schrittgeschwindigkeit konnten sie sich aber nicht anpassen. Überschätzt hatte ich auch ihr Fachwissen, das ganz bestimmt auf DDR-Niveau vorhanden war. Jetzt gab es aber viele neue Materialien und technische Möglichkeiten, mit denen sie einfach noch nicht zu Rande kamen oder nicht kommen wollten.

Besonders schlimm war das mit dem Chef der Hochbausparte, der sich nie an Termine hielt. Das wird schon, sagte er mir immer mit seinen treuen Augen. Mitte 1994 hatte er aber meine Geduld überstrapaziert. Zweimal hatte ich ihm einen Termin für die Aufmaße an einer Baustelle gegeben, bei der es voraussichtlich zu einem großen Verlust kommen würde. Nach dem Verstreichen des 2. Termins sagte er mir mehr beiläufig, dass er die Aufgabe nun am Anfang der kommenden Woche erledigen wolle. Ich war so sauer, dass ich ihn um den Schlüssel seines Dienst-PKW bat. Nachdem er mir den Schlüssel ausgehändigt hatte, teilte ich ihm mit, dass er die Firma sofort verlassen soll, denn seine Tätigkeit wäre mit dem heutigen Tag beendet. Er hat am Arbeitsgericht gegen die fristlose Entlassung geklagt. Das Gericht bestätigte aber meine gut begründete Rechtsauffassung. Er erhielt auch keine Abfindung.

Es war ganz offensichtlich schwierig ein in der DDR sozialisiertes Bauunternehmen problemlos in die neue Zeit zu bringen. Die Änderung war für alle Beteiligten ein Lernprozess, für mich die zweite Lehrzeit, nachdem ich die erste Lehrzeit von 1958 bis 1961, also vor 30 Jahren, absolviert hatte.

Rein zufällig kam ich im April mit dem Geschäftsführer eines Bauunternehmens in Zeitz ins Gespräch. Der Herr suchte einen Subunternehmer für Bauaufträge in Zeitz, Halle und Leipzig. Die Zeitzer Firma, die Neugründung eines Unternehmers aus Unkel am Rhein, hatte zu viele Aufträge, die mit den eigenen Mitarbeitern nicht bewältigt werden konnten. Stutzig wurde ich bei den Preisen, die er mir anbot. Hatte er nun selbst derart niedrige Preise angeboten oder wollte er mich über den Tisch ziehen. Meine Kalkulatorin war auch erschrocken. Wie die Sache dann ausging kann ich nicht mehr sagen, denn ich bot dem ins Amt drängenden Leiter der Hochbausparte die Funktion des Geschäftsführers an. Wir wurden schnell handelseinig, der Gesellschafter stimmte zu. Mein Ausstieg in Eisenberg wurde für den 31.08. 1995 vereinbart.

Ursache der schnellen Änderung war ein Gespräch in Unkel am Rhein mit dem Inhaber der Zeitzer Firma am 26.07.1995, der mich bat, doch einmal zu prüfen, warum sein Bauunternehmen Verluste macht und wie hoch sie denn sein könnten. Ganz offensichtlich war das Vertrauen zum Fremdgeschäftsführer, der auch aus Unkel am Rhein stammte, nicht mehr besonders groß. Gesprochen wurde an diesem Tag auch über meine Teilhaberschaft am Zeitzer Bauunternehmen.

Nach nochmaliger Abstimmung mit dem Inhaber der Eisenberger Firma beginne ich dann schon am 01.08.1995 die Arbeit in Zeitz auf der Grundlage eines befristeten Anstellungsvertrages. Die Zeitzer Firma ist ein reines Hochbauunternehmen mit 60 Mitarbeitern, untergebracht in einem Bürogebäude in der Zeitzer Innenstadt. Ein kleiner Bauhof befindet sich in Droyßig bei Zeitz.

Erste Arbeit in Zeitz ist die Inventur der halbfertigen Arbeiten, ein aufwendiges Puzzle. Schon nach wenigen Tagen stelle ich fest, dass der Verlust des Unternehmens bei ungefähr 1,50 Mio DM liegen dürfte. Der Fremdgeschäftsführer wird daraufhin von seinen Pflichten entbunden. Später prozessiert der Eigentümer gegen den Geschäftsführer. Das Ergebnis kenne ich nicht.

Aus Gesprächen mit dem Eigentümer hatte ich erfahren, dass der Herr Geschäftsführer in den letzten Jahren schon zwei Mal seine eigene Firma in Unkel am Rhein in den Ruin geführt hatte. Woher mag nur der Glaube gekommen sein, dass das im Osten nicht passiert? Die Goldrauschstimmung, die mit der Kolonisierung Ostdeutschlands begann, hatte ganz offensichtlich die sonst gut funktionierenden Hemmschwellen vernünftigen wirtschaftlichen Denkens total durcheinander gebracht. Seltsam das der Glaube an vermeintlich leichte Gewinne, wie bei der Teilnahme am Bauboom im Osten, gestandenen Unternehmern derart die Sinne vernebeln konnte.

Glücklicherweise war der Bauboom und damit der Bedarf an Baufacharbeitern immer noch groß, wenn auch verbunden mit sinkenden Preisen und damit sinkenden Renditen. Das nun von mir geführte Unternehmen wickelte die vorhandenen Aufträge mit dem Bestand an Baufacharbeitern ab, neue Aufträge habe ich nicht hereingenommen. Die Mitarbeiter der Firma brachte ich ohne Probleme bei Bauunternehmen in Zeitz und Umgebung unter, somit waren keinerlei Abfindungen zu bezahlen.

Ab 01.01.1996 führte ich das Unternehmen auf Honorarbasis. Stück für Stück wurden die begonnenen Aufträge fertiggestellt, übergeben und an die Auftraggeber verkauft. Da die eigenen Mitarbeiter immer weniger wurden, musste ich mit der Restfertigstellung dann auch Subunternehmer beauftragt. Der Firmeneigentümer wollte immer über den aktuellen Stand informiert sein, er kam deshalb alle vier Wochen mit dem Flieger nach Leipzig. Nach dem Reinfall mit dem Fremdgeschäftsführer, den er ja persönlich gut kannte, agierte er nun nach dem Grundsatz: Vertrauen ist gut, Kontrolle ist besser.

Im Ergebnis der partnerschaftlichen Zusammenarbeit erhielt ich den Auftrag für den Komplettumbau des in Droyßig gekauften Anwesens. In die halbverfallenen Gebäude haben wir neun Wohnungen eingebaut und die Niederlassung der Firma aus Unkel, einschließlich Büro und Reparaturwerkstatt.

In dieser Zeit hatte ich ein kleines Trockenbauunternehmen gegründet, genau genommen für die Zukunft meines Sohnes Frank. Frank und ein guter Baufachmann wurden dann, als Frank die Firma nicht führen wollte, von meinem Auftraggeber in Unkel übernommen. Zu den Leistungen gehörte neben dem Komplettumbau in Droyßig, mehreren Restarbeiten der Zeitzer Baufirma in Halle und Leipzig, der Umbau einer Firma in Schwanenstadt in Oberösterreich und Arbeiten am Stammsitz des Auftraggebers in Unkel.

Übertragen wurde mir auch die Oberbauleitung und Projektsteuerung für einen Fabrikanbau in Unkel am Rhein mit einem Volumen von rund 5 Mio DM. Eine sehr interessante Aufgabe, denn erstmals im geeinten Deutschland hatte ich es im Rheinland nur mit Planungsbüros und Bauunternehmen zu tun, die nicht aus meiner Heimat stammten. Das war eine sehr angenehme Zusammenarbeit. Ein halbes Jahr fuhr ich jede Woche für zwei bis drei Tage in das 450 km entfernte Unkel am Rhein. In dieser Zeit habe ich das mittlere Rheintal kennen gelernt, denn wir besuchten an den Abenden viele Wirtshäuser zwischen Koblenz und Bonn. Die Idee von der Selbständigkeit als Bauunternehmer hatte ich noch nicht aufgegeben. Ich startete deshalb noch einen Versuch, von dem ich mir die Erfüllung meines Traumes erwartete.

Herr Hundhausen, der Inhaber eines größeren mittelständischen Bauunternehmens in Siegen, hatte den ehemaligen Kreisbaubetrieb des Kreises Gera-Land mit Sitz in Weida gekauft und eine Bau-GmbH gegründet. Wir vereinbarten einen Termin in Weida. Herr Hundhausen hatte sich Verstärkung zum ersten Gespräch mitgebracht. Seine Frau und ein Bauleiter sollten den Bewerber Müller ganz genau begutachten. In diesem Gespräch am 08.11.1995 bin ich als Partner aufgetreten, nicht als Bewerber für eine Anstellung. Mein Ziel bestand in einer Beteiligung am Unternehmen, einschließlich Geschäftsführung, und den Aufbau einer Trockenbauabteilung mit meinem Sohn Frank. Für das Unternehmerehepaar aus Siegen muss es schon ungewöhnlich gewesen sein, wenn ein vermeintlicher Bewerber sich nicht nur für eine Stelle bewirbt.

Kurze Zeit später erhielt ich die Einstellungszusage, ohne Entscheidung über die Teilhaberschaft. Die ganze Sache stand allerdings auch hier unter keinem günstigen Stern, denn parallel musste ich noch für die Abwicklung der Bauunternehmung in Zeitz tätig sein. Vereinbart wurde deshalb eine Aufteilung meiner Arbeitszeit auf drei Tage in Weida und zwei Tage in Zeitz. Wieder eine halbe Sache, das hatte es ja schon einmal bei der BAGERA gegeben.

Von Anfang an war das Verhältnis zu Herrn Hundhausen von einem gehörigen Misstrauen geprägt. Im Gespräch schien alles in Ordnung, anschließend kam es aber immer wieder zu völlig gegensätzlichen Anordnungen von seiner Seite, ohne Information an mich. Anfang Februar 1996 wurde ich dann überrascht von einem Herrn, der sich als Mitarbeiter einer Unternehmensberatung vorstellte. Er sollte eine Unternehmensanalyse erstellen. Auch hier herrschte keine Offenheit, denn das Ergebnis landete direkt in Siegen.

Wie in vielen ähnlichen Fällen der Gründung von Bauunternehmen aus DDR-Baubetrieben gab es mehrere Geburtsfehler. Der wichtigste Fehler bestand darin, dass Aufträge nur vom Stammhaus akquiriert wurden. Es gab deshalb auch fast nur Aufträge von privaten Investoren aus den alten Bundesländern.

Schon 1995 zeichnete sich aber ab, dass diese Aufträge stark rückläufig wurden. Aus dem Bauboom wurde schnell eine Überkapazitätskrise, die Baukatastrophe nahm ihren Lauf. Weiterer Fehler war die faktische Entmündigung der einheimischen Bauleiter. Bei jedem Problem, auch wenn es noch so klein war, kam immer ein Bauleiter aus Siegen, der keinen Widerspruch duldete. Motivierend war diese Arroganz nicht.

Wichtigster Fehler im Gesamtkonstrukt war das Fehlen einer funktionierenden Betriebswirtschaft. Hatte noch im November der Geschäftsinhaber vermutet, dass im Geschäftsjahr 1995 ein Verlust von 100 TDM entsteht, so musste ich am 18.02.1996 feststellen, dass der Verlust 1995 bei etwa 1.000 TDM liegt. In eine solche Katastrophenfirma wollte ich nicht investieren und darauf meine Zukunft bauen. Am 31.03.1996 beendete ich das kurze Intermezzo in Weida und beschloss, nunmehr keine weiteren Experimente der Selbstständigkeit in und mit einem Bauunternehmen zu probieren. Ich gründete ein Bau-Ingenieurbüro.

49

Unternehmensberater

1996

In der Frankfurter Allgemeine Zeitung (FAZ) fand ich Mitte Oktober 1996 eine Stellenausschreibung, in der »Sanierer« gesucht wurden. »MPI – wir sanieren Unternehmen«, so warb die Firma für sich.

> »Wir sind mehr als Berater, denn unsere Leistung beschränkt sich nicht nur auf strategische Empfehlungen. Wo andere aufhören, fangen wir. Die MPI-Sanierer übernehmen operative Verantwortung im Management der betreuten Unternehmen. Ob im Kontakt mit Banken und Kapitalgebern, mit Geschäftspartnern, Mitarbeitern oder Arbeitnehmervertretern: Wir setzen unsere Konzepte in die Praxis um. Intelligente Strategien zu realisieren ist unser Weg und Ziel ... Deshalb suchen wir erfahrene Sanierer ... Sie sind in einer großen Beratungsgesellschaft erfolgreich tätig und führen selbständige Beratungsteams, haben ein abgeschlossenes Hochschulstudium, verfügen über mehrere Jahre Erfahrung in der Beratung von Kunden, sind akquisitionsstark und flexibel. Der Aufstieg in Ihrer heutigen Position ist zu langsam und eine Partnerschaft in weiter Ferne. Zeit zum Handeln. Wir bieten Ihnen die Chance, mit einem engagierten Team sofort Verantwortung zu übernehmen und selbständig eigene Ideen umzusetzen. Haben Sie den Mut zum Risiko? Dann freuen wir uns auf Ihre Bewerbung und möchten Sie gerne persönlich kennen lernen.«

Genau so eine Tätigkeit hatte ich immer gesucht, denn hier wurde all das erwartet, was ich in den letzten 30 Jahren gelernt hatte. Problem könnte meine Ostbiografie sein. Aber Bange machen gilt nicht, ich sandte eine ganz spartanische Bewerbung an die MPI AG in Berlin. Über meine Bewerbung würde sich vermutlich jeder Personalchef wundern und in den Papierkorb stecken, ich kann sie deshalb nicht zur Nachahmung empfehlen.

> »Sehr geehrte Damen und Herren,
> vor zwei Wochen hatte ich mir Ihre Stellenanzeige aus der Sonnabend-Ausgabe der FAZ ausgeschnitten. Auch wenn ich nicht in allen Punkten den Zielvorstellungen Ihrer Ausschreibung entspreche, auf meinem Fachgebiet ver-

mag ich es. Mein Fachgebiet ist das Bauwesen, in dem ich seit 30 Jahren
Führungspositionen inne hatte. Schon früh habe ich dabei gelernt, ganz
schnell von sichtbaren Erscheinungen auf die Ursachen der Probleme und
damit an die Wurzeln des oder der Übel zu gelangen.

Zur Zeit liquidiere ich ein mittelständisches Unternehmen (60 gewerbliche
Mitarbeiter am 31.12.1995), mit der vollen Verantwortung für alle Prozesse
im Personalbereich, im technischen und kaufmännischen Bereich, einschließlich der Mitwirkung zur Klärung der gesellschaftsrechtlichen Probleme.«

Nach einer Aufzählung meines beruflichen Werdeganges schließe ich die Bewerbung mit dem Satz:

»Wenn Sie sich eine Zusammenarbeit mit mir vorstellen können, würde ich
gern zu einem Gespräch nach Berlin kommen und dabei auch eine ausführli-
che Bewerbung mit allen erforderlichen Unterlagen mitbringen.«

Das Vorstellungsgespräch fand bei der Außenstelle der MPM GmbH in Leipzig
am 17.12.1996 statt. Niederlassungsleiter in Leipzig war Rafael von Thüngen-
Reichenbach. Irgendwie passt die Chemie. Mir wird schon am 18.12.1996 ein
Vertrag als freier Berater bei einer Tochter der MPI, der MPM Management
Partner für Mittelstand GmbH, zugesandt.

Geschäftsführer der MPI ist der ehemalige Direktor der Treuhand für die
Privatisierung, Herr Ludwig M. Tränkner. Kontakte und Beziehungen hatte der
Mann in Hülle und Fülle, insofern hatte ich die richtige Entscheidung getroffen. In den folgenden Jahren war ich an einer Vielzahl von Sanierungsprojekten
beteiligt. Zeitweise war ich Berater für Umstrukturierungsprozesse, in einigen
Fällen aber auch Geschäftsführer oder Generalbevollmächtigter. Eine sehr interessante Tätigkeit, mit tiefen Einblicken in die reale Welt des deutschen Mittelstandes.

Zu Beginn meiner Tätigkeit als Sanierer war es gar nicht selten, dass ich
etwas skeptisch nach meiner Herkunft aus dem Osten Deutschlands gefragt
wurde. Wohltuend empfand ich dann immer, wie durch das Rüberbringen fach-
licher Kompetenz eine nüchterne Arbeitsatmosphäre gegenseitiger Achtung
entstand. Ganz anders war das Verhältnis in dieser Zeit zwischen den aus Westdeutschland in meine Heimatgefilde eingereisten »Spezialisten« und den Menschen meiner Heimat. Hier überwog wohl lange Zeit Überheblichkeit und Arroganz der Westseite. Aus meiner Sicht wurde das Unterlegenheitsgefühl der
Leute in meiner Heimat aber auch in etwas zu schwarzen Farben gemalt. Chef
ist nun einmal Chef, und der hat in aller Regel das Sagen. In den von mir be-
treuten Westunternehmen war ich der Chef, und da hatte ich das Sagen, auch
wenn ich aus einer für sie anderen Welt stammte.

Beeindruckt war ich in den meisten Fällen von der fachlichen Kompetenz meiner Partner in ihrem sehr eng begrenzten Tätigkeitsfeld. Die Leute wussten einfach Bescheid. Wesentlich bescheidener wurde es bei der Kompetenz, das Fachwissen betriebswirtschaftlich richtig einzuordnen. Generalisten habe ich an keiner Stelle gefunden, abgesehen von einigen meiner Unternehmensberater-Kollegen, die von Berufs wegen alles wussten.

Häufig erlebte ich Dramen bei der Regelung der Unternehmensnachfolge. In einem Fall lag der Chef und Inhaber einer Holding mit vielen Tochterunternehmen nach einem schweren Schlaganfall im Dauerkoma, übrigens in der Straße in Ludwigshafen-Oggersheim, in der auch der Altkanzler Helmut Kohl wohnte. Die beiden Töchter wollten nun das Lebenswerk des Vaters möglichst schnell zu Geld zu machen. Der Preis war völlig egal, nur weg! Die beiden Töchter und deren Ehemänner arbeiteten schon lange nicht mehr.

In einem anderen Fall der Firmennachfolge hatte der 75-jährige Firmeninhaber erklärt, er wolle sofort das Arbeitsleben beenden und sich schöneren Dingen zuwenden, als dem täglichen Gang in die Firma. Die wesentlich jüngere Frau musste das Problem lösen und war dabei völlig hilflos, denn ihr 40-jährigen Sohn, der in mehreren Fächern studiert hatte, sollte nun die Aufgabe des Vaters übernehmen. Die Frau war verzweifelt, aber auch nicht gerade zartfühlend, denn in meiner Gegenwart sprach sie Ihrem Sohn jede Fähigkeit zur erfolgreichen Führung des Unternehmens mit über 150 Mitarbeitern ab. Ich schlug den beiden ein Anlernprogramm vor. Jede Woche wollte ich ein Jahr lang zwei Tage ins Unternehmen kommen und den nicht mehr so ganz jungen Mann mit der Kunst der Unternehmensführung vertraut machen. Mein Vorschlag wurde angenommen. Der Nachfolger hat meine Lektionen verinnerlicht und führt nach nunmehr 10 Jahren das Unternehmen immer noch erfolgreich weiter.

In Deutschland sind 15.400 Firmen, mit 130.000 Mitarbeitern, in der Beratungsbranche tätig. Der Großteil der Beratungsfirmen sind, wie auch ich über 20 Jahre, als Ein-Mann-Unternehmen am Markt.

50

Mit Tec Tapa am Dhaulagiri

2000

Der Dhaulagiri gehört zu den 14 Achttausendern dieser Erde, er wurde schon 1809 als Achttausender mit 8.190 m vermessen. Nach den genauen Messungen unserer Zeit wird er nun mit 8.167 m Höhe geführt. Die Umrundung des Dhaulagiri-Massivs hatte ich mir mit einer Trekkinggruppe, bestehend aus einem nepalesischen Führer, einem Mann vom Volk der Sherpas, zwei Kletterführer vom Volk der Sherpas, einem Koch und vier Helfern, 32 Trägern und einem deutschen Reisekoordinator, vorgenommen.

Am 23.10.2000 brechen wir zur fünften Etappe der Trekkingtour auf. Die Tagesetappe begann mit einem schwierigen Abstieg an der Seitenmoräne eines ehemaligen Gletschers. Noch verrückter allerdings der Aufstieg auf der Nordseite der Moräne und der Übergang in ein Hochtal. Am sehr steilen Hang gibt es nur kleine Fußtritte, hier wurde vollste Konzentration erforderlich. An schwierigen Stellen mussten die beiden Kletterführer helfen, denn der eine oder andere Mitreisende aus der Trekkinggruppe hätte wohl die kritischen Stellen nicht allein passiert. Vor uns taucht eine große Barriere auf, der große Chonbardan-Gletscher sperrt das Tal in voller Breite ab. Beeindruckend das Gletschermaul, die riesige Öffnung dürfte an die 50 m hoch sein. Gegen 14 Uhr erreichen wir das Tagesziel, das japanische Basislager auf ca. 4.300 m Höhe. Direkt über dem Zeltplatz der große »Dhaulagiri West Ice-Fall«, ein Gletscher, der fast bis auf 7.000 m Höhe ansteigt. Der Gletscher bricht in Luftlinienentfernung von 200 m über eine riesige Gesteinsstufe plötzlich ab. In Abständen von wenigen Minuten stürzen mit donnerndem Getöse Gletscherteile ins Tal.

Wegen des schlechten Wetters war ich gestern gar nicht gut drauf. Mit dem heutigen Sonnenschein hat sich aber mein Gemütszustand um 180 Grad gedreht. Wir sind ja auch nur noch drei Tage in den hohen Lagen, dann soll es ja wieder ins Tal auf der Ostseite des Dhaulagiri-Massivs gehen. Ganz schnell bin ich eingeschlafen. Der Schlaf währte aber nur kurz, dann blieb ich wach und konnte einfach nicht wieder einschlafen. In Höhen von über 4.000 m ist mir das schon öfter passiert. Es dreht sich alles in meinem Kopf. Immer neue Gedanken stürmen auf mich ein. Zuerst denke ich an meine Frau Carmen, die heute mit Enkeltochter Caroline vom Ostseeurlaub aus Usedom zurückkommt.

Dann sehe ich vor meinem geistigen Auge die Schilderung des Bergführers beim heutigen Abendbrot. Er erzählte uns, wie er vor drei Jahren mit einer Trekkinggruppe im Hidden Valley, das ist die ca. 600 m höher liegende Senke zwischen French Cool und Thapa Pass oberhalb unseres heutigen Zeltplatzes, einschneite. Immer wieder sehe ich die hilflose Frau in der Überdruckkammer, die mit einer Pumpe mindestens sechsmal je Minute mit Luft versorgt werden musste. Vor Angst bekomme ich Herzbeklemmung. Nur in der Rückenlage kann ich noch liegen. Trotz Temperaturen von 10 Grad Minus friere ich dank meines guten Schlafsackes nicht. Gegen Morgen schlafe ich einen Moment ein und finde die Welt wieder ganz in Ordnung, drei weitere Tage in der Höhe sind doch wirklich kein Problem. Doch kurze Zeit später liege ich wieder wach und die Angst vor der Druckkammer, die völlige Hilflosigkeit bringt die Herzbeklemmung wieder.

Mein Reiseveranstalter hat keinerlei Rettungssystem, wenn man vom Können der Kletter-Sherpas absieht. Mir ist das einfach zu wenig. Meine Bedenken haben nichts mit meiner Leistungsfähigkeit zu tun, denn ich fühle mich körperlich sehr gut und bin in den letzten Tagen immer mit der Spitze der Gruppe gelaufen. Auch aus hinterer Position konnte ich problemlos aufschließen Ich denke aber immer wieder an Carmen und meinem Versprechen, bei Problemen umzukehren. Sind die Gedanken, die Albträume dieser Nacht wirklich Probleme? Ja, denn was der Kopf nicht verarbeiten kann, kann sich zu einer katastrophalen Barriere aufbauen und immer mehr vergrößern. Beim Durchdenken des Szenarios einer möglichen Umkehr muss ich an die vielen heiklen Stellen denken, die ich passieren muss. Auch diese Überlegung findet statt, wird aber klein gegen die sich zum Syndrom ausweitende Angst vor der Schneefall im Hidden Valley und der Druckkammer. Mein Entschluss steht fest, ich kehre um. Am Morgen des 24. Oktober verkünde ich den anderen Gruppenmitgliedern meinen Entschluss. Sie können es gar nicht glauben, denn es hatte ja keinerlei Anzeichen für diesen Entschluss gegeben.

Mit dem Träger Tec Tapa gehe ich in fünf Tagesetappen, ohne jede Verbindung in die Heimat, zurück in die Zivilisation. Unterwegs treffe ich zwei junge Franzosen, die ohne Träger über die Pässe wollen, richtig lustige Typen. Während des Gesprächs dreht sich der etwas blass aussehende Franzose eine Zigarette, keine normale Zigarette, sondern eine Haschisch-Zigarette. Genüsslich saugt er an dem Zeug. Es schmeckt ihm so gut, dass er nach

In dieser Hütte habe ich übernachtet

kurzer Zeit erneut in seine Dose schaut und wieder mit der Herstellung eines Joint beginnt. Er ist einfach glücklich, weil er in sein Märchenland gekommen ist. Unter Märchenland verstehen wir das Schlaraffenland, wo es Milch und Honig im Überfluss gibt. Er versteht unter Schlaraffenland das Land, in dem der Hanf überall wächst und er sich überall mit dem geliebten Kraut versorgen kann. Sein Lieblingskraut wird von den Bauern der Gegend angebaut. In einem Fall wären die Pflanzen schon vertrocknet gewesen, er hätte mit dem getrockneten Material nur seine Dose füllen müssen. Die Vorstellungen vom Märchenland weichen eben gehörig voneinander ab.

Kritisch wurde die beschwerliche Wanderung nach drei Tagen als mir Tec Tapa eine offene Wunde an seiner rechten Ferse zeigt. Aus dem Medizinbeutel hole ich ein Heftpflaster und klebe es ihm auf die Wunde. Am nächsten Tag klagt Tec Tapa über Kopfschmerzen, er könne nicht weiter tragen. Für mich ist nicht klar, ob er seinen Preis erhöhen will, oder ober er tatsächlich Kopfschmerzen hat. Ich muss einfach akzeptieren, dass auch ein Träger Kopfschmerzen haben kann. Wir finden keinen Ersatzmann und er trägt weiter.

Am vierten Tag kommen wir in den Weiler Darbang und finden das Telefon-Office. Hier versammeln sich die Frauen des Dorfes und aus der weiteren Umgebung, wenn sie mit ihren Männern in den Golfstaaten telefonieren wollen. Selbstverständlich hören auch alle Wartenden, was denn so gesprochen wird. Lediglich bei mir dürften sie Schwierigkeiten mit dem Verstehen haben. Die erste von mir angegebene Telefonverbindung klappt nicht, der zweite Anruf auf Carmens Handy ist dann von Erfolg gekrönt. Carmen steht gerade auf dem Marktplatz in Gera.

Nach 1,5 Stunden auf der letzten Tagestour hält Tec Tapa an und behauptet, er können wegen seiner Wunde an der Ferse nicht mehr weiter gehen. Er verhandelt mit drei jungen Leuten wegen der Trägerarbeit, die lehnen jedoch dankend ab. Die Wunde an der Ferse muss ich erneut verbinden, denn das Heftpflaster vom Vortag hatte sich durch das ständige Schaben des Schuhrandes abgelöst. Im Medizinbeutel finde ich das Spezialpflaster für Blasen Ich reinige die Wunde und lege das Pflaster auf. Hoffentlich hält das sehr gut klebende Pflaster besser. Tec Tapa geht weiter, ganz offensichtlich will er seine Arbeit mit Anstand beenden. Doch schon nach 20 Minuten erneuter Stopp, das Pflaster ist teilweise wieder abgeschabt. Was nun, ich entschließe mich zu einem Verband. Der Fuß wasche ich an einer Quelle nochmals mit flüssiger Seife und trockne mit einem Tempo-Taschentuch. Nochmals klebe ich ein Heftpflaster auf und umwickle den Fuß ganz straff mit einer Binde. Dieser Verband hält dann auch bis zum Ende der Wanderung. Meine Heilerkünste werden von Passanten beobachtet. Schon kommt eine junge Mutter mit ihrem Kleinkind und zeigt mir offenes Fleisch des Jungen zwischen der rechten großen Fußzehe und der nächsten Zehe. Das gibt es ja auch bei uns gar nicht so selten. Mit dem Waschmittel reinige ich die Wunde und deren Umgebung unter großem Geschrei des kleinen Jungen. Dann wird vorsichtig getrocknet und ein normales Heftpflaster locker aufgelegt. Der Frau gebe ich noch eine Packung Tempo-Taschentücher, mit der Aufforderung, die Wunde täglich zu waschen und sauber zu halten. Das große Problem dürfte wohl die Hygiene sein, obwohl diese Menschen wohl nicht so empfindlich gegen Keime aller Art sein dürften.

Eine ältere Frau und bittet mich um Hilfe. Sie zeigt mir ihren rechten Arm. Handrücken und Teile des Unterarms sind von einem eigenartigen Aussatz bedeckt, der wie Mohnkügelchen aussieht. Leider kann ich da wirklich nichts tun. Hier kann nur ein Arzt helfen, und wenn es einen gäbe, der von dieser Krankheit etwas versteht, dann hätte die arme Frau aber bestimmt kein Geld für dessen Honorar.

Am Ziel in Beni will Tec Tapa in einer der billigen Garküchen etwas essen, dies kommt für mich aber nicht in Frage. Zufällig entdecke ich im schmutzigen Zentrum das erste Haus am Platze, ein Hotel. In diesem Hotel will ich Mittag essen. Wir sitzen auf der kleinen Terrasse an der Straße, da bedeutet mir der Kellner, ich möchte nach innen kommen. Erst lehne ich das ab, stelle dann aber fest, dass die sichtbare Speiseneinnahme eines Trägers, eines Mannes aus der untersten Kaste, einen großen Imageverlust für das Hotel darstellen würde. Wer niedrige Arbeiten verrichtet, der soll eben in einer Garküche essen. Wieder was gelernt. Mit dem Bus geht es dann zurück in die Zivilisation. Wir finden nur noch einen Platz auf dem Dach. Für die etwas mehr als 10 km zur befestigten Hauptstraße bei Baglung braucht der Bus am Ende zwei Stunden. In der Nacht kommen wir in Pokhara an, die Zivilisation hat uns wieder.

Die fünf Tage in den Bergen des Himalaja waren eine völlig neue Erfahrung und das faszinierendste Erlebnis meines Lebens. Die ganze Schilderung würde aber den Rahmen meiner Lebenserinnerungen sprengen.

Auf dem Dach des Busses fuhr ich mehrere Stunden

51

Beduine Ali – Südmarokko

2001

Nach der Landung in Quarzazate fahren wir mit überladenen Taxis zum Zelt-platz der Fürstenfamilie Aid al Kait bei Agdz. Kait Ali, das letzte Oberhaupt der Sippe, war Fürst in einem großen Gebiet mit über 80.000 Sippenmitgliedern, er starb 1956. Da sich die Sippe nicht auf einen Nachfolger einigen konnte, er-losch die Macht der Familie mit dem Tod des Ali.

Die Familie vermietet noch heute, wie bei uns vor 200 Jahren, ihre Felder an landlose Kleinbauern. Der Vermieter stellt Land, Wasser, Saatgut und Gerät, 80 Prozent der Grundlage für das Ernteergebnis. Der Pächter erhält für sein Fünf-tel am Erfolg 20 Prozent des Ernteergebnisses. Reine Lohnsklaverei! Sozialer Sprengstoff der Zukunft, so unsere Beobachtung, dürfte die Farbe der Armut in diesem Teil Marokkos sein, denn die Armen sind ausnahmslos Schwarzafrika-ner, die früheren Sklaven der Araber.

Auf einer Wanderung queren wir das Trockenbett des Draa, der aus den hohen Bergen des Atlas kommt. Er führt schon sehr lange kein Wasser mehr, der Stausee bei Quarzazate ist fast leer. Die brackigen Tümpel im Trockenbett, in denen die Frauen Wäsche waschen, sind ganz bestimmt verseucht mit Krie-belmücken, den Erregern der Flussblindheit. Im Gegensatz zu Europa gibt es hier keine medizinische Versorgung, die diese Geisel Afrikas erfolgreich be-kämpfen könnte. Tatsächlich sehe ich in den nächsten Tagen viele blinde Men-schen in dieser Gegend.

Die Kasbah von Tamnagalt, seit 350 Jahren weitgehend unverändert, ist ein beindruckendes Dokument spätmittelalterlicher arabischer Hochkultur, vor der wir mit Staunen und Hochachtung stehen. Die Außenmauern auf der Trocken-flussseite sind gut 30 m hoch. Einfach grandios!

Zwei Tage später starten wir zur Wanderung mit Kamelen über sechs Tage. Am vierten Tag machen wir nach dem Abendessen noch einen kleinen Spazier-gang. Ziel ist ein mutterseelenallein in der Wüste stehendes Beduinenzelt. Hier lebt der Beduine Ali mit seiner Familie. Ali ist nicht zu Hause. Die Pflicht zur Bewirtung der Gäste übernimmt ein Nachbarbeduine, der wie aus dem Nichts auftaucht, denn die Frauen dürfen das nicht tun.

Er brüht uns den obligatorischen Minztee der Beduinen, den sie selbst scherzhaft Beduinen-Whisky nennen. Das Wasser wird an einer offenen Feuer-

Kochstelle im Beduinenzelt von Ali

stelle des geräumigen Zeltes gekocht. Dann beginnt die Zeremonie des Um-schüttens, Kostens und Ausschenkens.

Die Beduinen leben wie bei uns im Mittelalter unter einfachsten Verhältnis-sen. Die Vorräte lagern sie auf einem ca. 1,50 m hohen Gestell, damit die Tiere der Wüste sich nicht versorgen können. Carmen spricht die Beduinenmädchen oder Beduinenfrauen an. Ansprechen mit Händen und Füßen, denn die Men-schen sprechen einen Berberdialekt. Nach Stammessitte haben sie eine dichte Ponyfrisur, sie sind geschmückt und geschminkt. Männern gegenüber würden sich die Frauen natürlich nicht zeigen. Carmen gewinnt somit einen ganz klei-nen Einblick in eine Lebensweise, die sonst verborgen bleibt. Hier war nichts gestellt und nichts vom Reiseveranstalter vorbereitet, wir hatten die Teezeremo-nie in einem Beduinenzelt erlebt.

Am nächsten Morgen kommen wir mit unserer Karawane wieder am Zelt von Ali vorbei. Ali, der Chef des Zeltes, ist jetzt zu Hause und lädt uns ganz selbstver-ständlich zum Teezeremoniell ein. Der 61-jährige Hausherr kommt nun den ges-tern versäumten Pflichten nach. Ein interessanten Mann, dieser Ali, denn er fragt uns fast beiläufig, was wir denn in der Wüste wollen. Fast wörtlich sagt er: »Ich kann nicht verstehen, warum Menschen aus großen, schönen und festen Häusern mit fließendem Wasser, in die lebensfeindliche Wüste kommen.«

Ali hat vier Kinder, zwei Mädchen und zwei Jungen. Die Mädchen sind ver-heiratet, die Jungen sind noch bei ihm zu Hause. Die Gespräche sind recht lang-wierig, denn vom Berberdialekt wird ins Französische und weiter ins Deutsche übersetzt und dann wieder zurück. Aber unserem Ali mangelt es nicht an Ge-duld und wir werden uns wohl auch gedulden müssen.

Am Abend des fünften Tages unserer Wüstenwanderung wird es knapp mit dem Wasser. In einem Brunnen, an dem sich unsere Beduinen immer mit Wasser versorgt hatten, war kein Wasser mehr. Es wird 18 Uhr, wir warten auf den Beduinen Daud, den unser Führer Lachsan mit dem großen Mali-Dromedar zu einem Stützpunkt der marokkanischen Armee geschickt hatte. Er sollte dort um Wasser bitten. Mir gefällt die Situation gar nicht. Ich beschließe, die für morgen geplante Etappe in dieser Nacht zu gehen, denn in der Nacht benötigen wir fast kein Wasser. Nach heftigem Disput stimmt Lachsan zu. Nach einer Ruhepause wollen wir in der Nacht nach Mhamid wandern.

Auf einmal wird es unheimlich still im Lager, alle hängen Ihren Gedanken nach. Einige versuchen auch noch die Stunde bis zum geplanten Aufbruch zu schlafen. Den meisten der Mitreisenden ist es ganz offensichtlich doch etwas mulmig, ganz so einfach ist es in der Wüste wohl doch nicht.

21:30 Uhr werden die Dromedare beladen, die Nachtwanderung beginnt. Wir laufen in dem hier über 100 m breiten Trockental des Draa, und wir haben Glück, denn es herrscht Vollmond, und damit ideale Bedingungen für die Wanderung in einer angenehm kühlen Nacht. Durch die Helligkeit des Mondes gibt es auch keine Sicherheitsrisiken. Gegen 23 Uhr sehen wir in der Ferne die Lichter eines Ortes.

Von Beginn der Wanderung gehe ich an der Spitze der Karawane, in der letzten Stunde gemeinsam mit Lachsan, ein sehr hohes Tempo. Ich will damit erreichen, dass wir auch tatsächlich bis zum nächsten Brunnen gehen. Schon um 0:20 Uhr erreichen wir den für den nächsten Tag geplanten Rastplatz bei Mhamid, am Rand eines sehr großen Dattelpalmenhaines.

Wie in vielen Teilen der Sahara erobert sich auch hier die Wüste die vor Jahrhunderten angelegten Plantagen langsam zurück. Die Dünen rücken näher und sind schon inmitten des Haines. Wir haben für die Etappe nur knappe drei Stunden benötigt, am Tage wären es mit Sicherheit fünf oder sechs Stunden geworden, zuzüglich drei Stunden Mittagsrast. Ganz schnell bauen wir die Zelte auf.

Gegen 7:30 Uhr am nächsten Morgen beginnt ein leichter Sandsturm. Jede Ritze füllt sich mit Sand. Als ich den Zeltvorhang nach abklingen des Sturmes öffne, sehe ich zwei Meter vor mir das komplette Gerippe eines Dromedars, das hier vor einigen Jahren verdurstete.

52

Wie ich Oberbürgermeister in Gera werden sollte!

2000

Die Geschichte beginnt in Erfurt, wo denn auch sonst, wenn im kleinen Bundesland Thüringen Entscheidungen getroffen werden. Im Januar 2000 erhielt ich einen Anruf von der Unternehmensberatung, für die ich seit vielen Jahren als freier Mitarbeiter tätig war. Das Telefongespräch begann mit der Feststellung, dass ich doch Bauingenieurwesen studiert hätte. Mein ja war dann die Grundlage für einen Auftrag als Interimsmanager für ein großes Planungsbüro in Würzburg, das spezialisiert war auf Straßen-, Tief- und Eisenbahnbau, genau das von mir in Dresden studierte Fach. Die Vorstellung beim geschäftsführenden Gesellschafter des Planungsbüros in Würzburg, mit 250 Mitarbeitern eines der größten Unternehmen der Branche in Deutschland, war dann fast nur noch eine Formsache.

Es handelte sich um den üblichen Notfall in der Wirtschaft, der immer dann entsteht, wenn zwei Leute einfach nicht mehr miteinander arbeiten können. Der Niederlassungsleiter Erfurt des großen Planungsbüros wollte eine größere Eigenständigkeit, dies entsprach natürlich nicht den Vorstellungen des geschäftsführenden Gesellschafters. Die Kluft wurde größer und am Ende sandte der Erfurter die Kündigung nach Würzburg.

In Erfurt waren fast 30 Mitarbeiter beschäftigt und größere Projekte, wie die Stadtbahnlinie zum Ringelberg in Erfurt, befanden sich am Start oder in der Ausführung. Die Position des Niederlassungsleiters musste somit dringend neu besetzt werden, da war der Firmeninhaber sehr froh, einen Absolvent der Verkehrshochschule Dresden gefunden zu haben. Absolventen dieser Hochschule, heute eine Fakultät der TU Dresden, hatten in der DDR und auch noch in den 90er Jahren alle wichtigen Führungspositionen in der Verwaltung des Straßen- und Eisenbahnbaus in den Städten, im Land, und in den Ingenieurbüros inne. Das Diplom der Verkehrshochschule Dresden war in der DDR wie eine Eintrittskarte zu höheren Weihen. Jedes Gespräch mit den Straßenbauamtsleitern, ob in Leipzig, in Dresden oder in Erfurt, das ich in meinem neuen Amt führen musste, begann mit einem Schwelgen in Erinnerung an die Zeiten in Dresden. Die geschäftlichen Gespräche waren nach dieser Einführung regelmäßig leichter, denn man kam irgendwie aus dem gleichen Stall.

Die diplomierten Straßen- und Tiefbauer gehörten damit zu den wenigen

Berufen, in denen die Inhaber von Führungspositionen nach 1990 in aller Regel nahtlos übernommen wurden. Aus den Direktoren der Straßenbauaufsichtsämter der DDR wurden die Amtsleiter der neu gegründeten Straßenbauämter. Lediglich die obersten Führungsspitzen des Straßenwesens in Thüringen wurden mit älteren Herren aus den westlichen Bundesländern besetzt. Die hohen und selbstverständlich auch gutbezahlten Positionen hatte Herr Ministerpräsident Vogel seiner mitgebrachten Entourage vorbehalten.

Noch recht gut kann ich mich an den damaligen Präsidenten des Thüringer Straßenbauamtes erinnern, dessen Amt nach seiner Verrentung abgeschafft wurde. Immer wenn ich ihn traf, ob bei einer Nachtragsverhandlung oder der Einweihung eines neuen Straßenabschnittes, schwärmte er von irgend einem ganz tollen Golfplatz. Meist verabschiedete er sich nach einer kurzen Rede zur Einweihung des neuen Abschnitts still und heimlich, vermutlich auf dem Weg zu einem neu entdeckten Golfplatz.

In Erfurt hatte ich dann noch eine interessante Aufgabe zu lösen, ich musste die Funktion des Chef-Planers und Projektsteuerers der Stadtbahnlinie 1 Anger – Ringelberg übernehmen. Am 27.05.2000 erfolgte die feierliche Eröffnung der Linie: Aufgabe gelöst.

Mit dem geschäftsführenden Gesellschafter des großen Planungsbüros verstand ich mich recht gut. Zu einem seiner Besuche in Erfurt sprachen wir zum gemeinsamen Mittagessen über Gott und die Welt, und auch über Politik. Er erzählte mir beiläufig, dass seine Frau Mitglied des Bundestages sei. Ich erzählte von der anstehenden Oberbürgermeisterwahl in Gera und kurze Zeit später hatten wir beide den Beschluss gefasst, dass ich für das Amt kandidiere. Über die Bundestagsabgeordnete sollten die Weichen für die Kandidatur in Erfurt gestellt werden.

Ein oder zwei Tage später hatte ich eine Einladung zum Generalsekretär der CDU Thüringen. Im kurz darauf folgenden Gespräch erläuterte ich meine Beweggründe für den Entschluss. Die Frage nach meiner Parteizugehörigkeit vor 1990 beantwortete ich mit einem klaren Bekenntnis zur Mitgliedschaft in der SED. Kein Problem, so der Kommentar des Generalsekretärs, das ist schon 10 Jahre her. Die Einstellung fand ich gut. Wir vereinbarten den nächsten Schritt, der darin bestand, dass der Generalsekretär den Herrn Parteivorsitzenden Vogel nach seiner Meinung fragen wollte. Einen Tag später bat der Generalsekretär telefonisch, mich mit dem Parteivorsitzenden der CDU in Gera zu unterhalten.

Das Gespräch wurde kurzfristig arrangiert, ich traf mich mit dem Geraer Funktionsträger. Ein sehr unerfreuliches Gespräch, denn ich wurde von einem in der Zwischenzeit im Versicherungsgewerbe erfolgreichen Kleinunternehmer empfangen. Dieser Mann, der CDU-Genosse aus den Zeiten vor 1990, schien wie auf einem sehr viel höheren Stuhl zu sitzen. Was wagt sich der kleine SED-Wicht aus der Zeit vor 1990 mit einem solchen Ersuchen an den neuen Machthaber in Gera? Selten habe ich eine derartige Arroganz erlebt. Das Gefühl, zu den Siegern der Geschichte zu gehören – um einen Terminus aus der DDR-Propaganda zu gebrauchen – war ihm deutlich ins Gesicht geschrieben. Gemach dachte ich mir, am Ende wird er doch dem Befehl des Herrn Vogel folgen. Der Befehl des Herrn Vogel wurde mir zwei Tage später vom Generalsekretär aus Erfurt übermittelt, er lautete: Kandidat für das Oberbürgermeisteramt wird der ehemalige Landrat des Kreises Gera-Land, Herr Dr. Carsten Wilsdorf. Herrn Wilsdorf wurde der Befehl des Landesvorsitzenden der CDU übermittelt, er stellt sich der Kandidatur.

Meine trockene Reaktion auf die Ankündigung des Generalsekretärs: Herr Wilsdorf wird für die CDU höchsten 18 Prozent der Stimmen bekommen. Auf die erschrockene Frage: »Warum?«, am anderen Ende des Telefons stellte ich fest, dass der amtierende Oberbürgermeister von einem Ortsfremden nichts befürchten muss. Die Gegenfrage kam prompt, wieso würde ich mir größere Chancen ausrechnen? Ganz einfach, so meine Antwort, ich bin in Gera durch meine frühere Tätigkeit recht bekannt. In meiner Eigenschaft als Vorsitzender eines größeren Sportvereins würde ich in allen anderen Sportvereinen der Stadt um Stimmen werben und zuletzt würde ich, genau wie der amtierende Oberbürgermeister, in den Altersheimen auf Stimmenfang gehen. Vermutlich würde es für mich nicht zu einem Sieg reichen, aber für einen zweiten Wahlgang.

Der amtierende Oberbürgermeister erzielte einen richtig hohen Sieg, der CDU-Kandidat erhielt die von mir prognostizierten 18 Prozent. Meine Genugtuung war groß, als ich den Generalsekretär am Montag früh nach der Wahl anrief, und zum von mir fast genau vorausgesagten Ergebnis gratulierte. Die Stimme am anderen Ende der Leitung klang wenig erfreut!

53

Israel – Unfriede im Heiligen Land

2002 und 2003

Im Jahre 2002 gab es in Israel viele Anschläge von Selbstmordattentäter und brutale Auseinandersetzung zwischen militanten Palästinensern und der israelischen Polizei und Armee. Unter dem Eindruck dieser schlimmen Ereignisse entstand der nachfolgende Briefwechsel, der hier, unter Weglassung ganz privater Abschnitte, im Original wiedergegeben wird.

23.12.2002 – Brief unserer in Jerusalem lebenden Freunde
Liebe Freunde,
… Was soll zwischen zwei Seiten (Israelis und Palästinenser) vorkommen, wenn eine von ihnen leben will, und die zweite – töten, eine baut, die zweite zerstört.
Von hier aus scheint das Spiel ganz eindeutig zu sein, man benutzt alle Mittel, sowohl die politischen, als auch die terroristischen, um den islamischen Staat aufzubauen, und mit allen Kräften die ganze Welt zu islamisieren.
Hoffentlich haben wir alle genug im Kopf um unsere historische Erfahrung zu mobilisieren. Wir besprechen die Situation von verschiedenen Seiten aus, wir verbaten uns darüber zu reden. Es ist uns aber nicht gelungen, zwei oder drei Mal mit unseren Freunden Wein zu trinken, ohne das tschetschenische, bosnische, israelische Problem zu erwähnen. So geht es. Ganz üblich und gewöhnlich …
Eure L… und S…

27.12.2002 – Brief an unsere Freunde in Jerusalem
Liebe L…, lieber S…,
… Deinen Brief, liebe L…, habe ich mehrfach gelesen. Wenn Du meinen Widerspruchsgeist richtig einschätzt, kannst Du Dir vorstellen, dass ich nicht mit all Deinen Darstellungen einverstanden bin.
Ihr kennt uns sicher lange genug, um zu wissen, dass wir es für legitim halten, wenn das jüdische Volk wieder eine Heimat hat und diese auch verteidigt. Dieses Recht verteidigen wir auch gegen alle Anfeindungen, die zur Zeit immer häufiger werden. Tatsächlich wird die Zahl derer, die auf Grund der Politik des jüdischen Staates unter Ariel Sharon, alten, längst tot geglaubten

Antisemitismus wieder auferstehen lassen, immer größer. Diese, auch für uns nicht verständliche, Politik, verringert die Anzahl der Freunde des israelischen Staates immer mehr. Es muss aber doch erlaubt sein, das Recht der Juden auf einen eigenen Staat zu respektieren und gleichzeitig Herrn Sharon und seine Politik zu kritisieren. Kritik an der derzeitigen Regierung Israels ist kein Antisemitismus. Es kommt aus meiner Lebenserfahrung, wenn ich behaupte, dass Probleme mit anderen Menschen, mit anderen Völkern, nicht mit Gewalt gelöst werden können ...

Nelson Mandela war 25 Jahre im Gefängnis, am Ende hat er gesiegt. Ganz aktuell derzeit der Krieg des mächtigen Russland gegen das kleine Volk der Tschetschenen. Russland hat schon im 19. Jahrhundert die Tschetschenen nicht besiegt, der Sieger hieß damals Schamil, auch wenn er im Norden Russlands in Gefangenschaft starb. Auch im 21. Jahrhundert werden die Tschetschenen militärisch nicht besiegt. Ihr werdet jetzt fragen, was haben wir mit Südafrika oder Tschetschenien zu tun, denn in Israel liegen die Dinge anders. Israel ist unsere Heimat, wir haben seit 3.000 Jahren Wohnrecht in diesem Land. Tatsächlich haben bis zum Ende des 19. Jahrhunderts, fast zwei Jahrtausende, aber nur sehr wenige Juden in Palästina gelebt. Durch Zuwanderung leben jetzt über 6 Millionen Juden in Palästina. Die »Anderen« sind aber auch noch da!

Was gibt es für Lösungen für dieses Problem?

Lösung 1: Eine Seite wird mit Stumpf und Stiel ausgerottet und vertrieben. Diese Methode hatten die Nazis mit dem Begriff »Endlösung« beschrieben. Es gab furchtbar viel Leid, es gab Millionen von Toten, es gab aber Gott sei Dank keine Endlösung. Es gab keinen und wird keinen finalen, endgültigen Sieg für eine Seite geben. Das jüdische Volk wurde nicht besiegt.

Lösung 2: Friedliche Lösung, mit exakten Verträgen. Kernpunkt dieses Lösungsansatzes ist der Abbau der großen sozialen Differenzen zwischen beiden Völkern. Aus meiner Sicht haben die Probleme nichts mit den Religionen zu tun. Es sind die riesigen Unterschiede im Lebensstandard. Was denkt z. B. der junge Bauarbeiter, der für 1 $ pro Stunde bei Euch auf dem Bau 10 Stunden am Tag arbeitet, wenn er am Abend in seine Siedlung kommt und nicht einmal Wasser aus der Leitung fließt?

Ihr habt in der Schule, wie wir auch, die Lehren des Marx und Lenin studiert oder studieren müssen. In diesem Zusammenhang fällt mir immer wieder der Grund für die Revolutionsbereitschaft der Arbeiterklasse ein. Marx formulierte dazu ganz schlicht und treffend: »Weil sie (die Arbeiterklasse) nichts zu verlieren hat, außer ihren Ketten!« Heute ist es nicht die Arbeiterklasse, sondern eine furchtbare und hoffnungslose Armut in aller Welt. Das schlimmste ist dabei die Chancenlosigkeit und Hoffnungslosigkeit.

Im Hinduismus mag die Ausgrenzung von Millionen armer Menschen in den Slums von Bombay und anderswo noch mit dem Kastensystem verteidigt werden, nach dem Motto »Pech gehabt in der untersten Kaste geboren zu sein«. Vielleicht hilft dort auch der Glaube an die Wiedergeburt weiter. Junge Leute in aller Welt, die, auch wenn sie arm sind, heute über die modernen Kommunikationsmöglichkeiten verfügen, wollen auch etwas vom schönen Leben der reichen Völker. Der Sturm dieser Menschen auf unsere Fleischtöpfe wird immer größer werden.

Wenn der reiche Norden nicht teilen will, dann wird mit Gewalt umverteilt, auch hierfür gibt es genügend Beispiele in der Geschichte. Für mich spielt sich das eben beschriebene Szenario, sozusagen als Vorgeschmack auf kommende Entwicklungen, in dem kleinen Landstrich Palästina schon jetzt ab …

Von den Juden, wenn ich diesen Begriff an dieser Stelle gebrauchen darf, habe ich immer höhere Einsichten erwartet. Das jüdische Volk war für mich auch immer der Inbegriff von Wissen aus Erfahrung. Die Erfahrung Eures Volkes, das Jahrtausende an der Unterdrückung durch andere Völkern gelitten hat, sollte am ehesten einen Weg aus dem Dilemma finden. Wenn nicht Ihr, welches Volk soll sonst eine Lösung finden? Fatal wäre es, wenn Ihr, die Ihr erstmals seit zweitausendfünfhundert Jahren wieder mächtig und stark seid, auch die Fehler Eurer Unterdrücker macht. Enttäuscht mich bitte nicht!

Noch ein Wort zur Gefahr des Islam. Wir wollen mit Sicherheit keine Vormacht des Islam in unserem Land und in der Welt. Wir wollen, wie am 23. Dezember, also vor vier Tagen, das Weihnachtsoratorium von J. S. Bach in einer christlichen Kirche hören und sehen. Wir wollen weiter im »christlichen Abendland« leben. Wir wollen die Völker der Welt besuchen, die Hindus in Indien, die Mohammedaner in Arabien usw., dort wo sie leben und wohnen. Wir wollen in Europa bestimmt keinen Islam als Hauptreligion und es wird ihn auch nicht hier geben.

Ich hoffe Ihr seid mir nicht böse, wenn ich eine andere Meinung zu Euren Problemen habe. Es wäre aber schlimm und ich käme mir unehrlich vor, wenn ich Euch zum Munde reden würde.

Euer Dieter

05.01.2003 – Brief unserer in Jerusalem lebenden Freunde

Lieber Dieter, liebe Carmen,

… Wir alle – es werden die normalen Leute gemeint – suchen nach einem Ausweg aus der Situation, die so schwer für die Beteiligten ist, die auf minimale Weise auf ihre Entwicklung einwirken können. Ich muss sagen, dass wir uns es jetzt verboten haben, darüber zu sprechen, weil wir müde sind. Unsere Seelen sind müde. Ich aber versuche mich zu konzentrieren, und Euch die Lage so vorzustellen, wie sie für uns erscheint.

Kenne ich, oder jemand von uns, die Lösung, wäre es mir leicht meine Position wie in einer Vorlesung darzustellen. Erstens, zweitens ... und davon folgt, dass ... Ich habe aber keine Lösung (Auf Wiedersehen du Nobelpreis). Deswegen versuche ich jetzt die Faktoren zu bezeichnen, die auf die Situation wirken und sie bezeichnen, ohne das alles zu ordnen.

1. Das sogenannte palästinensische Volk besteht von verschiedenen Gruppen. Die meisten haben die ägyptische oder jordanische Staatsbürgerschaft und besuchen regelmäßig die Familien, die in diesen Ländern sitzen. Sie bleiben hier, weil in beiden Ländern kein Verdienst für sie existiert.
Die zweite große Gruppe – die Flüchtlinge – die mehr als 50 Jahre lang in den Lagern wohnen. Diese Gruppe wurde herausgewählt um für eine große Idee zu leiden. Sie sollen in Not existieren, um jede Minute bereit zu sein zu sterben. Davon rekrutiert man die lebendigen Bomben, die Steinewerfer usw. Natürlich, der Staat Israel müsste das Problem lösen, mehr für sie tun, das stimmt. Wir haben wirklich nicht viel für sie gemacht. Man kann es erklären – der Staat hat keine Möglichkeiten gehabt, die gesetzliche Lage dieser Territorien war immer unklar usw., aber doch.
Die dritte Gruppe – die Israelischen Araber, die die israelische Staatsbürgerschaft besitzen. Ihr Status ist dem eines jeden israelischen Bürgers ähnlich. Sie haben drei (oder vier?) politischen Parteien, die drei übrigen Ehefrauen werden als alleinstehende Mütter bezeichnet und bekommen die entsprechende soziale Unterstützung ... Vom Armeedienst sind sie befreit (wie unsere religiösen Orthodoxen).
Die vierte Gruppe sind die Leute, die mit Arafat zusammen wanderten – von Jordanien nach Libanon, und dann nach Tunesien, und im 1993 nach Israel gekommen sind, um den neuen Staat zu bauen.
Es gibt noch eine Gruppe – die fremden Terroristen, die aus verschiedenen Ländern kommen, aus Iran, Irak, Syrien, Tschetschenien, Bosnien ...

2. Die große islamische Welt von Indonesien bis Marokko kann es nicht leiden, dass der Jüdische Staat in der Mitte (und überhaupt) existiert. Man braucht sich heute nicht in die Geschichte vertiefen. Es genügt an die wichtigsten Stationen zu erinnern. Die enge Zusammenarbeit zwischen Hitler und den damals jordanischen religiösen Figuren, die Massenmörderschaft in Hebron im Jahre 1924 (fast alle Juden wurden getötet, und heute ist die Stadt, natürlich, arabisch, obwohl es in der Bibel geschrieben steht, dass Abraham es gekauft hat, der Vernichtungskrieg 1948, und so weiter.

3. Ja, Du hast Recht, wenn Du die schreckliche soziale Lage des palästinensischen Arbeiter darstellst. Er hasst mein Haus, meinen Wagen und meine Kinder, die am Morgen in die Schule gehen. Aber mein Haus und meine Kin-

der sind viel bescheidener, als die Häuser und die Kinder der Saudischen Reichen. Warum hasst er die nicht? Warum fragt er nicht, woher die Milliarden, die die Palästinische Autonomie (Mister Arafat) von der ganzen Welt bekommen hat, kommen? Wo sind Arbeitsplätze, Krankenhäuser, Schulen und was man noch braucht?

4. Du sagst, Dieter, dass nur manche jüdischen Familien hier wohnten. Das stimmt. Aber die arabischen Familien sind mit uns zusammen gekommen, weil die Juden arbeiteten und die Araber konnten auch dabei verdienen. Und nie war hier irgendwelcher arabische Staat.

5. Der Marxlehre nach haben die Proletarier nichts zu verlieren. Die Araber, die hier leben, haben es doch. Die Entscheidung gegen Israel zu kämpfen und dabei zu sterben, ist keine Entscheidung des Volkes. Das ist Modus operandi und Modus vivendi von Arafat und seiner Gruppe. Er ist gegen Israel und gegen palästinischen Staat auch. Was wird er in diesem Staat machen? Die übliche tägliche Arbeit – Arbeitsplätze, Nationalversicherung, Krankenhäuser ... Und wo bleibt der Heroismus des Kampfes, Fernsehsendungen und Adrenalin des wunderbaren Lebens und des Todes?

6. Unser Gebiet ist heute eine der Fronten im Dritten oder Vierten Weltkrieg. Das ist doch wahr, dass in Tschetschenien, in Bosnien, wie bei uns, nicht die Einwohner, sondern die Fremden tätig sind. Das heißt, dass dieser Krieg ist für die Leute in diesen Ländern fremd. Für alle, von beiden Seiten.

Es bleibt noch viel zu sagen. Ich kann über unsere Gespräche mit verschiedenen arabischen Leute erzählen, über unsere Freunde und noch vieles über die Arafat-Demokratie, aber es fällt mir schwer weiter zu machen.
Alles, was ich sagen möchte, scheint mir so klar. Alles haben wir tausende Male zu einander gesagt. Ich habe keine Wörter mehr. Seid mir nicht böse. Es schmerzt.
Vor einigen Minuten war noch eine Explosion in Tel-Aviv. Viele Gastarbeiter sind tot oder verletzt. Vielleicht, waren sie auch zu reich und glänzend ...
Bleibt gesund und glücklich, wir umarmen Euch und wünschen Liebe und Frieden.
Eure S... und L...

54

Bodo

Sonnabend, 16. Februar 2002

In den letzten Monaten hatten wir in den Punktspielen der 2. Kreisklasse Fußball Gera-Stadt auf unseren Ausnahmeathlet Bodo verzichten müssen. Der 58-jährige Bodo war zum ersten Mal in der langen Zeit, die wir miteinander Fußball spielten, erkrankt. Ganz ungewöhnlich für einen Mann, der über eine Fitness verfügte, die vermutlich 95 von 100 jungen Männern mit 25 Lebensjahren nicht haben. Begonnen hatte seine Erkrankung im Sommer 2001. Wegen einer Entzündung der Bauchspeicheldrüse war er längere Zeit im Krankenhaus, wo wir ihn mehrmals besuchten. Kurz vor Weihnachten kam die erlösende Mitteilung, Bodo ist wieder auf dem Damm und kommt wieder zum Training.

Zum Training Anfang Januar war er dann nicht ganz der Alte, aber er wollte unbedingt wieder fit werden, für das erste Punktspiel im neuen Jahr. Mit seiner unglaublichen Energie schaffte er in wenigen Wochen den Anschluss an unsere Kreisklassen-Athletik. Er brannte förmlich auf den ersten Einsatz in einem Nachholepunktspiel. Fünfzehn Jahre waren wir ein eingespieltes Team. Bodo als Stopper und ich als Vorstopper. Hervorragend unser Zusammenspiel, wenn ich durch mein körperbetontes Spiel die gegnerischen Stürmer zwang, die Bälle weit vorzulegen. Diese weiten Vorlagen waren dann regelmäßig eine Beute von Bodo.

Ich kann mich noch gut erinnern, wie wir ein gutes Jahr vorher in Gera-Liebschwitz dem auf seine Schnelligkeit vertrauenden ehemaligen Radweltmeister Mortag, der war 20 Jahre jünger, derart den Schneid abkauften, dass er sich zur Halbzeit auswechseln ließ. Er hatte in den ersten 45 Minuten nicht eine gefährliche Aktion abgeschlossen, denn immer hatten wir ihm irgendwie den Ball abgenommen. Das Spiel endete vermutlich unentschieden, mit Sicherheit kann ich es aber nicht sagen.

Bodo war wieder richtig gut in Form. Es war ganz deutlich spürbar, er hatte sich die Teilnahme am Nachholespiel, das am 16.02.2002 angepfiffen wurde, gewünscht. Er wollte es allen zeigen, seht her, ich bin wieder der Alte.

Wir, die 3. Mannschaft des FC Blau-Weiß Gera, mussten auf dem Schlackeplatz in Gera-Langenberg gegen die 2. Mannschaft des SV Langenberg antreten. Bodo wurde zu Beginn der zweiten Halbzeit eingewechselt, es war nach seiner Krankheit doch noch nicht fit für ein ganzes Spiel. Das Spiel verloren wir mit 6 : 0, keine gutes Omen für Bodos Neustart.

Zwei Wochen später kam er wieder ins Krankenhaus und starb am 21.03. 2002 an einer Sepsis, kurz nach seinem 58. Geburtstag, den er am 23.02.2002 feierte. Im Nachhinein wurde mir klar, er wusste, dass er nicht mehr lange zu leben hat. Deshalb wollte er mit aller ihm zur Verfügung stehenden Energie, unter Mobilisierung aller Kräfte, noch einmal an einem Fußballspiel seiner Mannschaft teilnehmen. Vielleicht hat er dabei auch seine Lebensenergie in vollem Bewusstsein verbraucht. Vielleicht wollte er auch nicht mehr leben, denn er war über den Tod seines geliebten Sohnes nie hinweggekommen. Sein Sohn war einige Jahre zuvor bei einem Verkehrsunfall an der Elsterbrücke in Gera ums Leben gekommen. Ein Rettungswagen hatte einem Motorradfahrer, Bodos Sohn, die Vorfahrt genommen. Bodo war selbst über 20 Jahre Fahrer eines Rettungswagens.

Logo des FC Blau-Weiß Gera.
Der Verein fusionierte mit dem 1. SV Gera
zur BSG Wismut Gera.

55

Der kleine Konzern mit 24 Tochterunternehmen

2001

Mitte 2001 erreichte mich ein Anruf aus Nürnberg, in dem ich dringend um einen Einsatz in Bayreuth gebeten wurde. Ein großes Bauunternehmen, mit 24 Tochtergesellschaften in der Baubranche und in anderen Branchen, ein kleiner Konzern, war in Schwierigkeiten geraten. Die sechs beteiligten Banken hatten in Abstimmung mit dem Unternehmer eine größere Unternehmensberatung beauftragt, ein Gutachten nach den Regeln des Deutschen Instituts der Wirtschaftsprüfer zu erstellen.

Das Gutachten lag nun vor, es gab aber in der hochnoblen Beratungsfirma keinen Mitarbeiter, der die vielen gescheiten Vorschläge zur Rettung des Unternehmens umsetzen konnte. Im 240 Seiten umfassenden Gutachten, zu dem noch diverse Anlagen gehörten, stand auf der letzten Seite, letzter Absatz, im letzten Satz sinngemäß, dass nun ein Macher gesucht werden muss, der die eigentliche Rettung in die Hand nimmt. Diesen Part sollte ich nun übernehmen. Es wurde vereinbart, dass ich zur nächsten Sitzung mit den Banken eingeladen und den Damen und Herren vorgestellt werde. Der Beginn der Sitzung verzögerte sich, da der Geschäftsführer der Beratungsfirma, die das Gutachten erstellt hatte, mit seinem Privatflieger anreiste und sich verspätete. Er musste vom Kleinflugplatz Bayreuth abgeholt werden. Meine Mitwirkung war ganz offensichtlich alternativlos mangels anderer Bewerber. Am Ende der Sitzung war ich der Beauftragte für die nun dringend werdende Umsetzung der vielen Ideen im voluminösen Gutachten.

Eine erste Aufgabe aus dem Papier, der Verkauf eines Kleinflugzeuges und eines Hubschraubers, die einer Tochtergesellschaft des kleinen Konzerns gehörten, gestaltete sich problemlos. Der Hubschrauber ging, wenn ich mich recht erinnere, an einen Bieter aus Irland. Das Gesamtkonzept bestand darin, den beteiligten Banken in etwa 50 Prozent der Darlehen in Höhe von über 140 Millionen DM zu retten. Wie immer bei derart komplexen Gutachten, ergaben sich die Probleme aus den Details, in denen bekanntlich der Teufel steckt. Die größten Möglichkeiten, die geplanten Erlöse zu erzielen, bestanden im Verkauf von Grundstücken und Immobilien in vielen Städten und Gemeinden von Oberfranken und dem westlichen Sachsen.

Im Hauptgeschäftsfeld des kleinen Konzerns, dem Hoch-, Tief- und Straßenbau, war das Gutachten faktisch unbrauchbar. Die Gutachter hatten, weil ohne jede Erfahrung in der Branche, ihre Planungen aus den Ergebnissen und Entwicklungen der letzten Jahre hochgerechnet. Sie hatten aus den Gesprächen mit den Bauleitern nicht herausgefunden, wo die Wurzel der Probleme der Bausparte lag. Ganz offensichtlich galt für sie die landläufige Meinung, dass ein Bauunternehmen an einem Auftrag immer etwas verdienen muss, denn die Bauunternehmer sind immer schlitzohrig und clever. Es war Ihnen nicht aufgefallen, dass es gar keine funktionierenden Kontrollinstrumente im Unternehmen gab, die Abweichungen von den kalkulierten Erträgen rechtzeitig signalisierten.

Eine auf meinen jahrelangen Erfahrungen basierende Analyse zum Geschäftsverlauf 2001, eine Art Gegengutachten zum Gutachten der Unternehmensberatungsfirma, habe ich dem Bankengremium in der Sitzung September vorgelegt. Der Geschäftsführer der Beratungsfirma war davon wenig erfreut, denn ich reduzierte den von ihm geplanten Jahresumsatz des Bauunternehmens von 30 Mio DM auf gerade einmal 24,5 Mio DM. Die Banken waren natürlich genau so erschrocken wie der Oberberater. Die von mir vorgetragenen Fakten und Argumente habe ich erfolgreich verteidigt, die Umsatzziele wurden noch in der Sitzung geändert. Der vom Wirtschaftsprüfer im März 2002 erstellte Jahresabschluss 2001 bestätigte meine Prognose sehr genau, denn die Abweichung von meiner Prognose lag nur bei 100.000 DM.

Insgesamt konnten im Ergebnis der nun beginnenden Sisyphusarbeit die Planungen des Gutachtens, mit Ausnahme des Bauunternehmens, in etwa erreicht werden. Das Bauunternehmen wurde neu strukturiert und startete mit anderen Gesellschaftern und Geschäftsführern komplett neu. Leider hatten die von fern angeheuerten Geschäftsführer nicht das Gespür für die Mitarbeiter und auch nicht zum oberfränkischen Baumarkt, zwei Jahre später ist das neu gegründete Bauunternehmen in Konkurs gefallen.

Nachzutragen bleiben die Ursachen für die großen Verluste der Banken, die gemessen an heutigen Sicherheitsstandards bei Kreditvergaben unglaublich hoch waren. Hauptursache war die Unternehmerpersönlichkeit an der Spitze des kleinen Konzerns, einem Mann mit Charisma und einer unglaublichen Ausstrahlung. Die von ihm entwickelten Ideen, sein überzeugendes Auftreten bei den Geldgebern, in Verbindung mit seinen unbestreitbaren Erfolgen in den vergangenen Jahren, öffneten die Füllhörner der Banken. Die beteiligten Banken, besonders deren Vorstände und Direktoren, waren der Überzeugung, dass es doch immer gut gegangen war. Warum sollte es jetzt schief gehen.

Hinzu kam damals eine völlig andere Beziehung zwischen Bank und Geschäftskunde, als wir dies heute kennen. Das Vertrauen zu einem erfolgreichen Unternehmer, den man schon lange kannte, war damals, auch ohne ausreichende Sicherheiten, viel Geld wert. Dritte Komponente war der Bauboom in den neuen Bundesländern. In den 90er Jahren hielt man jedes Investment in dieser Gegend für risikolos, eine Art Lizenz zum Gelddrucken.

In der Praxis lief die Vergabe eines Fünf-Millionen-DM Darlehens in etwa wie folgt ab: Der erfolgreiche Geschäftsmann geht in die Filiale Bayreuth eines größeren Bankhauses, er erläutert mündlich seine Geschäftsidee und bittet um Darlehenszusage. Der Filialleiter lehnt ab. Der erfolgreiche Geschäftsmann fährt zum Sitz des Bankhauses und bittet deren Chef, den er ja schon lange kennt, um die fünf Millionen DM. Er erhält sofort eine Zusage, der Rest ist Formsache. Ein bisschen vom hier geschilderten Mut würde ich den Bankern aber auch heute wünschen, denn zu viel unternehmerischen Engagements scheitert heute am übertriebenen Sicherheitsdenken der Banken.

56

Fußball am Tropf

Sommer 2003

Im April 2003 erhielt ich den Auftrag, bei einem Bauunternehmen in der Nähe von Würzburg am Feinschliff des Gutachtens für dessen Fortführung mitzuwirken und anschließend die Umsetzung der Maßnahmen zu übernehmen. Eine interessante, aber in der Zwischenzeit zur Routine gewordene, Aufgabe. In Würzburg hatte ich schon einige Aufträge, ich kannte das Umfeld recht gut. Irgendwie war mir Würzburg vertraut geworden, eine Art Arbeitsheimat.

Ich will hier nicht die Geschichte der Unternehmensrettung erzählen, sondern über einen Aspekt des gesellschaftlichen Lebens, den wir die »schönste Nebensache der Welt« nennen, den Fußballsport. Sport ohne Mäzenatentum, ohne Sponsoren, funktioniert bei keiner Sportart. Ausgenommen sind die Sportarten der Betuchteren, wie Tennis und Golf.

Den früher üblichen Vereinssport, in dem Sportler aus dem Umfeld der Stadt oder Heimatgemeinde sich zusammenfanden, gemeinsam trainierten und in Punktspielen so oft als Sieger vom Platz gingen, bis sie in die nächst höhere Klasse aufsteigen konnten, den gibt es wohl schon lange nicht mehr. Die Spielklasse wird nur noch vom Geldbeutel der Finanzierer bestimmt. Im konkreten Fall unterstützte der Bauunternehmer, bei dem ich in Diensten war, seit 1995 einen Würzburger Fußball-Vorortverein, der in der C-Klasse spielte. Aus der untersten Spielklasse stieg der Verein, mit Unterstützung seines Mäzens, Jahr für Jahr in die nächst höhere Spielklasse auf und landete in der Bayernliga. Der kleine Vorortverein spielte damit in einer höheren Spielklasse, als die alteingesessenen Vereine in Würzburg. Der ehemalige Zweitligist, die »Würzburger Kickers«, spielte einige Klassen unter dem kleinen Vorort-Verein.

Die fußballerischen Leistungen der Dorfjugend waren nicht der Grund für den Höhenflug, das waren nur die Zuwendungen des Bauunternehmers. Im Unternehmen hatte er eine Frau angestellt, die wie eine Geschäftsführerin das Fußballunternehmen lenkte und steuerte. Neue Sportler, die in jedem Jahr für den Aufstieg in die nächst höhere Klasse benötigt wurden, stellte der Bauunternehmer selbst ein. Er hatte deshalb auch einen guten Draht zu den Fußballern »seines Vereins«, bei denen es sich zu einem Großteil um Spieler handelte, die in irgend einer höheren Liga gespielt hatten, aber wegen nicht mehr auseichender Leistung oder etwas höherem Alter ihre Vereine verlassen mussten.

Das Spieljahr 2002/2003 war nicht mehr so recht erfolgreich, denn in der Bayernliga belegte der Verein nur den letzten Platz. Ein ehemaliger Bundesligaspieler wurde als Spielertrainer verpflichtet und als dessen Assistent ein ehemaliger Profi aus Nürnberg. Die beiden sollten nun die Grundlage für neue Höhenflüge schaffen. Die muntere Legionärstruppe hatte in der Bayernliga schlecht abgeschnitten, aber im Bayerischen Toto-Pokal das Finale, nach einem Sieg beim Regionalligist Jahn Regensburg, erreicht.

Die Zuwendungen für den Fußball waren für das Betriebsergebnis des Bauunternehmens nicht folgenlos geblieben, das hatte ich nach der Analyse der wirtschaftlichen Situation festgestellt. Mir blieb keine Wahl, ich musste die weiteren Zuwendungen für die Fußballmannschaft dem Bauunternehmer untersagen. Es gab am Ende nur die Alternative zwischen Fortführung des Mäzenatentums für den Fußballverein und damit Konkurs des Unternehmens, oder Ausstieg aus dem Geldabfluss in den Fußball und Fortführung der Firma. Für einen selbst »Fußball-Verrückten«, wie mich, war es ganz schwer, diese Forderung erst einmal laut zu benennen und dann auch noch durchzusetzen.

Bei meinem ersten Gespräch in dieser Richtung fiel der Bauunternehmer aus allen Wolken, zumindest tat er mir gegenüber so. Tief in seinem Innersten wusste er natürlich ganz genau, dass meine Forderung alternativlos war. Es war für sein Ego unendlich wichtig, jede Woche in der Regionalzeitung zu stehen. Nach seinem Rückzug aus der Sportfinanzierung würde sein Name dort nicht mehr stehen. Diese Überlegung war für ihn möglicherweise wichtiger als wirtschaftliche Vernunft. Hinzu kam aber auch sein gutes Verhältnis zu den angeheuerten Legionären, das es ihm schwer machte, die bittere Wahrheit auszusprechen.

Der Bauunternehmer bat mich um Bedenkzeit, er musste das für und wider für sich ordnen. Wir vereinbarten, dass wir uns in einer Woche erneut austauschen wollten. Am 1. Juni 2003, gewann der Verein im Pokal-Halbfinale und damit hatte der Bauunternehmer wieder Argumente gegen meine Forderung. In der Würzburger Presse stand am nächsten Tag: »... Denn der Sponsor war kurz davor, sich nach einem Jahrzehnt zurückzuziehen, ist jetzt aber offensichtlich hin- und hergerissen: ›Ich kann die Mannschaft bei solch einem sportlichen Erfolg doch nicht den K.o. versetzen‹, sagt er und fand ein zu ihm passendes Beispiel: ›Du hast eine Freundin, trennst dich von ihr und drei Wochen später erfährst Du, dass sie schwanger ist. Was machst du dann? Lässt du sie etwa hängen?‹«

Im Sinne meiner Aufgabe musste ich aber hart bleiben, denn ich konnte keiner der begleitenden Banken erklären, dass weiteres Geld aus dem Baugeschäft in den Fußball abfließt. Nach einer weiteren Woche musste ich dann meine Forderung nochmals mit allem Nachdruck ansprechen. Ich verpflichtete den Bauunternehmer, zur nächsten Mannschaftssitzung den bezahlten Spielern zu sagen, dass er in der kommenden Saison nicht mehr als Finanzier zur Verfügung steht. Er ließ den Termin erneut verstreichen, damit hatte er aber meine Geduld überschätzt. Meine Forderung war ohne Alternative, ich setzte sie durch. Eine Woche später erklärte er seinen Spielern meine Forderung. Die bezahlten Spieler meldeten sich in den nächsten Tagen komplett ab und der Verein begann wieder in der C-Klasse, wo er vor 10 Jahren schon einmal war.

Das Erreichen des Finales im Bayerischen Toto-Pokal berechtigte den Verein zur Teilnahme an der 1. Runde des DFB-Pokals. Das Los hätte es auch möglich gemacht, dass die Mannschaft der untersten Spielklasse gegen Bayern München oder Borussia Dortmund spielen musste. Tatsächlich wurde der SV Wacker Burghausen, der damals in der 2. Bundesliga spielte, zugelost. Das Spiel verloren die tapferen Kreisklassen-Kicker aus dem Vorort von Würzburg vor einer Rekord-Zuschauerkulisse mit 0 : 14. Das war die zweithöchste Niederlage in der Geschichte des DFB-Pokals. Die hätte noch höher ausfallen können, wenn die Spieler aus Burghausen richtig ernst gemacht hätten. Das anschließende Finale im Bayerischen Toto-Pokal verloren die Kreisklassenmannschaft des Würzburger Vorortvereins gegen den TSV Aindling auch mit 0 : 14.

Das Bauunternehmen konnte fortgeführt werden!

57

Laufen

Sommer 2003

Zu Beginn des Jahres 2003 hatte ich mir vorgenommen etwas mehr Ausdauer zu trainieren für meinen Fußballsport und für meine Extremwanderungen in den Hochgebirgen dieser Welt. Ich versuchte es als Ausdauerläufer auf einer 1.300 m langen Runde durch Gera-Zwötzen. An einem Stück konnte ich anfangs nur 300 oder 400 m laufen, dann waren Gehpausen notwendig. Ein schwieriger Neustart.

Was war das für ein Unterschied zwischen Fußball und Ausdauerlauf. Beim Fußball waren nur kurze Antritte erforderlich, 30 m Laufen am Stück waren da viel. Beim Ausdauerlauf war das ganz anders, denn offensichtlich haben wir Menschen für alle diese Bewegungsformen auch unterschiedliche Muskeln. Nach Spielschluss beim Fußball konnte ich ganz normal laufen. Nach dem Ausdauerlauf hatte ich da zu Beginn große Probleme.

Zum Geraer Silvesterlauf 2003 wollte ich mich testen. Kurz nach dem Start der 11 km langen Strecke schließe ich mich außerhalb des Startbereiches der letzten Läuferin an. Im flachen Teilstück bis zur Fuchsklamm ging die Sache noch ganz gut, aber auf dem langen Anstieg war bei mir das Pulver bald verschossen. Die junge Frau, der ich mich angeschlossen hatte, lief auch nicht schneller als ich. Am Jagdhof entschloss ich mich dann, aus dem Rennen auszusteigen. Ich entschuldigte mich bei meiner Mitläuferin und lief ganz entspannt über das Schloss Osterstein zum Ziel, ohne durch das Ziel zu laufen. Der erste Wettkampfversuch war ein einziger Flop.

Richtig ins Nachdenken über einen anderen Sport kam ich nach einem unglücklichen Zusammenprall im Trainingsspiel auf dem Schlackeplatz des Stadions am Steg im April 2004. Nach einem unglücklichen Sturz musste ich mit schmerzverzerrtem Gesicht in die Kabine gehen. Der rechte Arm tat furchtbar weh, meine Freunde fuhren mich deshalb 19:30 Uhr in der Notaufnahme unseres Krankenhauses. Schnelle Hilfe gab es dort aber nicht. Erst drei Stunden später, nach einer Röntgenaufnahme, hat mir der Notarzt den ausgekugelten Arme eingerenkt. Das hatte nur eine Sekunde gedauert. Nach 46 Jahren war dies erst mein siebenter schwerer Unfall, eine recht ordentliche Bilanz für den Fußballsport. Bei dieser Rechnung habe ich die fast in jeder Woche auftretenden Abschürfungen, Zerrungen und Verrenkungen nicht einbezogen.

Aber irgendwie wurde ich doch nachdenklich. Muss ich wirklich mit 62 Jahren jeden Sonntag im Fußball-Punktspielbetrieb aktiv sein? Aufgeben war aber noch nie meine Sache gewesen, es war ja nur ein Unfall, wie er immer wieder passieren kann. Meine Kameraden, mit denen ich in der Jugend angefangen hatte, die spielten alle schon lange keinen Fußball mehr. Irgendein Zipperlein oder auch ein ernsterer Unfall hatten sie bewogen, das doch nicht ganz so ungefährliche Spiel aufzugeben. Ich blieb beim Ausdauerlauf, denn Tennis oder Golf, dem Sport vieler Bekannter, betrachtete ich als Sport der »besseren Gesellschaft«, der für mich ausschied.

In der Zwischenzeit hatte ich weiter geübt ausdauernd zu laufen. Nach der kleinen Runde über 1.300 m suchte ich mir eine in etwa 3.000 m lange Runde, die eine über 1.000 m lange Steigung beinhaltete. Das war schon ein Quälerei und immer verbunden mit kurzen Pausen. Nach dem Anstieg ging es über einen Feldweg bis zu einem steilen Abhang, der schwieriger zu passieren war als der lange Aufstieg.

So allein laufen macht keinen rechten Spaß, dachte ich mir, und schloss mich der Laufgruppe des Lusaner SV an. Trainingstag war Montag am Sportplatz Lusan. Von dort ging es nach Weißig und Zeulsdorf, das war schon eine echt große Herausforderung. Häufig kam ich da an meine Grenzen. Nach einigen Monaten ging es dann aber zunehmend besser. Ausdauerlauf hat eben auch etwas mit Ausdauer, hier mit der regelmäßigen Teilnahme am Training, zu tun.

Meinen ersten Wettkampf, den Heeresberglauf über 16 km, beendete ich nach knapp 10 km völlig erschöpft. Zum Hasentallauf in Schleifreisen am 21.08.2004 lief es dann schon ganz gut. Bei einer Zeit von 1:03:15 dürften aber nicht viele Teilnehmer hinter mir gewesen sein. Nächste Etappe war der 15 km Lauf im Rahmen des Elstertal-Marathons am 07.08.2004. Mangels größerer Beteiligung wurde ich in 1:41:24 Dritter in der Altersklasse über 60 Jahre. Ein für mich großer Erfolg, ich war irgendwie in der neuen Sportart angekommen.

Am 01.12.2004 schloss ich mich auf Bitten von zwei Fußballfunktionären dem 1. SV Gera an und wurde zum Vorsitzenden gewählt. Um Fußball wollte ich mich kümmern, aber nicht mehr selbst spielen. Am Geraer Silvesterlauf 2004 nahm ich dann ganz offiziell teil und belegte in einer für mich respektablen Zeit von 1:27:37 den 245. Platz. Fünf Läufer hatte ich damit hinter mir gelassen. Kurz danach schloss ich mich der volkssportlichen Ausdauerlaufgruppe des 1. SV Gera an.

Schon 10 Jahre betreibe ich nun meinen zweiten Lebenssport. Dreimal in der Woche laufe ich Strecken zwischen 10 km und 15 km, im Jahr addiert sich das auf 1.300 bis 1.600 km.

Wie ich erwachsen wurde

22. November 2004

Ein Bekannter hatte mir eine preiswerte Unterkunft in Winterhausen bei Ochsenfurt gebucht. Kein Wort gab es zur Besonderheit des Hauses. Das kleine Hotel, untergebracht in einem alten Fachwerkhaus, war Heimstatt eines Feinschmeckerlokals. Etwas irritiert war ich schon, hatte ich mir doch einen Abend mit mainfränkischer Hausmannskost vorgestellt und auf einen Schwatz mit einem anderen Hotelgast gehofft.

Die Feinschmeckerspeisekarte ist nicht sehr lang. Zum Glück hat die Karte noch einen Anhang mit einfach, deftiger Kost aus der Region. Ich wählte Tafelspitz mit Bratkartoffeln, und hatte gut gewählt. Langweilig wird es doch, nachdem ich mir die mehrere Hundert Jahre alte und zusätzlich auf alt hergerichtete Gaststätte genau angesehen habe. Danach kommt die Grübelphase. Was habe ich in den letzten Tagen falsch gemacht, was muss ich noch erledigen? Wo könnte noch ein Fallstrick hängen? Ganz offensichtlich gab es aus diesem Bereich des Nachdenkens an diesem Abend nichts von Bedeutung, so denke ich über mich selbst nach. Dies tut man sicher häufig, wenn man mutterseelenallein in einer Wirtschaft sitzt.

Erstes Gedankenergebnis ist die Feststellung, dass im Jahr 2004 ein Abschnitt meines Lebens endete. Ich habe die Jugendzeit definitiv abgeschlossen. Die Feststellung klingt etwas pathetisch und vielleicht auch überzogen für einen Mensch, der den 62. Geburtstag gefeiert hat. Wenn auch begrifflich stark überhöht, die Sache hat ihre Richtigkeit.

Im Juni 2004, also vor fünf Monaten, habe ich zum letzten Mal an einem Punktspiel in der Fußball-Stadtklasse Gera teilgenommen. Begonnen hatte ich mit dem Fußballspiel im September 1958, vor 46 Jahren. In dieser langen Zeit bin ich regelmäßig ein- oder zweimal in der Woche zum Training gegangen und habe fast an jedem Wochenende gespielt. In Summe dürften bei 40 Spielen im Jahr insgesamt mehr als 1.800 Fußballspiele zusammen gekommen sein. Eine ungewöhnliche Bilanz.

Zugegeben, es war etwas später als beim Durchschnitt der Fußballspieler, die das für Knochen und andere Teile des Menschen nicht ganz ungefährliche Spiel in aller Regel 30 Jahre früher aufgeben. An diesem letzten Spiel waren neben mir acht Spieler um die 20 Jahre und 2 Spieler um die 40 Jahre beteiligt.

Wie so häufig in den unteren Klassen waren wir elf Spieler ohne Ersatzspieler aufgelaufen und waren ganz froh über die Vollzähligkeit.

War es nun Jugendwahn, aller Welt beweisen zu wollen dass ich mit 62 Jahren auch noch ein vollwertiger Kreisklassen-Spieler sein kann. Die Frage kann ich nicht mit einem klaren ja oder nein beantworten. Ein bisschen Wahn wird wohl dabei gewesen sein. Wichtiger war wohl die verrückte Vorstellung, in eine Gruppe Gleichgesinnter integriert zu sein. Waren wir aber wirklich Gleichgesinnte, nur weil wir ohne Unterlass einem Ball nachjagten? Natürlich nicht, denn wie können Spieler mit derart unterschiedlichen Bildungsabschlüssen, fünf Hilfsarbeiter, zwei Facharbeiter, zwei FH-Absolventen und ein Uni-Absolvent Gleichgesinnte sein. Und doch, im Nachjagen nach dem Fußball waren wir es und für mich hatte es das Gefühl jung zu sein. Vorbei?

Nein, denn was ist Jugendzeit? Wer sich nicht ein bisschen Verrücktheit bewahrt, hat seine Jugend schon mit 14 Jahren beendet.

Beim Spiel gegen die Kreisauswahl zu Ehren
meines 60. Geburtstages

Fünfzehn Jahre nach der Zeitenwende

September 2004

Landtagswahlen 2004:
NPD in Sachsen   9,2 %
DVU in Brandenburg   6,8 %.

Führt die Abstrafung der großen Volksparteien bei den Landtagswahlen in Brandenburg und Sachsen am 19. September 2004, also 15 Jahre nach der Öffnung der Mauer, zu einem Umdenken bei den Politikern dieser Republik? Wer ist nun Schuld am Einzug von Rechtsradikalen in die beiden Landesparlamente?

Da haben Sie nun nach dem Stillstand in der Kohl-Ära und dessen Fortsetzung bei Kanzler Schröder endlich Reformen auf den Weg gebracht und doch wieder alles falsch gemacht. Da gibt es ein bisschen Aufregung und leichtes Bauchgrummeln in der Folge der Montagsdemonstrationen, aber am System wird nichts Entscheidendes geändert. Die Reformen, die den Zorn der Menschen hervorrufen sind in Wirklichkeit gar keine richtigen Reformen, es sind lediglich kleine Anpassungen an die gesellschaftlichen Veränderungen, die Probleme werden wieder nicht angepackt.

Da hat vor wenigen Jahren der kleine Arbeitsminister, den alle wegen seiner treuherzigen Sprache so volkstümlich und lustig fanden und finden, noch lauthals verkündet: »Die Renten sind sicher!« Was für eine Verlogenheit von dem kleinen Mann, oder wusste er wirklich nichts von den tiefgreifenden Veränderungen in der Demografie? Wenn er es tatsächlich nicht gewusst haben sollte, hätte er wegen mangelhafter Ausbildung nie Minister werden dürfen.

Aber vielleicht liegt in der letzten Fragestellung die eigentliche Misere in deutschen Landen. In zunehmendem Maße werden Frauen und Männer mit Aufgaben betraut, die sie wegen der fehlenden Qualifikation nie und nimmer lösen können. Die große Anzahl des nicht ausreichend ausgebildeten Führungspersonals in Deutschland mag ja auch eine Ursache für die deutsche Bildungsmisere sein, denn ein Mensch mit geringer Bildung wird dies selbst nicht als Mangel empfinden und damit auch nicht nach Veränderungen rufen. Unter Bildung verstehe ich da nicht nur die Allgemeinbildung, sondern die Ausbildung zur Befähigung für das Führen.

Bildung und Führung sind für das Erlangen bedeutender Ämter in Deutschland aber ganz offensichtlich ohne jede Bedeutung geworden. Wie sonst kann ein Buchhändler, der in jungen Jahren Chef der Radaukolonne der alternativen Frankfurter Szene war, zum Außenminister avancieren? Ein Napoleonverschnitt, der sich mit Erfahrungen aus der Wirtschaft brüstet, führt die Riesenfirma Deutsche Bundesbahn in den Ruin. Der Mann erfindet ein neues Tarifsystem, in dessen Folge das Unternehmen mehrere hundert Millionen Umsatzverluste einfährt. Dem Mann schadet dies nicht, er entlässt zwei Vorstandsmitglieder und kann seinen Unfug weiter treiben. Der Mann lässt 20 und mehr Jahre an einer ICE-Trasse bauen. Zur Inbetriebnahme ist die Anlage schon abgeschrieben, wenn es bei diesem Unfug um kaufmännische Vernunft ginge. In der Bundesanstalt für Arbeit wird ein neuer Obermanager eingesetzt, der nach einer satten Gehaltserhöhung – gemessen an den Bezügen seines Vorgängers – sich erst einmal für ein paar Hunderttausend Euro sein Büro wohnlich einrichtet.

Wichtig ist in Deutschland nicht die Befähigung zum Amt, zu der auch eine lange Heranführungsphase gehört, sondern einzig lautes Geschwafel in Parteiveranstaltungen, verbunden mit Kursen im Parlieren und in der nächsten Stufe das entleeren der Sprechblasen bei Maybritt Illner oder anderen Moderatoren.

Weiter so Deutschland! Da sitzen nun die alternden Politgrößen der Republik in den Fernseh-Sprech-Veranstaltungen und verteidigen in Ihrem Geschwätz – der das Weihwasser scheuende Teufel würde es nicht besser können – jede Veränderung an der derzeitigen Situation.

Für Lieschen Müller und andere Normalverbraucher am Bildschirm wird die Sache an Randproblemen festgemacht und mit dem wortreichen Einstreuen von Erklärungen zu kleinsten Veränderungen als grandiosen Fortschritt dargestellt, einhergehend mit dem Beschimpfen der anderen politischen Seite.

40 Jahre hatten die alten Männer gelernt, dass der Zuwachs an gesellschaftlichem Reichtum verteilt werden muss. Die Rituale waren darauf abgestimmt und jeder hatte sich von dem Kuchen etwas abgeschnitten. Immer gab es eine bekannte Medizin für die Lösung eines immer mal wieder auftretenden Problems. Ganz einfach, das hatte doch der alte Ludwig Erhardt schon gesagt, wir erhöhen die Verschuldung der öffentlichen Haushalte und die Wirtschaft kommt wieder in Schwung. Vermutlich haben die Herren noch gar nicht so richtig wahrgenommen, dass es nichts mehr zu verteilen gibt. Nach ihrer Auffassung hatten sie in der sozialen Marktwirtschaft gelebt, die dem bankrotten Sozialismus in der ehemaligen DDR und den anderen Ländern des Ostblocks haushoch überlegen war. Ihnen war nie bewusst geworden, dass sie im weltpolitischen Nischenland lebten, in dem die herrschende Gesellschaftsordnung die Käufergesellschaft war. Die Veränderungen nach 1990 entstanden durch den Übergang in die Verkaufsgesellschaft, in dem der größte Teil dieser Welt schon seit Jahrzehnten lebte. Sie waren in der realen Welt, die man heute globalisierte Welt nennt, angekommen. Sie hatten es nicht bemerkt, oder wollten es nicht bemerken. Es war ja auch so schön in der geschützten Käuferwelt gewesen.

Ein aktueller Innenminister sitzt da neben einem ehemaligen Regierungschef eines Bundeslandes, sie präsentieren sich am Fernsehschirm wie die alten Herren im ehemaligen Politbüro der SED der DDR, die auch erst merkten, dass ihr Land nicht mehr existierte, als sie im Fernsehen Bilder von den Mauerspechten sahen. Diese Leute, die sich immer noch nicht vom ständigen Aufwärts, der Zeit der Käufergesellschaft von 1950 bis 1990 verabschiedet haben, sind das eigentliche Problem der Republik. Wegen Ihrer hohen Verdienste in der Vergangenheit, in den Zeiten mit dem ständigen Wachstum, für das Sie noch heute keine richtige Begründung finden, dürfen sie weiter schwadronieren, was das Zeug hält.

Diese Leute fanden es bis vor kurzem ganz richtig, dass die Mitarbeiter in Unternehmen nur noch 35 Stunden und die Beamten 37 Stunden in der Woche arbeiten und alle gemeinsam sechs Wochen Urlaub bezahlt bekommen. Sie fanden es alle richtig, dass Familien mit Einkommen von über 100.000 Euro im Jahr auch noch Kindergeld bekommen, sie finden es richtig, dass die Ehefrau des Bundestagspräsidenten Arbeitslosenunterstützung erhält und dass in 10 Jahren die öffentlichen Haushalte der Kommunen an die 70 Prozent ihrer Einnahmen für die Pensionen und Gehälter der Beamten und Angestellten ausgeben.

Jetzt sind sie natürlich alle gegen diese Wohltaten, außer wenn die eigenen Pfründe betroffen sind. Gibt es denn niemand in diesem Land, der über die Entwicklung der nächsten Jahre nachdenkt? Natürlich gibt es die. Es sind Wissenschaftler aller Couleur, die im Fernsehen, im Hörfunk und der Presse immer alles dann schon gewusst haben, wenn eine Sache vorbei ist. Da gibt es den Parteienforscher der regelmäßig nach jeder Wahl ganz genau begründet, warum eine Wahl so verlaufen ist, wie zum Beispiel am 19. September 2004. Warum hat er das nicht vorher gesagt, wir hätten uns die NPD- und DVU-Blamage in der Weltöffentlichkeit doch sparen können?

60

Mein Feind, der Ball – 46 Jahre Fußball

Im Sommer 1958, die Fußball-WM in Schweden steht kurz vor dem Finale, da klingelt es an einem Nachmittag an unserer Wohnungstür. Ich schaue aus dem Fenster unserer Wohnung, da zeigt mir Harald, ein Nachbarjunge, einen noch nie gesehenen Trick, den Übersteigertrick des damals noch unbekannten Brasilianers Pele. Vermutlich wird diese Vorstellung der Grund für meine lange Karriere als Fußballspieler.

Ich meldete mich bei einem Fußballverein in Greiz an. Bei den ersten Trainingseinheiten stellte ich fest, dass es mir trotz aller Mühen nur selten gelang, den Ball kontrolliert anzunehmen. Immer wieder sprangen die Bälle weg von Fuß und Kopf und das trotz der vielen Jahre Fußball auf Bolzplätzen. Kleine Erfolge stellten sich langsam ein, der Ball wurde aber nicht mein Freund.

Am ersten Spiel, an dem ich teilnahm, brach ich mir den Unterarm komplett. Trotz dieses katastrophalen Einstiegs in den Fußballsport hielt ich ihm 46 Jahre die Treue. Die Frage nach dem »Warum?« kann ich auch heute nicht beantworten. Möglicherweise war es die Kameradschaft beim Fußball. Aber auch die Erfolge 1960 mit der Mannschaft, wir wurden Meister in unserer Spielklasse, stiegen in die höchste Juniorenklasse der DDR auf und wurden Kreispokalsieger, dürfte für meine Entscheidung wichtig gewesen zu sein. Solche Erfolge gab es in den nächsten 44 Jahren nicht mehr.

Mein erstes Spiel in der 1. Männermannschaft wurde ein Flop. Unser Trainer hatte mich für das Spiel gegen die Bezirksauswahl Gera, vor großem Publikum, aufgeboten. Mein direkter Gegner war der aktuelle Torschützenkönig der Bezirksliga. Mir wurde erklärt: »Kommt der gegnerische Stürmer auf dich zu, dann musst du ihn unbedingt zu Fall bringen. Kommt er zum zweiten Mal, dann muss er wieder fallen, auch wenn der Schiedsrichter dich ermahnt oder verwarnt. Ein drittes Mal kommt der Stürmer nicht!«

Das hat dann auch geklappt, der Gegenspieler wurde wegen Erfolglosigkeit von seinem Trainer zur Halbzeit ausgewechselt. Seine Auswechselung habe ich nur wenige Minuten überdauert, dann wurde auch ich ausgewechselt. Völlig zu recht, denn ich hatte meinem Gegenspieler zwar immer denn Ball abgenommen, aber vor lauter Aufregung den schwer erkämpften Ball durch Fehlabspiele wieder zur gegnerischen Mannschaft gebracht.

Verteidigung und Tormann der 2. Männermannschaft 1961, ich ganz rechts

Der Trainer muss sich die Haare gerauft haben. Auf der einen Seite hat sein neuer Mann in der Verteidigung gut funktioniert und auf der anderen Seite im Aufbau versagt. Aus seiner Sicht war es dann wohl besser, einen Verteidiger zu haben, der nicht alle Angriffe aufhält, aber die erkämpften Bälle ordentlich verwertet. Meine große Chance hatte ich vertan. In die erste Mannschaft wurde ich nicht mehr berufen. Das Urteil des Trainers bedeutete in der Praxis – nie ausgesprochen, nie verkündet: Ein Fußballerleben in der Kreisklasse. Genau so ist es dann auch gekommen. Spätestens an diesem Tag hätte ich den Fußballsport aufgeben sollen, denn der Ball, das wichtigste Arbeitsgerät des Fußballers, wollte einfach nicht mein Freund werden.

Vor der Hochzeit 1964 hatte ich meine zukünftige Frau gefragt, ob sie mein Hobby Fußball tolerieren würde? Die Antwort, wie in vermutlich fast allen Fällen bei dieser Fragestellung, lautete: »ja«. Zu meinem dreißigsten Geburtstag hat Sie die nicht ganz unberechtigte Frage gestellt, ob ich auch weiter Fußball spielen will. Zum 40. Geburtstag hat sie die Frage noch einmal gestellt, zum 50. und 60. Geburtstag hat sie – wenn ich mich recht erinnere – auf die Frage verzichtet.

Erinnern kann ich mich noch an ein Freundschaftsspiel im Jahre 1981 in Nöbdenitz bei Schmölln. Mein Sohn Olaf war gerade 18 Jahre alt geworden. An einem Sonntag früh fuhren wir zum Spiel, Olaf kam als Zuschauer mit. Wie häufig bei Freundschaftsspielen waren zwei oder drei Spieler, die Ihre Teilnahme zugesagt hatten, nicht erschienen. Uns fehlte der elfte Mann. Nach kurzer Überlegung habe ich Olaf gefragt, ob er mitspielen will. Der wollte schon, hatte aber keine Fußballschuhe mit. Der gastgebende Verein konnte mit einem Paar alter Schuhe helfen und schon stand Olaf auf dem Spielformular. Olaf, der keine Spielerfahrung hatte, sollte auf der Mittelstürmerposition spielen. Lauf nicht viel und halte dich immer in Strafraumnähe auf, habe ich ihn auf den Weg gegeben. Das Spiel war trotz unserer schwachen Besetzung ausgeglichen, weil ich an diesem Tag recht gut drauf war. Als Stopper spielend, konnte ich die meisten Angriffe der etwas besser spielenden Gastgeber erfolgreich abwehren und selbst den Angriff ankurbeln. Unser erster Angriff führte dann auch prompt zum Führungstreffer, weil Olaf einen Abpraller des gegnerischen Torhüters zum 1 : 0 verwandelte. Kurz vor der Halbzeit fiel unser bester Mittelfeldspieler nach einer schweren Verletzung aus, er war ohne Einwirkung des Gegners auf dem sehr unebenen Spielfeld umgeknickt. Die Sache stand nicht gut für uns. Die Rettung war Olaf, der in seinem ersten und einzigen Männerfußballspiel noch zwei Tore schoss und uns zum 5 : 3 Sieg verhalf.

Im Sommer 1990 begannen die Auswirkungen der politischen Wende in der DDR sicht- und spürbar zu werden. Mein Verein war zu diesem Zeitpunkt Spitzenreiter in der Verbandsliga Thüringen. Wegen der Pleite des Hauptsponsors meldeten sich 12 gute Spiele ab. Den nur noch aus acht Spielern bestehenden Kader der 1. Mannschaft musste ich mit 48 Jahren in den Punktspielen unterstützen. Bei einem Pokalspiel in Rositz gelang mir das ganz eindrucksvoll, denn der 23-jährige Rechtsaußen der Rositzer kam in der 1. Halbzeit kam nicht einmal an mir vorbei und wurde folgerichtig zur Halbzeit ausgewechselt.

Ich übernahm den Vorsitz des Vereins, nachdem die große Schar der hauptamtlichen Mitarbeiter fluchtartig davon rannte, als die Arbeit ehrenamtlich erledigt werden musste. Dass es so schlimm stand, wusste ich an dem Tag, an dem mich der Vorsitzende um die Weiterführung der Geschäfte bat, noch nicht. Tröpfchenweise erhielt ich die Informationen zum Desaster, zum größtmöglichen Unfall in einem Verein. Von 300 Mitgliedern waren 40 geblieben! Kann man einen solchen Verein noch retten? Es gelang, und aus dem Miniverein wurde bis zu meinem Ausscheiden 2003 ein mittlerer Fußball Verein mit über 200 Mitgliedern.

Mein letztes Punktspiel in der Stadtliga bestritt ich am 12.06.2004.

Am 23.06.2004 titelte die »Ostthüringer Zeitung«, die größte Tageszeitung von Gera, »Beim OTG-Turnier wird Dieter Müller als bester Spieler geehrt.«

Das allerletzte Fußballspiel bestritt ich am 02.10.2004 mit der »Alten Herren-Mannschaft« beim Post SV Gera in Bieblach. Gleich in der 1. Minute schieße ich ein Eigentor, am Ende spielen wir unentschieden.

Entscheidend aber war wohl der Ball, der auch nach 46 Jahre nicht mein Freund geworden war. Symbolisch für eine Fußballkarriere, die nur durch die schiere Länge besticht!

61

Bahnfahrt von Budapest nach Gera

Mai 2004

Der 20.05.2004 ist in Budapest ein wunderschöner Frühsommertag. Bei strahlendem Sonnenschein erledige ich alle meine Termine als Geschäftsführer einer mittelständischen Behälterbaufirma im Minutentakt. Die zwei Termine, die ich für den 21.05. geplant hatte, finden wegen Absagen der Gesprächspartner nicht statt. Kurz entschlossen reise ich noch heute wieder zurück. Der letzte Zug fährt 17:55 Uhr vom »Keleti pu«, dem Budapester Nordbahnhof.

Es klappt und kurz vor Abfahrt des Zuges sitze ich im Nachtzug nach Deutschland. Meine Schlafwagen-Fahrkarte gilt heute nicht, ich muss mit dem Normalabteil vorlieb nehmen. Bis Wien-West schreibe ich auf dem Laptop die Gesprächsprotokolle des Tages und bin somit voll beschäftigt. In Wien wird der Zug neu sortiert, die eine Hälfte des Zuges fährt weiter in die Schweiz, die andere Hälfte nach Berlin.

Kurz vor der Abfahrt öffnet sich die Tür, ein gut angezogener junger Mann fragt höflich, ob er in dem nur mit mir belegten Abteil Platz nehmen kann. Ein freundliches Nicken und ich habe einen Gesprächspartner. Wir kommen über die Allgemeinplätze wie Wetter und Weltpolitik ins Gespräch. Der Mann spricht ein ausgezeichnetes, fast akzentfreies, Deutsch. Ein ganz kleiner fremder Klang irritiert mich etwas, deshalb tippe ich auf einen österreichischen Dialekt mit hochdeutscher Ausbildung. Auf meine direkte Nachfrage, erklärt er, dass Teheran seine Heimat sei.

Aus der Überleitung von der großen Weltpolitik ist es dann nur noch ein kleiner Schritt in den Mittleren Osten, die Konflikte um den Irak. Dann erzählt er seine Geschichte, die mit dem Konflikt zwischen dem Irak und dem Iran beginnt. Unter Führung des Diktators von Bagdad zog damals der Irak gegen den Iran in den Krieg. Weil das Regime der Mullahs von den USA und den Europäern für den Hort des Bösen gehalten wurde, erhielt der Irak großzügige Hilfe aus dem Westen. Die Antwort der Wächter der Revolution nach zwei Jahren verlustreichen Rückzugs waren Kinder, die fast unbewaffnet gegen die Maschinengewehrnester der Iraker anrannten. Zehntausende Kinder wurden damals auf dem Altar der Revolution der Mullahs geopfert. Mein Gegenüber meldete sich nicht freiwillig als Kanonenfutter. Wie in jedem totalitärem Regime hatte man sich dieses Verhalten gemerkt und den weiteren Lebensweg des jungen Mannes mit einigen Stolpersteinen versehen. Anfang der 90er Jahre wurde er Student an der Universität in Teheran. Nach dem Patt im Krieg stellten viele Bürger die Frage nach dem Sinn des gewaltigen Blutopfers. Es kam zu Unruhen an der Universität Teheran wegen der unerträglichen Bevormundung durch das klerikale Regime, an dem sich auch mein Gegenüber beteiligte. Die Rache der Ajatollahs ließ nicht lange auf sich warten, er wurde inhaftiert.

Ohne Anklage und ohne Gerichtsverhandlung verbrachte er sechseinhalb Jahre im Gefängnis. In dieser Zeit wurde er drei Mal zur Hinrichtung geführt und zum Schein hingerichtet. Sein Leben habe man nur verschont, weil sein mit inhaftierter Freund der Sohn eines Prominenten war. Noch heute, so berichtet er mir, wacht er in mancher Nacht schweißgebadet auf und sieht die furchtbaren Hinrichtungszeremonien vor seinem geistigen Auge. Das Trauma der Scheinhinrichtungen, viel schlimmer als die alltäglichen Demütigungen im Gefängnis, wird ihn wohl sein Leben lang begleiten. Nach knapp zwei Stunden steigt mein Gesprächspartner in seiner neuen Heimat Linz, der Hauptstadt von Oberösterreich, aus. Er hat nach einem Zahnarztstudium Arbeit in Linz gefunden.

Für sein weiteres Leben wünsche ich ihm viel Glück und inneren Frieden.

Kapitalismus oder Kommunismus

26. Juli 2011

Bis 1990 hat die Staatliche Plankommission das Wirtschaftsleben in der DDR bestimmt. Übernommen hatte die DDR das System der Planwirtschaft aus der Sowjetunion, nach dem Motto: »Von der Sowjetunion lernen heißt siegen lernen.« Planwirtschaft war keine Erfindung der Sowjetunion, die Idee hatte der Deutsche Generalstab im 1. Weltkrieg. Lenin, der Gründer der Sowjetunion, war von dieser Idee so fasziniert, dass er sie zur Staatsdoktrin erklärte.

Wesentliche Merkmale der Planwirtschaft in der DDR waren die Verstaatlichung der Produktionsmittel und Firmen, die zentrale Steuerung der Wirtschaftsprozesse, die Festlegung von Preisen und Löhnen und ein Außenhandelsmonopol. Auf der Grundlage von Prognosen erarbeitet die Staatliche Plankommission der DDR auf der Grundlage von Prognosen über die gesellschaftlichen Bedürfnisse Jahres- und Fünfjahrespläne. Produktion und Konsumtion aller Güter wurde vollständig von dieser Instanz gesteuert. Jedem Betrieb wurde in diesem gigantischen Planungssystem die genaue Menge der zu produzierenden Produkte vorgegeben und natürlich der Bezug der dafür nötigen Materialien und Zulieferungen. Diese Planvorgaben waren dann auch strikt einzuhalten.

Das Land DDR funktionierte bis 1989 nach diesem Wirtschaftsprinzip. Von nun an galt die Marktwirtschaft, in der die Wirtschaftsplanung dezentral durch die Marktteilnehmer erfolgt, wobei Angebot und Nachfrage über den Preismechanismus gesteuert werden. Davon hatten wir keine Ahnung! In der Praxis der DDR hatte das Planwirtschaftsprinzip allerdings auch nicht richtig funktioniert. Diese wurde besonders ab Mitte der 80er Jahre deutlich, als es immer mehr zur reinen Mangelverwaltung kam. Die Umstellung auf die Marktwirtschaft machte deutlich, dass das starre Planwirtschaftssystem wenig effizient war. Reihenweise wurden die Betriebe der DDR geschlossen und damit Millionen von Menschen arbeitslos. Ursache für diese Entwicklung der DDR-Betriebe, die man jetzt Unternehmen nannte, war die Einführung der D-Mark. Mit einem Schlag waren die Produkte der DDR viel zu teuer und damit nicht mehr wettbewerbsfähig. In einem gewaltigen Transformationsprozess, der nach 21 Jahren immer noch andauert, wurden die Änderungen mit der Brechstange durchgesetzt. Es blieb wohl auch keine andere Wahl, nachdem die Menschen der DDR im Frühjahr 1990 mehrheitlich die Blockpartei CDU gewählt hatten.

Diese Entwicklung der letzten 21 Jahre ist mir in der letzten Nacht durch den Kopf gegangen. In der Schule der DDR hatten wir in den gesellschaftspolitischen Fächern gelernt, dass es in der Geschichte der Menschheit eine unabänderliche Entwicklung der Gesellschaftsformen gibt. Beginnend beim Matriarchat in grauer Vorzeit, dem Feudalismus und dem Kapitalismus sollte die Entwicklung zum Sozialismus führen. Krönender Abschluss dieser Entwicklung würde dann die höchstentwickelte Form des Sozialismus, der Kommunismus sein. Die Theorie schien ordentlich bewiesen zu sein, Zweifel waren nur hinsichtlich kleiner Details am einzuschlagenden Weg erlaubt. Am Aufbau des Sozialismus hatte ich seit meinem Eintritt in die Berufswelt am 01.09.1958, also 32 Jahre, mitgearbeitet. Gemessen an der Ausgangsposition nach dem verlorenen Weltkrieg, der Nachkriegszeit, die der Maßstab für meinen Blick auf Wohlergehen und Wohlstand war, hatte es ständig Verbesserungen gegeben. So gesehen war ich zufrieden.

21 Jahre nach den tiefgreifenden Veränderungen in meinem Leben, wird aber auch immer deutlicher: heute gibt es Berufsgruppen, die nach den in der DDR gültigen Maßstäben, schon im Kommunismus leben. Zu diesen Gruppen gehört das Riesenheer von Beamten und Staatsangestellten in Bund, Ländern und Gemeinden. Diese Millionen müssen sich keine Gedanken über das regelmäßig steigende Gehalt machen, das in jedem Monat auf ihr Konto überwiesen wird. Für diese Steigerungen sorgen die Abgeordneten in allen Parlamenten, die zu über 70 Prozent aus dieser Gruppe selbst kommen.

Genau so sorglos leben die Millionen Angestellten im Gesundheitswesen, den Banken, den Versicherungen und den großen Konzernen. Einen großen Beitrag für die ständig steigenden Einkommen leisten die Gewerkschaften für ihr Klientel. Wer nicht in den Wirtschaftszweigen mit starken Gewerkschaften arbeitet, der hat das Nachsehen.

Der übergroße Teil der Beschäftigten in der Bundesrepublik lebt heute in einer Art Schlaraffenland. Kapitalismus, im Sinne der uns in der DDR gelehrten Definitionen, den gibt es in Deutschland nur noch in wenigen Beschäftigtengruppen. Dem brutalen Wettbewerb auf dem Preismarkt müssen sich doch nur die Handwerker, die Bauern und das zur Zeit wachsende Lumpenproletariat der Selbstständigen aussetzen. Den Handwerkern und Selbstständigen wird von den Beamten und Angestellten bei den Bieterwettbewerben bis zum Ruin zugesetzt. Der arme Selbständige, der am Monatsende oft wesentlich weniger auf seinem Konto hat als der Vergabebeamte, muss bei der Zuschlagserteilung für einen Auftrag noch drei Mal Danke sagen. Im Verhältnis zum übergroßen Teil der gutsituierten Berufsgruppen in der Bundesrepublik Deutschland, war aus dieser Sicht für die meisten Menschen in der DDR der Sozialismus in der DDR ein brutales kapitalistisches System!

63

Angekommen – Weihnachtsfeier in Stopfenheim

23. Dezember 2005

»Vor neun Monaten hatte man mir die Aufgabe übertragen, die Firma auf den Weg in schwarze Zahlen zu führen und einen Käufer zu finden«, so begann ich meine Weihnachtsansprache am Mittag des 23.12., dem letzten Arbeitstag im Jahr 2005, in einem Betonfertigteilwerk in Ellingen in Mittelfranken. An der Weihnachtsfeier im Kreis der Mitarbeiter nahmen auch die beiden neuen Gesellschafter teil, die ich zwei Monate vorher für den Kauf der Firma gewonnen hatte. Beide Gesellschafter, die Eigentümer alteingesessener Unternehmen aus dem Altmühltal, hatten mit jeweils 50 Prozent die Geschäftsanteile die Firma erworben.

Es war ein kleines Wunder geschehen, das Unternehmen war wieder auf den Pfad der Erwirtschaftung von Gewinnen gekommen, auch wenn das Geschäftsjahr 2005 noch mit einem kleinen Verlust abschloss. Das war aber wesentlich besser als in den Vorjahren. Mein Auftraggeber war eine örtliche Volksbank, die war Hauptgläubiger des wegen lang anhaltender roter Zahlen in Insolvenz gefallenen Unternehmens. Zur Minimierung der Verluste hatte die Bank mit dem Insolvenzverwalter vereinbart, das Unternehmen treuhänderisch fortzuführen. Diese Fortführung war mir gelungen.

Zwischen dem Beginn meiner Arbeit vor neun Monaten und dem glücklichen Ende hatte ich zusammen mit einem starken Team Berge von Problemen abgetragen. Die Firma wurde umgestellt vom patriarchalischen Führungsstil des frühen und mittleren 20. Jahrhunderts auf den Führungsstil des beginnenden 21. Jahrhunderts. Ein Wunder war das natürlich nicht, ich hatte lediglich die vorhandenen Potentiale genutzt und neu geordnet.

Ein kleines Wunder war es aus einem anderen Grund doch, denn die Firma war in der technischen Ausstattung nicht auf dem neuesten Stand. Auf Dauer wird der Umschwung aber nur zu halten sein, so meine Gedanken an diesem Nachmittag, wenn die Ausrüstung grundlegend reformiert und damit die Produktivität um 15 bis 20 Prozent erhöht wird. Die neuen Gesellschafter hatten zugesagt in neue Maschinen zu investieren, aber bei Geschäftsübernahmeverträgen wird das ja fast immer versprochen.

Die Firma war durch die Umstellung auf einem guten Weg, aber sie war noch lange nicht überm Berg. Es werden gewiss noch ein paar schwierige Jahre kom-

men, denn der Wettbewerb und damit der Preisdruck war in der Branche der Betonfertigteile im südlichen Mittelfranken recht groß.

Diese Gedanken gingen mir an diesem Nachmittag im Wissen über die Situation der mittelständischen Bauwirtschaft durch den Kopf. Der übermächtige Druck der Baukonzerne wurde immer größer und die kleinen Mittelständler hatten es immer schwerer. Besonders drückend die ruinösen Vergabeverfahren bei öffentlichen Bauaufträgen. Das südliche Mittelfranken und das nicht ferne Oberbayern boten durch die gut gehende Wirtschaft in anderen Branchen immer noch Aufträge im Privatbereich, ohne die von unserem Staat wissentlich in Kauf genommene Ruinierung des Mittelstandes durch katastrophale Vergabeverfahren.

In meiner Rede verkündete ich die Übernahme der Firma durch die zwei bekannten Investoren an, das Aufatmen bei den Mitarbeitern, die viele Monate um den Erhalt ihrer Arbeitsplätze bangten, war förmlich zu greifen, war fast hörbar. Einen Tag vor Weihnachten war das eine tolle Botschaft, die Ankündigung für ein »Frohes Weihnachtsfest« im Sinne des Wortes.

Die Stimmung wurde gelöst, alle redeten durcheinander, ihnen war ein Stein, was sag ich, ein Felsen vom Herzen gefallen. Sie konnten heute Abend in ihren Familien verkünden, meine Arbeit im bekannten Umfeld, in meiner Firma, geht am 2. Januar 2006 weiter. Es wurden neue Pläne geschmiedet. Über dringend benötigte Maschinen sprachen die Mitarbeiter mit den Investoren.

Zum ersten Mal fühlte ich mich richtig angekommen im neuen großen

Deutschland. Es war ganz selbstverständlich geworden, dass ein Mann aus dem Osten des Landes im Westen ein Problem löst. Keiner der Mitarbeiter des Unternehmens hat über die Herkunft des neuen Chefs nachgedacht, Ihnen war wichtig, dass ihre Firma wieder funktionierte, denn in den letzten Jahren hatte sie ganz offensichtlich nicht funktioniert.

An diesem Nachmittag denke ich aber auch nach über meine gebeutelte Heimat, die Industriestadt Gera. Aus dieser stolzen Stadt war innerhalb von 15 Jahren eine Stadt mit der höchsten Arbeitslosigkeit in Thüringen geworden, es gab fast keine Industrie mehr. Die Einwohnerzahl war von 135.000 Einwohner auf unter 100.000 Einwohner gesunken.

Was waren die Ursachen für diesen Niedergang? Sicher war die schnell eingeführte D-Mark 1990 der Hauptgrund für den unaufhaltsamen Abstieg, veranlasst von Machtpolitikern, denen das Wohl der Menschen völlig egal war. Hinzu kamen Heerscharen gescheiterter Existenzen aus der alten Bundesrepublik, die in der einverleibten DDR die Chance sahen ihre leeren Geldbeutel ganz kräftig zu füllen. Das nannten sie dann laut tönend selbstlose Aufbauhilfe. Die häufig mehrfach gescheiterten, verkrachten Existenzen spielten in Ostdeutschland die »alles besser Wissenden«. In vielen Fällen hatten sie keine Ahnung von dem, was sie lauthals tönten. Ihr Scheitern hatten sie natürlich mitgebracht, exportiert nach Ostdeutschland, sie hatten in kürzester Zeit ganze Landschaften deindustrialisiert und sich dabei noch die Taschen vollgeschlagen. Wie auch soll aus einem Gescheiterten, der nur seinen Standort wechselt, ein Wissender werden?

Wie segensreich wäre es für das wiedervereinigte Deutschland wohl gewesen, wenn, wie in Stopfenheim an diesem 23.12.2005, der Chef den Mitarbeitern in tausend Firmen hätten mitteilen können: Eure Firma überlebt, sie wird weitergeführt. Erfahrene Leute für solche Aufgaben gab es natürlich auch in der alten Bundesrepublik, leider kamen die nicht, oder nur ganz selten, in meine Heimat.

Der Oberst – Stammtischgespräche

Frühjahr 2006

Anfang 2006 bekam ich den Auftrag von der Sparkasse Tirschenreuth, zu versuchen, ein Metallbauunternehmen im Markt Wiesau in der Oberpfalz, als Generalbevollmächtigter zu sanieren. Das Unternehmen beschäftigte 110 Mitarbeiter und war damit ein großer Arbeitgeber in der ansonsten strukturschwachen Oberpfalz. Für Wiesau war das ein Großbetrieb. Wegen der rückläufigen Preisentwicklung im Metallbau war die Firma in große Schwierigkeiten geraden. Erzählen will ich aber nicht von der gelungenen Sanierung des Unternehmens, sondern die Geschichte vom Oberst.

Wie immer bei der Erfüllung meiner Aufträge in der bayerischen Provinz hatte ich mir ein Hotel mit Restaurant und Stammtisch gesucht. Der geneigte Leser wird sich fragen, warum ich unbedingt nach einem Stammtisch suche, wenn ich in eine andere Stadt komme. Die Antwort ist ganz einfach, denn wer in einer kleinen Stadt wissen will, was die Bürger über die Entwicklung in Ihrer Gemeinde denken, der muss am Stammtisch zuhören. Nach vier Wochen weiß er mehr über die Marotten des Bürgermeisters, über die Ursachen der Pleite des Dachdeckers und den Seitensprung des Landtagsabgeordneten, als 90 Prozent der Bürger der Stadt.

Im ersten Hotel in Wiesau hatte ich Pech, es gab keinen Stammtisch und im Zimmer roch es darüber hinaus stark nach Zigarettenqualm. Ich musste mir ein anderes Hotel suchen und wurde im »Deutschen Haus«, geführt von der Familie Forster, fündig. Dort gab es auch den für mich so wichtigen Stammtisch, und wohlgefühlt habe ich mich schon am ersten Tag.

Am Stammtisch saßen, wenn ich mich recht erinnere, der Verwaltungsleiter des Krankenhauses aus der benachbarten Stadt, der kaufmännische Leiter des letzten großen Porzellanherstellers in Weiden und der »Oberst«. Ich glaube zwar nicht, dass er auch tatsächlich den Dienstgrad Oberst bei der Bundeswehr hatte, aber das spielt für diese Geschichte auch keine Rolle.

An den vielen bayerischen Stammtischen, die ich besuchte, gab es ein fast einheitliches Eintrittsritual. Am ersten Tag speiste ich am Nachbartisch und fragte bei passender Gelegenheit, ob ich am Stammtisch Platz nehmen darf. In jedem Fall kam die freundliche Einladung, im erlauchten Kreis mein Bier weiter zu trinken. Fragen wurden in aller Regel nicht gestellt. Zum laufenden Gespräch trug ich nur mit Kopfnicken oder Zustimmungen teil und spätestens nach dem dritten Bier zog ich mich auf mein Zimmer zurück. Ein freundliches »Gute Nacht« beendete den ersten Abend auch am Stammtisch in Wiesau. Die anderen Stammtischler brachen so gegen 22:30 Uhr auch auf. Der Eintritt war erst einmal gelungen.

Am zweiten oder dritten Stammtischabend wurde ich dann gefragt, wo ich denn herkomme. An meiner Sprache hatten sie ja erkannt, dass ich aus dem Osten komme, den sie »Oschten« nannten. Man wollte nun genauer wissen was mich in ihren Ort verschlagen hatte und was ich sonst so treibe. Genau so verlief auch die Fragerunde in Wiesau. Die Fragen stellte hier der Oberst, der dann wissen wollte, ob ich denn auch in der SED gewesen wäre. Meine bejahende Antwort wurde mit der Bemerkung kommentiert, da wäre er wahrscheinlich auch eingetreten, wenn ich beruflich weiter kommen wollte.

An diesem Abend nahm die zur Zufriedenheit der Stammtischler beendete Befragung eine völlig andere Wende. Der Oberst sprach ganz unvermittelt über seinen Freund Werner, der in der SED der DDR eine hohe Funktion hatte. Er sprach über das Politbüro-Mitglied Werner Lambertz, der über viele Jahre als designierter Nachfolger von Erich Honecker galt. Es wurde ganz still in der Runde, diese Geschichte hatten sie von ihrem Oberst noch nicht gehört. Zuerst sprach er über den Hubschrauberabsturz in der Libyschen Wüste am 06.03. 1978, bei der Werner Lambertz den Tod fand. Die Tränen liefen ihm über das Gesicht, er war tief gerührt. Sein Freund Werner. Was war das für eine Verbindung zwischen einem Offizier der Bundeswehr der BRD und einem Mitglied des SED-Politbüros der DDR? Nun sprudelte es aus dem Oberst heraus: »Ja, der Werner!«

Der 1929 geboren Werner Lambertz trat wie fast alle seiner Altersgenossen in eine Jugendorganisation der NSDAP ein. Im Jahr 1941, im Alter von 12 Jahren, wurde er in die Eliteschule der NSDAP in Naumburg aufgenommen, zusammen mit unserem Oberst. Beide verstanden sich sehr gut, sie gingen gemeinsam durch dick und dünn. Die Ausbildung an diesen Schulen war äußerst hart und streng, besonders im praktischen Teil. Wie damals üblich galt die Devise »Gelobt sei was hart macht«. Die Theorie wird wohl vorwiegend aus intensiver Kopfwäsche bestanden haben. Die Freunde kamen dann im Alter von 15 bzw. 16 Jahren zu einem ersten Einsatz in die Praxis, zu einem Besuch im besetzten Jugoslawien. Sie wurden einem Erkundungstrupp zugeteilt, der aufklären sollte, warum es keinen Kontakt mehr zu einer kleinen Garnison in einem serbischen Ort gibt.

Ohne Probleme erreichten Sie die Kleinstadt, die, wie sich herausstellte, kurz vorher jugoslawische Partisanen überfallen hatten. Die Kämpfer der jugoslawischen Untergrundarmee hatten die Kleinstadt erobert und die kleine deutsche Garnison komplett liquidiert. Die deutschen Soldaten, die beim Gefecht nicht gestorben waren, hatten sie lebendig gehäutet, das heißt, die Haut im Bauchbereich aufgeschlitzt und dann nach oben gezogen. Dieses Erlebnis, diese Bilder, dürften den beiden jungen Leuten vermutlich in ihrem ganzen Leben nie wieder aus dem Kopf gekommen sein. In vielen schlaflosen Nächten sind Ihnen die furchtbaren Bilder immer wieder erschienen. Das Erlebnis hatte die Schüler der Eliteschule aber auch nachdenklich gemacht. Es gelang beiden, als junge Kader für die Zukunft Großdeutschlands, das Ende des Krieges unbeschadet zu überstehen.

Krieg wollten die beiden ganz bestimmt nicht mehr erleben. Jeder suchte nach dem Untergang des faschistischen Regimes 1945 seinen Weg in die Zukunft, wohl immer im Unterbewusstsein das furchtbare Erlebnis. Werner hatte sich für eine politische Karriere entschieden, in der er den Krieg verhindern wollte. Er stieg in der SED, der führenden Partei der DDR, bis ins Politbüro des Zentralkomitees auf und wurde am Ende sogar als designierter Nachfolger des Vorsitzenden Erich Honecker angesehen.

Wir haben dann nicht gefragt, warum der Oberst Offizier bei der Bundeswehr wurde. Diesen Abend am Stammtisch in Wiesau, dürften auch die anderen Stammtischler nicht so bald vergessen haben.

65

Sinai

März 2007

Am 10.03.2007 fuhren wir mit Landrovern von Sharks Bay, am Golf von Aquaba, über Sharm el Sheik und El Tur, am Golf von Suez, zum Serabit el Chadim, dem Ausgangspunkt unserer Wüstenwanderung im Südsinai. Empfangen werden wir vom Sohn des Scheichs der Awarma-Beduinen, der uns die Begleiter aus seinem Stamm, mit ihren Kamelen, für die weitere Reise vorstellt.

Am Ende der Straße steht eine kleine Herberge, gebaut in Erwartung des bis jetzt offensichtlich ausgebliebenen Touristenstromes. Von hier geht es auf einem neu angelegten Fußweg auf ein etwa 200 m höher liegendes Plateau, zum Serabit el-Chadim, arabisch سرابيط الخادم.

Auf halben Weg zum Hochplateau bleibt unsere holländische Reiseführerin vor seltsamen Zeichen an einer Felswand stehen. Ihre Erklärungen sind nicht besonders erhellend, ihnen entnehme ich lediglich, dass die Einritzungen in den Fels mindesten 3500 Jahre alt sind.

Erst zu Hause stelle ich bei meinen Recherchen fest, dass ich das vermutlich älteste Alphabet der Erde gesehen habe. Die scheinbar unsinnigen Einritzungen fand Flinders Petrie, der Pionier der biblischen Archäologie 1904. Er war, zusammen mit Architekten, Ägyptologen und Assistenten, auf den Spuren des biblischen Moses unterwegs. Ausgehend von den bis dahin gesicherten Erkenntnissen über den Weg des Volkes Israel beim Auszug aus Ägypten vor über 3000 Jahren startete der Pionier der biblischen Archäologie mit Kamelkarawane in Suez. Die Expedition folgte den Spuren eines uralten ägyptischen Trampelpfades in die Welt des Sinai. Der Pfad nimmt durch die Wüste Sin bis zu den Bergketten des Hochsinai den gleichen Weg wie das Volk Israel unter Moses.

Langsam zieht die Karawane in einem der Täler um eine scharfe Bergkante, das ist genau der Weg, den ich am 10.03.2007 gehe. Flinders Petrie geht an den Einritzungen, die uns die Reiseleiterin zeigte, achtlos vorbei. Oben auf dem Plateau angekommen, scheint für ihn, und auch 103 Jahre später für mich, der Zeiger der Weltuhr mit einem Male um drei, ja vier Jahrtausende zurückgeschnellt zu sein. Auf dem Hochplateau ragt ein Tempel ins Tal. Von den viereckigen Säulen an den Toreingängen starrt das Gesicht einer Göttin mit großen Kuhohren. Ein Gewirr von Stelen, dazu ein hoher Pylon scheinen wie aus dem Boden zu wachsen. Dunkle Höhleneingänge gähnen an den Hängen ringsum.

Petries Karawane verharrt wie überwältigt von dem fast gespenstischen Anblick. Mir geht es genau wie der Karawane im Jahr 1904, auch ich verharre ergriffen und staunend.

Was Flinders Petrie vor 103 Jahren nicht wusste, das weiß ich jetzt: Ich stehe vor dem Tempel der ägyptischen Göttin Hathor, der oberhalb des Serabit el-Chadim, dem altägyptischen Bergwerks- und Industriezentrum für Kupfer und Türkis, in grauer Vorzeit errichtet wurde. Die Archäologen haben herausgefunden, dass der Tempel aus der 12. Dynastie stammt, er ist fast 4000 Jahre alt. Flinders Petrie und seine Leute finden in den Skulpturen des Tempels merkwürdige Zeichen. Heute weiß

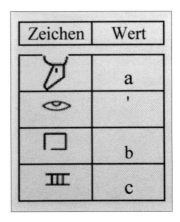

Das Alphabet der vermutlich ältesten Schrift der Erde

man, dass die Arbeiter aus Retenu (Kanaan), die von den Ägyptern in den Bergwerken beschäftigt wurden, dieses System von Linearzeichen benutzten. Diese Schrift war unabhängig von Hieroglyphen und Keilschriften.

Ich habe die nur noch schwach sichtbaren Reste der vermutlich ältesten Schrift unserer Erde gesehen. Die Schrift aus Kanaan, eine althebräische Schrift, die Schrift der Israeliten zur Zeit des Moses. Eine Vorläuferin der griechischen Schrift, die dann über Rom zu uns kam. Ganz unvorbereitet bin ich an diesem Tag an einer historisch so bedeutsamen Stelle und ich bin heute, noch viele Jahre später, immer noch tief berührt.

Nach fünf Tagen Wanderung mit unseren Beduinen und ihren Kamelen kommen wir nach el Kharm, am Fuße des Hochsinai. Vor dem Abendessen breche ich zu einer Wanderung durch ein Trockental in Richtung Norden auf. Überall sehe ich Rohrleitungen, neue Dämme und große Wasserleitungen. Bewässerte Felder sehe ich nicht. Das Rätsel löst dann unseren Reisebegleiterin auf, die mir erklärt, dass es sich um ein Projekt des World Food Programms der UN handelt. Das Programm verfolgt das Ziel, den Beduinen ein festes Einkommen zu ermöglich und sie sesshaft zu machen. Aber hier wurden vermutlich mehrere Millionen von Dollar buchstäblich in den Sand gesetzt. In el Kharm verabschieden wir uns von den Beduinen und ihren Kamelen aus dem Gebiet des Serabit el Chadim, denn hier endet ihr Hoheitsgebiet. Unsere neuen Begleiter bis zum Katharinenkloster sind die Beduinen vom Stamm der Uwara.

Am nächsten Tag beginnt die Bergwanderung in den Hochsinai. Hier lüftet sich auch das Geheimnis des schief gegangenen Bewässerungsprogramm der World Food Organisation, denn die Pumpen und Rohrleitungen haben die Beduinen in den nur zu Fuß zu erreichenden Hochtälern des Sinai für die Bewässerung von Schlafmohnfeldern eingesetzt. Ich kann die Leute verstehen. Warum sollen sie Gemüse oder Getreide anbauen, wenn sie mit dem Schlafmohn ein

Vielfaches verdienen können. Mit unseren Zahlungen an internationale Gut-menschen-Organisationen finanzieren wir den Drogenanbau und haben dann mit dessen Auswirkungen in unserem Land zu kämpfen, denn wir müssen jetzt auch noch die Kosten für unsere Drogenabhängigen bezahlen.

Drei Tage späten zelten wir auf dem Eliasplateau, das liegt auf halber Höhe des Mosesberges. Ich beschließe, am nächsten Morgen den Sonnenaufgang auf dem Mosesberg zu begrüßen. Um 5 Uhr früh steh ich auf und beginne bei leich-ter Dunkelheit den Aufstieg zum 300 m höher liegenden Gipfel. Unterwegs überhole ich viele Pilger, auch Frauen mit hohen Stöckelschuhen, die ächzend und stöhnend zum Gipfel über die sehr unterschiedlich hohen Stufen unterwegs sind. Für Viele ist das eine Art Selbstkasteiung.

Der Aufstieg zum Mosesberg ist für gläubige Christen ein ähnliches Muss wie für die Muslime die Hadsch nach Mekka. Besonders viele kommen aus den Oststaaten der USA, einem Gebiet mit besonders vielen strenggläubigen Chris-ten. Viele dieser Pilger haben eine schwarze Hautfarbe und wiegen weit über 100 kg, für sie muss der Aufstieg eine furchtbare Qual sein. Vom Eliasplateau bis zum Gipfel habe ich 25 Minuten gebraucht, einige der strenggläubigen Christen waren auf dieser Strecke bis zu zwei Stunden unterwegs.

Am Gipfel des Mosesberges beginnt gerade der Morgengottesdienst in der kleinen Kapelle, die auf den Grundmauern der 548 n. Chr. errichteten Basilika steht, als ich ankomme. Kurze Zeit später, es ist 5:50 Uhr, kommt die Sonnen-scheibe langsam hinter den Bergen auf der anderen Seite des Golfs von Aquaba hervor. Viele Pilger geraten in Ekstase, sie rufen laut nach Jesus und Moses, die Tränen stehen in ihren Augen. Sie sind einfach glücklich, sie sind auf dem Heili-gen Berg, auf dem Moses die 10 Gebote von Gott erhalten hat. Hier ist das Zentrum, die Wurzel, die Basis ihres Glaubens. Die Schmerzen in ihren Gliedern nach dem langen und beschwerlichen Aufstieg sind wie weggeblasen. Sie haben es geschafft, sie haben Ihr Pilgerziel, für viele vermutlich sogar ein wichtiges Lebensziel, erreicht. Sie sind glücklich.

An der Kapelle auf
dem Mosesberg

214

66

Im Angesicht des Dalai Lama

August 2007

Am 19.08.2007 starten wir ganz früh mit einem Kleinbus von unserem Hotel im 3.500 m hoch gelegenen Leh. Die Stadt ist der Verwaltungssitz des Distrikts Leh in der indischen Provinz Jammu und Kashmir, ganz im Norden von Indien, an der Grenze zu China. Historisch war Leh bis 1842 die Hauptstadt des Himalaja-Königreichs Ladakh. Die Stadt Leh gehört zu den höchstgelegenen ständig bewohnten Städten der Erde. Bekannt wurde die Stadt in der westlichen Welt durch den schwedischen Forschungsreisenden Sven Hedin, der 1905 auf seiner dritten großen Asienreise durch das Industal nach Tibet reiste.

Schon wenige Kilometer flussaufwärts, es ist früh 7:45 Uhr, parken wir den Kleinbus und gehen zu einer Wiese in der Indusaue, neben dem Sommersitz des buddhistischen Mönchs Tendzin Gyatsho. Herr Gyatsho ist der Welt bekannt als 14. Dalai-Lama, ein von der westlichen Welt hochverehrter Friedensfürst. An diesem Tag spricht er vor 15.000 Gläubigen. Eigens wurden als Schutz vor der unbarmherzig brennenden Sonne große Zeltplanen aufgespannt. Der Andrang war sehr groß, so dass einige Gläubige in der Sonne ausharren mussten. Auf dem großen Parkplatz habe ich Pkw aus allen indischen Bundesstaaten gesehen, aus Entfernungen von weit über 2.000 km. Die Anziehungskraft des Dalai-Lama ist ungebrochen. Der Hauptsitz des Dalai-Lama befindet sich im Dharamsala, im indischen Bundesstaat Himachal Pradesh, der südlich an den Bundesstaat Jammu und Kashmir angrenzt, zu dem Leh gehört.

Wir kommen gerade rechtzeitig, um den Einzug der Mönche des Gelbmützenordens zu erleben. Der Dalai-Lama ist Oberhaupt dieses Buddhistischen Ordens und damit nicht das Oberhaupt aller Buddhisten, wie viele Menschen bei uns glauben. Glanz und Gloria wie aus einer anderen, längst vergangenen Welt. In unserer europäischen Welt haben wir diese Symbole leider abgeschafft, wenn ich von den Auftritten der englischen Königin absehe. In den westlichen Demokratien haben wir uns ja darauf geeinigt, dass auch die Honoratioren in Politik und Wirtschaft im gleichen Habitus herumlaufen, wie der Rest der »Untertanen«. Ein bisschen Glamour kann doch aber nicht schaden, er beendet die Tristesse der sich ständig auf immer niedrigerem Niveau breitmachenden Gleichmacherei. Ich fand den Auftritt des Dalai-Lama und seines Gefolges beeindruckend, und noch viel beeindruckender muss es wohl für die wartenden Gläubigen gewesen sein.

Gläubige Buddhisten lauschen den Worten des Dalai Lama

Wir wurden ins Areal für Gäste und Europäer gebeten. Aber auch hier gab es keine Sitzgelegenheit, wie alle anderen Gläubigen saßen wir auf der Erde und harrten der Dinge, die da kommen sollten. Das Ritual erinnerte mich stark an die Zeremonien in den buddhistischen Klöstern, die Puja, wie ich sie schon oft erlebt hatte. Puja bedeutet in etwa »Verehrung« oder »Ehrerweisung«. Die Puja gehört als Ritual zu den wichtigsten Bestandteilen des buddhistischen Alltags. Hier ist sie etwa das, was für Christen die Andacht darstellt. Im Idealfall wird die Puja täglich praktiziert, besonders jedoch zu buddhistischen Festen und Feiertagen.

In einem Teil der Liturgie an diesem Vormittag sprach der Dalai-Lama zu den Gläubigen. Die Wirkung seiner Worte kann man aus den Gesichtsausdrücken der von mir fotografierten Gläubigen förmlich ablesen. In tiefer Ergriffenheit hörten Sie auf die Worte ihres geistlichen Oberhauptes. Die tiefe Gläubigkeit dieser Menschen hat mich tief beeindruckt. Ich glaube persönlich nicht, dass Buddhisten die besseren Menschen sind, ganz und gar nicht. In diesem Augenblick war ich aber der festen Überzeugung, dass echter Glauben durchaus einen Schutz für die Unbilden des täglichen Lebens darstellen kann.

Nach eineinhalb Stunden verließen wir den Ort einer fast mit Händen zu greifenden Spiritualität, denn die Puja sollte noch viele Stunden länger dauern.

Gerda Kräch

1. Juni 2007

Am Mittag des 1. Juni 2007 sind wir zu Besuch bei einer alten Bekannten in deren Wohnung in Steppach, Ortsteil Neusäß, ca. 10 km südlich von Augsburg. Gerda wohnt in einer Seniorenwohnanlage im Dorfzentrum, das vor drei Jahren neu gebaut wurde. In der gleichen Wohnanlage wohnt auch ihre Schwester.

Wir hatten Gerda und ihren Lebensgefährten Bert 1983 in Sibiu, in Rumänien, kennen gelernt. Von 1977 bis 1989 verbrachten wir insgesamt 11 Mal unseren Jahresurlaub in Rumänien und fast in jedem dieser Urlaubsjahre waren wir auch in Sibiu, einer Stadt im westlichen Teil Siebenbürgens. Die liebenswerte Stadt am Nordrand der Karpaten war zu unserer zweiten Heimat geworden, weil wir dort Menschen besuchen konnten, zu denen wir gerne kamen.

Gerda und Bert gehörten zu diesen Bekannten. Sie wohnten in einem kleinen Einfamilienhaus in einer Siedlung des ehemals wohlhabenden Bürgertums dieser Stadt, die wie ein Synonym für eine deutsche Bevölkerungsgruppe in Rumänien steht, den Siebenbürger Sachsen. 1976 hatte die 55-jährige Gerda den 11 Jahre älteren Bert Kräch kennengelernt, der damals seit drei Jahren Witwer war. Sie verstehen sich sehr gut und über einen Zeitraum von mehr als sieben Jahren treffen sie sich täglich. Die Besuche enden in einer streng puritanischen Gesellschaft jedoch spätestens um 22 Uhr.

1984 heirateten die beiden und Gerda muss das Haus nicht mehr am Abend verlassen. Das Haus und seine Einrichtung war für uns immer faszinierend, wir fühlten uns wie in einer Zeitmaschine um mindestens 50 Jahre zurück versetzt. Spannend die Geschichten, die uns Bert über seine Heimat, über sein Siebenbürgen, erzählte. In mitten einer mit reichen Ernteerträgen gesegneten Landschaft war Sibiu zu Beginn des zwanzigsten Jahrhunderts eine wohlhabende Industriestadt geworden. 1936 fuhr Bert zur Olympiade nach Berlin. Er musste feststellen, dass Deutschland ein armes Land war, gemessen an den Maßstäben von Siebenbürgen und Sibiu. Für ihn war es auf der einen Seite eine Art Entzauberung des ach so mächtigen Deutschland, auf der anderen Seite ein unbändiger Stolz auf seine prosperierende Heimat.

Wir verbrachten viele Nachmittage und Abende bei der Familie Kräch. Eine schöne Zeit im Armenhaus des Diktators Nicolae Ceaușescu. 1989, im Jahr des Beginns der großen Umbrüche in unserem kleinen Europa, sind die beiden nach

Gerda Kräch mit Carmen

Deutschland ausgesiedelt. Sie verbringen noch 10 glückliche Jahre in Augsburg, Bert stirbt am 01.06.1999. In den Wirren der Nachwendezeit haben wir sie leider nur ein Mal in ihrer schönen Wohnung in Augsburg besucht. Immer wieder haben wir uns geärgert, dass wir nicht zu einem Besuch nach Augsburg gefahren sind. Nun soll es aber endlich klappen mit dem lang ersehnten Wiedersehen.

An diesem 1. Juni 2007 vergeht im Gespräch mit Gerda die Zeit wie im Flug. Es sind viele Stunden vergangen, als Gerda mit dem Erzählen der Geschichte ihres Lebens fertig war. Ein Geschichte, die die furchtbaren Schrecken in der Mitte des 20. Jahrhunderts beeindruckend dokumentiert. Hier nun die Geschichte von Gerda:

Sie wurde in Sibiu geboren, in Hermannstadt, wie die Siebenbürger Sachsen ihre Hauptstadt nannten, und wuchs in gutbürgerlichen Verhältnissen auf. Der Vater war Fabrikant, der ganz erfolgreich Geldschränke herstellte und in ganz Europa verkaufte. Die Familie Schlezak hatte zwei Häuser in Sibiu, eine wohlhabende Familie. Anfang der 40er Jahre verlobt sich die am 24.06.1921 geboren Gerda mit einem Schulfreund aus der Nachbarschaft. Der Verlobte, ihre erste große Liebe, meldet sich bei der deutschen Waffen-SS und fällt kurze später im Krieg.

Von Anfang 1943 bis August 1944 arbeitet Gerda in der deutschen Botschaft in Bukarest. Deutschland war damals mit Rumänien verbündet, mehrere rumänische Armeen kämpfen an der Seite der Deutschen Wehrmacht in der Sowjetunion. Sie lernt Stenografie, weil sie viele Diktate aufnehmen muss, die dann verschlüsselt nach Berlin gesendet werden. Das Jahr in Bukarest, besonders die Ausflüge zum nördlich der Hauptstadt gelegenen Snagovsee, war in der Nachbetrachtung eines der schönsten Jahre in ihrem Leben.

In Bukarest lernt sie einen jungen Hamburger kennen, der im Rang eines Leutnants an der Botschaft arbeitet. Die beiden verloben sich. Infolge des Vorrückens der sowjetischen Armeen und der sich abzeichnenden deutschen Niederlage kündigt der rumänische Diktator Antonescu im August 1944 den Vertrag mit Deutschland. Die Rumänen schließen einen Pakt mit der Sowjetunion. Die Südflanke der deutschen Armeen wird von einem Tag auf den anderen zu Feindesland. Die Sonderstelle der Botschaft, die Militärverbindungsmission, wird geschlossen. Gerda schlägt sich zu ihren Eltern nach Sibiu durch, der Verlobte kommt unbeschadet nach Deutschland.

Kurze Zeit später besetzt die sowjetische Armee ganz Rumänien. Der Rüstungsindustrie in der Sowjetunion, die für den Sieg über Hitler-Deutschland weiter auf Hochtouren produzieren muss, fehlen zunehmend die Arbeitskräfte, denn die sind alle an der Front. Zur Aufrechterhaltung des wichtigen Industriezweiges verlangt die Sowjetunion, gleichsam als Wiedergutmachung für die Teilnahme der Rumänen auf der Seite der Deutschen am Krieg, von der rumänischen Regierung die Bereitstellung von 100.000 Arbeitskräften. Die Rumänen müssen dieser Verpflichtung nachkommen, sie stellen die geforderten Arbeitskräfte bereit. Die rumänische Regierung tut sich bei der Entscheidung aber nicht besonders schwer, denn sie schickt keine rumänischen Landsleute in die Sowjetunion, sondern nur Deutsche aus Siebenbürgen und dem Banat. In Nacht- und Nebelaktionen werden von rumänischen Polizeieinheiten deutsche Dörfer und Städte umstellt und junge arbeitsfähige Deutsche, Frauen und Männer, von der Straße »wegfangen«, aus den Häusern geholt und in die Sowjetunion geschickt.

Gerda wird zusammen mit zwei Schwestern und einem Bruder abtransportiert. Schon auf der langen Bahnfahrt in die Sowjetunion sterben viele Menschen an Hunger und Krankheiten. Eine Schwester wird wegen eines Hüftschadens und der daraus resultierenden geringen Leistungsfähigkeit nach eineinhalb Jahren wieder nach Hause geschickt.

Die jungen Frauen verrichten schwerste Arbeiten in einer Stahlgießerei in der Ostukraine. Sie müssen große Stahlgussteile mit schweren Presslufthämmern säubern. Die Stahlteile und der Presslufthammer haben ein viel zu großes Gewicht für die kleine Frau, eine Knochenarbeit. Gearbeitet wird bei Kälte und Hitze, unter unmenschlichen Bedingungen. Jede Krankheit führt wegen der schlechten Verpflegung, der miserabler medizinischer Betreuung und der katastrophalen Hygienebedingungen fast unweigerlich zum Tod.

Die Russen, so erzählt sie uns, waren auch nicht besser dran, denn sie bekamen die gleiche, schlechte Verpflegung. Häufig mussten die jungen Frauen feststellen, dass die russischen Arbeiter noch wesentlich weniger Erfahrung für die von ihnen verlangten Arbeiten hatten als sie selbst. Fünf Jahre lebt Gerda unter unmenschlichen Bedingungen in einer Arbeitshölle irgendwo in der Ostukraine, im Industriegebiet Donbass. Dann wird sie in die Heimat entlassen.

Der Vater war in der Zwischenzeit an Gram verstorben, alle seine Kinder waren zur Sklavenarbeit weit weg in einem unbekannten Land. Nur einmal im Jahr durfte er einen Brief in das Arbeitslager schicken. Per Brief hätte Gerda die Nachricht vom Tod ihres Vaters vermutlich wesentlich später erhalten, so erfährt sie es am Tag ihrer Heimkehr. Die Familie Schlezak hatte großes Glück, denn alle Kinder kamen aus der Sowjetunion wieder zurück.

Gerda hätte sich damals auch nach Westdeutschland entlassen lassen können, aber sie zog es in ihre Heimat Sibiu. Auf unsere Frage, warum sie denn nicht zu ihrem Verlobten nach Hamburg wollte, sagte sie, sie sah durch die Sklavenarbeit so elend und ausgemergelt aus, dass sie ihm so nicht vor die Augen treten wollte.

Es muss ein schwerer Schlag für Gerda gewesen sein, als ihr Verlobter viele Jahre später in einem Brief schrieb, dass er es bedauert, dass sie nicht geheiratet hat. Der Verlobte hatte im Brief mit keinem Wort erwähnt, dass er selbst schon lange verheiratet war. Gerda hatte wegen dem Gelöbnis am Verlobungstag immer auf ein Wiedersehen und ganz fern auch auf die ersehnte Heirat gehofft. Sie war ihrem Verlobten 30 Jahre treu geblieben, eine Selbstverständlichkeit in der Welt ihrer Erziehung.

Ein furchtbares Jahrhundert, dieses 20. Jahrhundert, dieses unendliche Leid für die vielen unschuldigen Menschen. Neben den Schlachtfeldern waren für mich die Lager auf allen Seiten der Fronten die schlimmsten Auswüchse des Niedergangs der Menschlichkeit in dieser Zeit. Das Schicksal von Gerda hat mich tief bewegt.

Gelesen hatte ich schon mehrfach über das Lagerleben. Eindringlich die Beschreibung von Fjodor Michailowitsch Dostojewskis »Aufzeichnungen aus einem Totenhaus«, in einer bewegenden, einer eindringlichen Sprache. Dostojewski schildert darin präzise und authentisch, aus eigenem Erleben, das Leben in einem sibirischen Gefängnislager (Gulag) während der Zeit seiner Verbannung von 1849 bis 1853.

Ein Monumentalwerk, eine unglaublich reiche Sprache. Die detaillierten Darstellungen der Charaktere in der Gefängnishierarchie hatten mich beim ersten Lesen ganz nachhaltig beeindruckt. An diesem 1. Juni 2007 hörte ich zum ersten Mal, wie eine Gefangene aus eigenem Erleben über ein Arbeitslager berichtet. Die Schilderung war eindrucksvoller, als es die beste Literatur je vermag.

Für das Aufschreiben von Erlebnissen, aus dem gleichen Hintergrund wie Gerda, hat die deutsch-rumänische Schriftstellerin Herta Müller 2009 den Nobelpreis für Literatur erhalten. Herta Müller skizziert die Geschichte des Leopold Auberg von seiner Verhaftung im Januar 1945 bis zu seiner Ankunft zu Hause 1950. Abgesehen von den handelnden Personen beschreibt Herta Müller in ihrem preisgekrönten Buch »Atemschaukel« die gleiche Geschichte, die uns Gerda erzählt.

Unvergleichlich schlechter die Sprache der Herta Müller, die damit weit hinter Dostojewski und noch viel weiter hinter der Schilderung von Gerda zurück bleibt.

Herta Müller hat die Geschichte auch nicht selbst erlebt, sie ist ja erst 1953 im Banat geboren, gar nicht weit weg von Sibiu.

68

Horst Pohl

1. März 2008

Der ehemalige Oberbürgermeister von Gera feiert heute seinen 85. Geburtstag. Nach der offiziellen Ehrung durch seine ehemaligen Weggefährten beglückwünsche ich ihn zu seinem Ehrentag. Horst Pohl war von 1966 bis 1980 mein oberster Chef. Ein Mann, den ich als Chef anerkannte, obwohl er nie mein direkter Vorgesetzter war. Nach ihm hat es nie wieder einen Vorgesetzten gegeben, den ich auch ehrlichen Herzens als Chef anerkannte, vor dem ich Hochachtung hatte. Er war die Respektsperson meines Berufslebens.

Über einen Zeitraum von 25 Jahren, vom 22. November 1962 bis zum 15. März 1988, lenkte er die Geschicke der Stadt Gera, die in dieser Zeit einen unglaublichen Aufschwung nahm. Die Bevölkerung wuchs in seiner Amtszeit von etwas unter 100.000 auf fast 135.000 Einwohner. Die neuen Einwohner fanden in den großen Neubaugebieten Lusan und Bieblach-Ost Platz. Zu seinem 85. Geburtstag war die Bevölkerung wieder auf 100.000 Einwohner geschrumpft, ein beispielloser Niedergang einer noch vor wenigen Jahren boomenden Stadt. Sein Lebenswerk löste sich faktisch in Luft auf. Gera wurde ein unbedeutendes Provinznest, fast ohne Industrie. Größter Arbeitgeber ist jetzt das Krankenhaus und danach kommt schon die Stadtverwaltung.

An diesem, seinem Ehrentag, hat mich der »Ober«, wie wir ihn in seiner aktiven Zeit respektvoll nannten, wieder einmal überrascht. In der Vergangenheit war ihm das mehrfach gelungen, aber heute war ich verblüfft. Dieter, fragte er mich, gehst Du immer noch am Donnerstagabend zum Fußballtraining? Es dauerte mindestens zwei Augenblicke, ehe ich den Hintergrund seiner Frage verstand. Dann fiel mir ein, dass er an eine Geschichte aus dem Jahre 1967 oder 1968, also vor 40 Jahren, dachte.

Es muss kurz vor einer Kommunalwahl gewesen sein, der Oberbürgermeister ging fast täglich zu Wahlversammlungen in die Wohnbezirksausschüsse der Stadt. Vor kritischem Publikum referierte er dort zu Fragen der Kommunalpolitik und musste sich regelmäßig kritischer Fragen zum fehlenden Wohnraum und zu Schäden an Straßen und Gehwegen stellen. In aller Regel ging er gut vorbereitet zu diesen Sitzungen mit recht zahlreichem Publikum. Regelmäßig wurde ich gebeten daran teilzunehmen, wenn er wusste, dass kritische Fragen zu Straßen und Gehwegen kommen würden.

Am Morgen eines Donnerstags erhielt ich den Anruf seiner Sekretärin, mit der Aufforderung heute Abend zur Wohnbezirksausschusssitzung in einen Vorort der Stadt zu kommen. Ich bat die Sekretärin, ihrem Chef auszurichten, dass ich heute Abend nicht zu der Sitzung kommen kann. Auf die Frage nach dem »Warum?« meiner Absage, zitierte ich den Spruch des damaligen Staatsratsvorsitzenden der DDR, des Genossen Walter Ulbricht. Der hatte einige Wochen vorher in einer Rede verkündet: »Jeder Mann an jedem Ort, einmal in der Woche Sport!« Und heute, so erklärte ich der perplexen Sekretärin, sei eben mein Sporttag beim Fußballverein BSG Elektronik Gera.

An direkte Folgen meiner doch etwas unüberlegten Antwort kann mich nicht erinnern. Vermutlich schrieb er mir den Ausrutscher wegen meiner Jugend, ich war ja erst 25 Jahre alt, nicht zu kritisch an. Ein Jahr später kam der OB mit leichtem Kopfschütteln, aber auch etwas schmunzelnd, auf die Sache zurück. Es muss ihn damals schon bewegt haben, denn 40 Jahre später erinnerte er sich immer noch daran – für mich völlig unerwartet.

Teilansicht des Geraer Stadtzentrums aus den 1980er Jahren

Solu Khumbu

Oktober 2008

Wieder einmal bin ich in der Wandergegend meiner Kindheitsträume, im Gebiet am Mount Everest, unterwegs. Ausgehend von den schlechten Erfahrungen früherer Wanderungen mit Trekkinggruppen, habe ich mich diesmal einer Bergsteigergruppe angeschlossen, die im altenglischen Expeditionsstil unterwegs ist. Zu sehr hatten mich die Trekkinggruppen genervt, in denen ich zu 80 Prozent mit Leute unterwegs war, die unvorbereitet, unerfahren und ohne ausreichende Kondition auf die hohen Bergen dieser Erde wollten. Das war frustrierend gewesen.

Die Bergsteigergruppe besteht, mit Ausnahme von mir, aus erfahrenen Westalpengehern. Die Frauen und Männer kommen aus Oberbayern, Österreich und der Schweiz. Alle haben Erfahrungen im Biwakieren in großen Höhen und im Gehen auf Gletschern. Bei dieser Truppe fand ich tolle Kameradschaft, ohne Vorbehalte, so hatte ich es mir ja auch gewünscht.Im Auftrag der Universität Salzburg nehmen wir an einem Test teil, bei dem die Sauerstoffsättigung im Blut gemessen wird. Im Auftrag der Tourismus-Industrie wollen die Wissenschaftler herausbekommen, ob man die Höhenkrankheit schon im Flachland erkennen kann.

Tatsächlich stellen wir fest, dass es den Mitgliedern der Gruppe, bei denen die Sauerstoffsättigung sehr tief sinkt, wirklich nicht gut geht. Besonders schlimm hatte es Edith mit nur noch 61 Prozent erwischt. Bei mir lag der Wert nie unter 80 Prozent. Da lag ich als Ältester über dem Durchschnitt der Gruppe. Eine Garantie für Erfolg bei der Besteigung von Sechstausendern war mein guter Wert allerdings nicht, wie sich später herausstellte. Beim Aufstieg auf den über 6.000 m hohen Island Peak kamen bei mir die typischen Beschwerden der Höhenkrankheit bei ca. 5.800 m und das trotz der guten Sauerstoffwerte. Ich kehrte ohne Gipfelerfolg um. Nach dem Abstieg hatte ich noch mehrere Tage mit allgemeinem Unwohlsein und völlig ungewohnter körperlicher Schwäche zu kämpfen. Vielleicht ist es auch nur ein Erkältung? Ich schlafe bis Mitternacht gut, dann liege ich wach, weil ich durch die Nase keine Luft bekomme. Früh habe ich einen leichten Reizhusten. Wegen der Höhenkrankheitsgefahr steige ich von der Übernachtungshöhe auf 5.200 m in das 1.000 m tiefer liegende Dingboche ab. Über mir die Lhotse-Südwand, eine gigantische Kulisse, meine Traumlandschaft.

Über meinem Kopf
der Mount Everest

Franz, ein Westalpenmann, ist erst gar nicht zum Biwak auf 5.200 m aufge-
stiegen, er hat sehr starke Kopfschmerzen. Es geht ihm wie zwei weiteren Mitgliedern unserer Gruppe. War meine Umkehrentscheidung richtig?. War es eine
leichte Erkältung, die mich in den letzten Tagen immer wieder schwach werden
ließ? Für mich waren die plötzlichen Leistungsabfälle völlig unerklärlich. Gemessen an den besonderen Bedingungen in diesen Höhen waren die enormen
Leistungsschwankungen aber gar nicht so ungewöhnlich. Beginnende Höhenkrankheit kann es natürlich auch gewesen sein. Am Chimborazo in Ecuador
hatte ich bei einem Bergkamerad die Höhenkrankheit in Form eines schweren
Hirnödems erlebt. Soweit wollte ich es nicht kommen lassen. Auf dem Rückweg
nach Namche Basar muss ich mich doch sehr quälen. Besonders bei Anstiegen,
und da gibt es viele, muss ich immer wieder längere Pausen einlegen.

In Höhen über 5.000 m ist eine leichte Erkältung eben keine leichte Erkrankung, sondern eine lebensgefährliche Erkrankung. Gut, dass mein Kopf im richtigen Moment einfach den Stopp-Befehl gab. Das hat er richtig gemacht! Der
tagelange Rückweg wird für mich eine große Qual, eine schlimme Herausforderung. Nur dank der Hilfe meiner Kameraden komme ich unbeschadet am Flugplatz in Luckla an.

Zum traditionellen Abschiedsfest von der Begleitmannschaft werden Ausrüs-
tungsgegenstände an die Träger und Küchenhelfer verlost. Der unterwürfige
Dank eines Trägers tut mir in der Seele weh, das Bild werde ich noch lange in
mir tragen. Der Vorgang ist für mich wie eine Art Verletzung der Menschen-
rechte, obwohl der Begriff in diesem Land noch unbekannt sein dürfte. Unser
Personal muss nun noch zwei Tage durch die Schluchten des Imja Khola zu
ihren Familien zurück laufen.

Für die in Höhen um 2.000 m lebenden Träger sind die Anstrengungen in
den Höhen unserer Wanderung viel zu groß. Ihre Lebenserwartungen dürften
nur bei 45 bis 50 Jahren liegen.

70

Fogo – Cabo Verde

März 2008

Am 28.03. landen wir mit einer Fähre, von der Insel Brava kommend, auf der Vulkaninsel Fogo. Schon bei der Anreise sehe ich den 2.829 m hohen Bilderbuch-vulkan Pico de Fogo, einen fast ebenmäßigen Kegel, bei der Annäherung aus dem Meer aufsteigen und immer größer werden. Ein grandioses Bild. Gemessen vom Boden des in diesem Bereich 5.300 m tiefen Atlantiks, sehen wir die Spitze eines der höchsten Berge der Erde (8.129 m). Das Fährschiff, ein alter Seelenver-käufer, den die Reederei vor ein paar Monaten aus Griechenland gekauft hatte, geht vier Wochen später vor der Insel Santiago unter. Gott sei Dank konnten alle Passagiere gerettet werden. Die Inseln Brava und Fogo gehören zur Republik Cabo Verde (Grünes Kap), einer Inselgruppe im Atlantik. Bis nach Senegal in Afrika sind es 460 km und zum Äquator ist es nicht mehr weit.

Am nächsten Tag wollen wir zu einer Exkursion auf den Pico de Fogo aufbre-chen. Ganz früh fahren wir mit zwei Kleinbussen in die Caldera des Vulkans, in den Ort Cha das Caldeiras, auf 1.700 m Höhe. Die große Caldera sieht aus wie ein riesiges Amphitheater in einer verwunschenen Welt. Gleich nach der An-kunft brechen wir zu einer Wanderung am Fuße des Pico de Fogo (Gipfel des Feuers) auf. Über große Schuttkegel aus alten Ausbrüchen des Vulkans führt unser Weg durch Weinberge inmitten dunkler Vulkanschlacke. An einer Stelle stecken wir etwas Papier und Holz in eine vielleicht 20 cm tiefe Spalte, die im Nu anbrennen.

Der Vulkan ist immer noch aktiv, auch wenn er keine Asche spukt und keine Rauchsäulen aufsteigen. Der letzte Ausbruch des Vulkans ist ja auch erst 13 Jahre her. 1995 mussten die Bewohner der beiden Dörfer in der Caldera wegen dem Ausbruch des Vulkans ihre Heimat verlassen, über die Hälfte der Caldera wurde damals vom Ausfluss der Magma bedeckt. Die Häuser blieben aber weit-gehend verschont und die Bewohner kamen wieder zurück.

Am Morgen des 30.03. brechen wir ganz früh zur Bergtour auf den Gipfel auf. Über kahle Schlackenhalden geht es ziemlich steil aufwärts. Die Tour wird recht anstrengend und am Ende erreichen nur vier Gruppenmitglieder den Gip-fel. Die Aussicht von hier oben ist gigantisch, ja einmalig. Unter mir die Insel, die ich bis auf die Südseite, die vom ziemlich hohen Südrand der Caldera ver-deckt wird, komplett sehen kann. Jedes Haus, ja jeden Baum und Strauch auf der Insel kann ich von hier oben sehen. Auf der Nordseite des Gipfels, direkt unter uns, die kleine Caldera vom Ausbruch 1995, die ist sehr steil und kann nicht begangen werden. Vom Gipfel kann man ganz schnell auf einer Aschehalde ins Tal fahren. Die gleichförmige, grobe Asche funktioniert wie ein Gleitbrett. Es genügen einige Schritt Anlauf und ich gleite in der Asche nach unten, mit immer neuen Anlauf fahre ich immer schneller die Halde hinunter. Auf die Letzten der Gruppe muss ich über eine halbe Stunde warten, denn die Abfahrmethode ist sehr kräftezehrend. Unten angekommen sind wir alle schwarz wie die Neger.

In der Privatunterkunft angekommen, müssen wir uns erst einmal waschen. Es gibt hier eine Badewanne, aber keinen Wasserhahn. Den Wasserhahn ersetzt das abgeschnittene Unterteil einer Kunststoffflasche, mit dem Wasser aus einem Fass geschöpft und über Kopf und Körper entleert wird. Die Annehmlichkeiten des modernen Tourismus hatten wir hier oben auch nicht erwartet. Anschließend gehen wir in das Restaurant von Ramiro. Über vier Stunden singen wir mit den musizierenden Freunden von Ramiro Lieder aus ihrer Heimat und unserer Heimat. Ein wunderschöner Tag in der großen Caldera des Pico de Fogo geht zu Ende.

Fast bin ich ein bisschen neidisch auf das friedliche Leben der Menschen im kleinen Dorf am Fuße des schlafenden Riesen, der mehr als 1.000 m über ihnen thront. Acht Jahre später, am 23.11.2014, 10 Uhr, erwacht der Riese aus seinem Schlaf. An den ersten Tagen kriecht die Lava täglich 300 m nach unten, erst am 08.02.2015 endet der Ausbruch. Die Lavamassen haben die große Caldera gefüllt, die Häuser der beiden Dörfer sind fast vollständig verschwunden. Auch das erst Mitte 2014 fertig gestellte Touristenzentrum kann nicht mehr genutzt werden. Die 800 Bewohner müssen ihre Heimat verlassen, eine Rückkehr erscheint, im Gegensatz zu 1995, ausgeschlossen.

Der Vulkan Pico de Fogo
auf der Insel Fogo

71

Zugspitze

9. September 2008

Im Wetterbericht hatten sie für die nächsten beiden Tage schönes Wetter in den Nordalpen vorausgesagt. Da gab es kein Halten mehr. Kurz entschlossen orderte ich eine Unterkunft und fahre mit Carmen noch am Abend nach Oberbayern. Am nächsten Morgen will ich zur Wanderung auf Deutschlands höchsten Berg, die Zugspitze, aufbrechen. Schon dreimal war ich bei dem Versuch gescheitert, die Zugspitze zu Fuß zu erreichen.

Am 29.09.2001 war ich mit Sohn Frank vom Olympiastadion in Garmisch-Partenkirchen bis zur Knorrhütte gewandert. Nach sechs Stunden erreichen wir um 15 Uhr die Hütte. Gegen 16 Uhr entwickeln sich dunkle Wolken im Tal, die schnell nach oben steigen. Kurze Zeit später liegt die Berglandschaft in dichtem Nebel, ein typischer Wetterumschwung im Gebirge.

Am nächsten Tag wollten wir weiter zum Gipfel. Wir starten kurz nach 8 Uhr bei Nieselregen, der steile Aufstieg von der Knorrhütte zum Platt wird kräftezehrend. Schnee, starker Nebel, Nieselregen machten den Weg über das Zugspitzplatt zu einer Suchwanderung von Markierungsstange zu Markierungsstange. Ab Sonnalpin verwandelte sich der nasse Schnee in Eis, der Aufstieg zum 380 m höher liegenden Gipfel war da nicht mehr möglich. Traurig mussten wir unser Vorhaben abbrechen.

Im August vorigen Jahres hatte ich es bei herrlichem Sonnenschein allein versucht. Diesmal startete ich an der Bergstation der Zugspitzbahn in Ehrwald (Österreich). Mit von der Partie sind Carmen, Birgit und Olaf, die sich am ersten Berggrat, dem Feldernjöchel, verabschieden und wieder nach unten gehen. Bei herrlichem Sonnenschein komme ich problemlos bis zum »Gatterl«, der Grenze zwischen Deutschland und Österreich. Danach kommen kleine Schneefelder, die den Wanderweg fast unpassierbar machen. Nur unter größter Vorsicht kann ich diese Gefahrenstellen umgehen. Zügig gehe ich bis zur Knorrhütte. 100 m oberhalb der Hütte setze ich mich zu einer Brotzeit aus dem Rucksack auf einen großen Stein.

Aus der Knorrhütte kommt eine Gruppe von ca. 10 Männern im Alter von 35 bis 45 Jahren. Sie gehen langsam auf dem Serpentinenweg des Steilhanges nach oben. Die Gruppe ist schon fast auf dem Zugspitzplatt, als ich die Vorräte wieder im Rucksack verstaue und meine Wanderung fortsetze. Am Ende des

Das Zugspitzmassiv über Ehrwald

Steilhanges, den ich recht zügig hinaufgehe, sehe ich die Gruppe wieder. Die Männer sind recht langsam unterwegs, vermutlich gibt es bei ihnen sehr große Leistungsunterschiede, und beim Bergwandern bestimmt nun einmal der Langsamste die Geschwindigkeit.

Die angenehmen Temperaturen hatten die Gruppe und auch mich animiert, die Wanderung anzutreten. Wir hatten nicht berücksichtigt, dass es vor ein paar Tagen in den Alpen stark geschneit hatte und die Folgen zeigen sich heute auf dem Zugspitzplatt. Mitten im Sommermonat August haben wir mit einer Schneehöhe von fast einem Meter zu kämpfen. Der Schnee ist stark verharscht. Teilweise trägt mich die Harschkruste, teilweise breche ich bis über die Knie ein. Nach 10 Minuten habe ich die Gruppe erreicht und auch recht schnell überholt. Eine mörderische Wanderung, es wird immer kräftezehrender. Für die zum größten Teil ungeübten Männer der Gruppe wird ihr heutiger Ausflug zur Tortur. Kurz nach 15 Uhr erreiche ich die Seilbahnstation »Sonnalpin« und beschließe, die Tour zur Zugspitze abzubrechen. Zu viel Kraft habe ich mit dem ständigen Einbrechen in die Schneedecke schon verbraucht und auf dem Steilanstieg zum Gipfel wird es bestimmt noch viel schwieriger.

Die nächste Seilbahn zum Gipfel fährt erst 15:40 Uhr. Beim Blick aus der fahrenden Bahn stelle ich dann fest, dass die von mir überholte Wandergruppe noch lange nicht am Ziel ist. Bis zum Sonnalpin brauchen die Männer bestimmt noch eine knappe Stunde. Das dürfte bei schwindenden Kräften vielleicht noch optimistisch kalkuliert sein. Bei der nächsten Hochgebirgstour werden sich die Männer auf jeden Fall besser über die aktuelle Wetterlage informieren, und die Mehrzahl wird sich wohl endgültig nicht mehr an solchen Ausflügen beteiligen. Ein Hochgebirge ist eben nicht zu unterschätzen.

Den dritten Anlauf wollte ich am 09.07.2008, also vor acht Wochen, an der Talstation in Ehrwald starten. Ausgehend von den Lehren des Vorjahres hatte ich den Versuch aber gar nicht erst begonnen. Die Zugspitzbahn in Ehrwald hatte wegen Regen und Nebel den Betrieb gar nicht aufgenommen und auf der Zugspitze schneite es bei Minus 6 °C ohne Unterbrechung. Nun war ich schon drei Mal gescheitert. Ganz gegen die alte Regel, die ja in Aussicht stellt, dass der dritte Versuch gelingen sollte.

Heute war alles anders, das Wetter hielt, und ich kam bei herrlichem Sonnenschein ganz zügig über das Feldernjöchel, das Gatterl, die Knorrhütte und das fast schneefreie Zugspitzplatt zum Sonnalpin. Zum ersten Mal, beim nunmehr vierten Versuch, konnte ich die Seilbahnstation links liegen lassen und über den schneefreien Steilanstieg zum Gipfel gelangen. Der Steilanstieg war recht schweißtreibend, denn immer wieder rutschte ich im Geröll etwas zurück. Im Bereich der Felsen ging es dann recht zügig an den Seilsicherungen bis zum Gipfelplateau. Insgesamt hatte ich die Strecke, einschließlich Pausen, in viereinhalb Stunden geschafft.

Auf den Gipfel neben dem befestigten Plateau bin ich dann zum Foto-Nachweis auch noch geklettert. Am Gipfelkreuz waren viele Menschen, außer mir hatte aber vermutlicher keiner den Weg von unten bis hierher zu Fuß gemacht. Bei einem bayrischen Hefeweizen, mit herrlichem Blick auf die umliegenden Berge feiere ich meinen Gipfelsieg gebührend.

Am Gipfelkreuz der Zugspitze

72

Bad Tölz

11. Februar 2009

Anfang Februar 2009 erreicht mich ein Anruf mit der Frage, ob ich etwas von der Führung von Sportvereinen verstehen würde, denn es gibt da einen Eishockeyverein in Oberbayern, der dringend Rat und Hilfe benötigt. Etwas mulmig wurde es mir dann, als ich den Namen Tölzer Eissport GmbH hörte. Eishockey in Deutschland war für mich seit 50 Jahren verbunden mit dem EC Bad Tölz, einem der deutschen Traditionsclubs. Aber Bange machen gibt es in meinem Beruf nicht. Zu oft schon war ich in Unternehmen gekommen und musste dort sofort Verantwortung übernehmen.

Die Tölzer waren seit einigen Jahren – wie viele Profivereine in Deutschland – in einer GmbH organisiert. Anfang 2009 waren sie Spitzenreiter in der 2. Bundesliga. Die Beratungsfirma, für die ich schon viele Jahr tätig war, hatte im Auftrag von einem Förderer des Eishockeys in Bad Tölz ein Sanierungskonzept erarbeitet. Die darin festgestellte Lücke zwischen den erwarteten Einnahmen und den Ausgaben war recht groß. In der ersten Pressekonferenz wurde eine Summe von 465.000 Euro genannt, die für die Fortführung des Unternehmens dringend benötigt würde.

Es blieben mir nur wenige Stunden für das Einlesen in das Sanierungskonzept und dann begann meine Arbeit in der Geschäftsstelle der Tölzer Eissport GmbH, die abgekürzt TEG genannt wurde. Ich fand eine auf Erfahrung und viel Routine basierende Organisation vor, die in der langen Eishockey-Saison wöchentlich ein Heimspiel und ein Auswärtsspiel des Teams der 2. Bundesliga organisierte. Parallel dazu lief der Trainingsbetrieb mit der für eine Profiliga üblichen Intensität in der Hacker-Pschorr-Arena, dem neuen Eishockeystadion in Bad Tölz. Hier gab es ständig zu tun, über Monate nur wenige Pausen. Die Playoff-Spiele, verbunden mit höheren Zuschauereinnahmen, standen kurz vor dem Start und daran wollten sich auch die Tölzer beteiligen.

Die 2002 gegründete Spielbetriebsgesellschaft fiel schon 2003 in Insolvenz, kurz darauf erfolgte der Neustart mit 68 Bürgern aus Bad Tölz und Umgebung als Gesellschafter. Alle Bemühungen um einen großen Werbepartner, der bereit war, die finanzielle Lücke zu schließen, schlugen fehl. Beim Grübeln über Lösungsansätze viel mir ein, dass die 68 Gesellschafter noch niemand zu ihrem Rettungsbeitrag gefragt hatte, obwohl die Pflicht zur Rettung des Unternehmens ja wohl in erster Linie bei Ihnen liegt. Die Gesellschafter, die ich kennenlernte, hatten die ganze Sache mit den Geschäftsanteilen an der GmbH immer nur als eine symbolische Geste der Verbundenheit mit dem Eishockey in ihrer Heimatstadt gesehen, aber nie in Verbindung mit Verpflichtungen aus dem Gesellschaftsrecht gebracht.

Kurz entschlossen lud ich die 68 Gesellschafter zu einer ordentlichen Gesellschafterversammlung auf der Grundlage des GmbH-Rechts, für den 11.02. 2009, 18:30 Uhr, in einen Nebenraum der Hacker-Pschorr-Arena ein. Ich hatte das Ziel, die Damen und Herren für einen Rettungsbeitrag in Höhe von mindestens 100.000 Euro zu gewinnen. Nach dem Eingang der Summe wollte ich dann noch einmal mit den Großsponsoren über die Erhöhung ihres Engagements sprechen. Der Wille der Eigentümer, der Bürger von Bad Tölz und Umgebung, zur Rettung des Eishockey in ihrer Stadt, war für mich eine fundamentale Voraussetzung für alle weiteren Schritte. Seit der Neustrukturierung der TEG 2003 war dies die erste Versammlung der Gesellschafter.

Am 11. Februar kamen dann, für mich doch überraschend, 42 der 68 Gesellschafter, darunter der Landrat, der Bürgermeister von Bad Tölz und zwei seiner Stellvertreter. Das politische und wirtschaftliche Establishment von Bad Tölz war versammelt und gemäß der Einladung wurde darüber abgestimmt, ob ich die Sitzung leiten sollte. 100 Prozent der Anwesenden gaben ihr »Ja«, und ich musste die sehr kontroverse Diskussion in den nächsten 2½ Stunden lenken und steuern. Im Protokoll stand dazu: Herr Müller von Neuhof Consult wird einstimmig zum Leiter der Versammlung ernannt.

Dieter Müller
TEG-Sanierer

»Tölzer Kurier« vom 13.02.2009

In meiner Anmoderation stellte ich fest, Bad Tölz ohne Eishockey wäre wie München ohne den FC Bayern. Ich berichtete über die bisher erfolglos verlaufenen Bemühungen bei den Großsponsoren für weitere finanzielle Unterstützungen und warb für meine Idee, den Beitrag der Gesellschafter als Initialzündung für die weiteren Gespräche.

In der nun beginnende Diskussion gab es durchweg Zustimmung für meine Idee. Eine ungemein lebendige Diskussion, hier wurde nicht verklausuliert gesprochen, sondern Klartext geredet. Ich fand das großartig. Einstimmig wurde von den Gesellschaftern beschlossen, meiner Idee zu folgen und ihre angeschlagene GmbH zu unterstützen. Beschlossen wurde weiter, dass das Ergebnis der Versammlung nur von mir mit den wartenden Journalisten kommuniziert wurde. Erstmals war es damit gelungen, die Öffentlichkeit nur mit einer Stimme zu informieren.

Innerhalb weniger Tage sind dann auch 141.425 Euro auf dem Treuhandkonto eines Anwalts eingegangen, ein nicht erwarteter Erfolg. Zur nächsten, außerordentlichen, Gesellschafterversammlung am 19.02.2009 konnte ich über dieses großartige Ergebnis berichten. Berichten musste ich allerdings auch, dass die Initialzündung nicht zu den erwarteten Beiträgen der Großsponsoren geführt hatte. Die eingegangene Summe reichte für die Rettung nicht, der Geschäftsführer der TEG hat zwei Tage später beim zuständigen Amtsgericht das Insolvenzverfahren beantragt.

Seit der Saison 2009/2010 spielt Bad Tölz in der Oberliga.

73

Demokratie – Wie weiter in Deutschland?

Was würde Kleisthenes heute sagen, wenn er unsere Form von Demokratie kennen lernen würde und bewerten sollte? Vermutlich würde er schreiend davon laufen und verbieten, ihn mit der von ihm kreierten Staatsform »Demokratie« in Verbindung zu bringen. So hatte er sich das bestimmt nicht gedacht.

Es geht mir hier aber nicht um die wissenschaftliche Definitionen des Demokratiebegriffes, um die sich bedeutende und unbedeutende Köpfe verdient gemacht haben und verdient machen wollen. Die sollen das auch weiter tun und dicke Bücher schreiben. Mir geht es um die Praxis unserer Demokratie, über die ich mir in den letzten Wochen und Monaten Gedanken und Sorgen mache.

Demokratie heißt ja, übersetzt aus dem Griechischen, »Volksherrschaft«. Aber herrscht bei uns das Volk? Wir haben in Deutschland eine Form der Demokratie, die gravierend abweicht von den Vorstellungen des Kleisthenes, wir bezeichnen sie als »repräsentative Demokratie«. Im Gegensatz zu den alten Griechen wählen wir eine Partei, die uns in einem schwammigen Wahlprogramm unrealistische Ziele vorgaukelt. Die von uns gewählte Partei sendet dann die zumeist völlig unbekannten Kandidaten ihrer Liste ins Parlament.

In dem Gemeinwesen, das wir in Deutschland Demokratie nennen, wird für die Übernahme eines Amtes nicht der geringste Sachverstand vorausgesetzt. Da wird eine junge Frau zur Familienministerin berufen, nur, so die Vermutung, weil die Postenverteilung nach Regeln, die dem gemeinen Wahlvolk vorenthalten werden, erfolgen muss. Vielleicht gab es in der Region, aus der man unbedingt einen Ministerposten in Berlin besetzen musste, auch keinen anderen Bewerber. Vermutlich ist sich die junge Frau der abstrusen Funktionszuordnung bewusst und beschließt deshalb ein Kind zu bekommen. In

Kleisthenes von Athen, der Vater der attischen Demokratie

233

ihrer neuen Eigenschaft als Mutter kann Sie nun endlich auch mitreden in Sachen Familie.

Wir, das gemeine Volk, haben mit dem Wahlakt alle unsere Rechte in die Hände von Menschen gegeben, die in der Mehrheit für ihre neue Aufgabe nicht qualifiziert sind. Das Streben nach Macht, einer ganz offensichtlich furchtbaren Droge, schaltet bei den Protagonisten alle Warnlampen ihrer zweifellos vorhandenen Vernunft und ihres Verstandes aus. Damit beginnt das Dilemma unserer repräsentativen Demokratie. Die Listenleute der Parteien stimmen dann über Vorgänge ab, von denen sie nicht die geringste Ahnung haben. Das ist aber gar nicht schlimm, denn der Vorturner ihrer Partei sagt Ihnen ja bei Probeabstimmungen in den Fraktionen, wann sie die Hand zu heben haben.

Demokratie halte ich für die ganz zweifellos vernünftigste Form der Lenkung eines Staates, aber müssen wir die Regeln nicht grundlegend ändern? Es müsste doch selbstverständlich sein, dass Bereiche der Staatslenkung, zu denen Fachkompetenz gehört, auch von Fachleuten besetzt werden.

Das scheint schwierig zu sein, denn so richtig funktioniert diese Art der Demokratie auch nur in wenigen Ländern unserer Erde. Wichtigste Voraussetzung für deren Funktionieren dürfte ein gewisser Wohlstand aller Bürger eines Landes sein. Deutlich wurde mir dies bei einer Reportage, die zu Anfang der 90er Jahre des vorigen Jahrhunderts im ZDF ausgestrahlt wurde. Der Reporter eines deutschen Fernsehsenders besuchte das Donaudelta in Rumänien. Im Gespräch mit einem älteren Bauer lobte er die neu gewonnene Freiheit nach dem Sturz des Diktators Ceaușescu und die nun in Rumänien einkehrende Demokratie in den höchsten Tönen. Der Bauer wiegte bedenklich seinen Kopf und entgegnete: »Wissen Sie mein Herr, Demokratie ist doch nur etwas für die Reichen«. Die so verblüffende, wie scharfsinnige Definition von Demokratie, brachte den kleinen Besserwisser aus einer anderen Welt in Verlegenheit. Der schlecht vorbereitete junge Mann aus deutschen Landen, sozialisiert in der westlichen Welt, wusste keine Antwort, noch schlimmer, er hatte die Feststellung des Bauern aus dem Donaudelta gar nicht begriffen.

Der Bauer war klüger als die vielen Demokratie-Prediger in unserem Land, denn er hatte festgestellt, dass unser Demokratiemodell nur mit unseren vollen Bäuchen funktioniert. Unsere eigene Geschichte beweist die Richtigkeit dieser Beobachtung. Was maßen wir uns an? Warum glauben wir, dass unsere Form des Umgangs miteinander die für alle Menschen dieser Erde die allein richtige Form sein soll? Der Reporter war ratlos und suchte nach anderen berichtenswerten Dingen aus der Heimat des Bauern, dessen Diktator die eigenen Weggefährten vor kurzer Zeit standrechtlich erschießen ließen. Die Auftraggeber des undemokratischen Femegerichtes in Rumänien hatte der Westen dann sofort als die neuen Demokraten Rumäniens anerkannt.

Eine Begebenheit, die gleichfalls unser Verständnis von Demokratie in den Grundfesten erschüttern sollte, ereignete sich im November 2012 in Ägypten.

Der naseweise Reporter eines deutschen Fernsehsenders fragte in Kairo einen hohen Funktionär der Muslimbrüder, die bei der letzten Parlamentswahl in Ägypten die Mehrheit gewonnen hatten, nach den Chancen des im Westen so hochgelobten Friedensnobelpreisträgers El Baradei, eines ägyptischen Staatsbürgers. Die Antwort war kurz und wir sollten sie uns merken: »Der El Baradei kommt doch aus dem Westen (er hat lange in den USA und in Österreich gelebt), wer hört schon auf den«!

Wenn ich meine Gedanken zum Demokratieverständnis fortsetze, denke ich an das zarte Pflänzchen Demokratie in der Weimarer Republik, das von den leeren Bäuchen infolge der Weltwirtschaftskrise zum Ende der 20er Jahre des vorigen Jahrhunderts im Sinne des Wortes zertreten wurde. Die Umkehrung der Situation von vor 90 Jahren erleben wir jetzt mit den vollen Bäuchen in unserem Land, die zu einem schlimmen Phänomen führt, dem Desinteresse der Bürger an der Staatsform Demokratie.

Die Wahlbeteiligung sinkt unter 50 Prozent und in manchen Städten und Gemeinden unter 40 Prozent. Demos – das Volk meiner Stadt – ging 2014 nur noch mit 43,6 Prozent zur Wahl. Die Partei mit dem höchsten Zuspruch erhielt 31,6 Prozent der Stimmen, sie wurde demnach gerade mal von 13 Prozent der Bürger gewählt. Haben wir unter diesen Bedingungen tatsächlich noch Demokratie, oder lassen unsere vollen Bäuche das Agieren machtbesessener Menschen, die sich Politiker nennen, einfach nur zu? Die Bürger in unserem Land sind mit vielen Entwicklungen der Politik unzufrieden, aber der volle Bauch hindert sie an der Umsetzung revolutionären Gedankengutes. Es wird etwas gegrummelt, aber für richtig gefährlich halten die Politiker die wenigen Querulanten noch lange nicht. Es wird also weiter gewurschtelt.

Ein höchst umstrittener, ehemaliger Politiker und Banker hatte vor Jahren ein Buch geschrieben, in dem es, wenn ich mich richtig erinnere, um Deutschland ging. »Deutschland schafft sich ab« so hat er das Buch genannt. Gelesen habe ich es nicht. Warum sollte ich ein Buch lesen, in dem Hypothesen über die zukünftige Entwicklung meines Heimatlandes aufgestellt werden. Deutschland muss sich nicht abschaffen, es hat sich de facto schon abgeschafft, zumindest hat es einige Etappen auf dem Weg des Abschaffens schon hinter sich gebracht.

Immer wieder wird uns eingetrichtert und gebetsmühlenartig vorgetragen, dass die einzige Basis unseres Staatswesens und des Fortschritts der Menschheit die Demokratie sei. Diese Herrschaftsform hat nun gerade das Volk erfunden, das die Demokratie seit einigen Jahrzehnten zur Selbstbedienung von Parteikadern und ihren Unterstützern pervertiert hat. Die moderne Demokratie in der Heimat des Kleisthenes, eine einzige Katastrophe. Wer kontrolliert denn die Demokraten, wenn es das Volk, wie in Griechenland, nicht mehr tut. Wer kontrolliert die Demokraten in Deutschland?

In der griechischen Demokratie hätten sich die gewählten Vertreter dem

Scherbengericht stellen müssen, und das war nicht immer sehr zartfühlend. In Deutschland kommt das Scherbengericht erst zur nächsten Wahl, was noch Jahre dauern kann. Bis dahin sind die Fehler schon lange vergessen, die vollen Bäuche reagieren eben gelassen.

Kann unsere repräsentative Demokratie tatsächlich noch demokratisch sein? Zweifel sind angebracht. Im alten Griechenland waren die gewählten Vertreter allen (männlichen) Bürgern bekannt und Beschlüsse wurden, wie wir heute sagen, basisdemokratisch gefasst. Formen dieser Urdemokratie von vor über zweitausend Jahren würde ich mir wünschen.

Damals wurde ein Bürger aus der Versammlung beauftragt, den Streit mit dem Nachbarstadtstaat zu schlichten. Der Mann war bekannt. Er war geschätzt wegen seiner Klugheit und Redekunst, man schenkte im Vertrauen. Es bekam nur der einen Auftrag, der über den erforderlichen Sachverstand und das erforderliche Wissen verfügte.

Heute genügt die wohlklingende Rede – eine Gabe, die zunehmend ausschlaggebend für den »unaufhaltsamen Aufstieg« in der Partei- und Staatshierarchie wird. Inhalte sind nicht wichtig, es genügt die austauschbare, schleimige Verpackung der Worte, die dann eine »Große Rede« genannt wird. Die große, nichtssagende, Rede des ehemaligen Bundespräsidenten Roman Herzog im Jahr 1997, die in der grandiosen Feststellung gipfelte: »Durch Deutschland muss ein Ruck gehen. Wir müssen Abschied nehmen von liebgewordenen Besitzständen.«, dürfte geradezu ein Schulbeispiel für den Unterricht im Fach Politologie oder besser Phraseologie sein. Was denn sonst?, könnte man ketzerisch fragen. Mächtig, gewaltig, was so ein Präsident von sich gibt.

In meiner Heimatstadt war vor drei Jahren Oberbürgermeisterwahl. Ein alle sechs Jahre wiederkehrendes Ritual, könnte man meinen und die Sache abhaken. Bei genauer Betrachtung unter der Prüflupe »Demokratie« tun sich aber Abgründe auf, die vor über 2000 Jahren nicht vorstellbar waren. Die Posse beginnt schon bei der Aufstellung der Kandidaten. Da meldet sich ein junger Mann mit zarten 32 Jahren, er tut das, was er schon immer nach dem Abgang von der Schule gemacht hat, er studiert. Der junge Mann glaubt nun, dass das Aufnehmen verschiedener Wissensfragmente, aus vermutlich mehreren begonnenen und nicht abgeschlossenen Studienfächern, eine ausreichende Befähigung für das Amt des Oberbürgermeisters sei. Wäre er doch nur rechtzeitig in eine größere Partei eingetreten, hätte gescheit parliert, dann hätte er es zum Minister bringen können. Aber er bemüht sich doch nur um das Amt eines Oberbürgermeisters in einer mittleren Stadt, da dürfte das in vielen Studienjahren angehäufte Wissen ja mit Sicherheit ausreichen.

Was ist das für eine Demokratie, in der es ohne jede Befähigung möglich wird, sich für alle öffentlichen Ämter und Posten zu bewerben, und diese am Ende mit etwas Glück auch zu bekommen? Warum gibt es keine Mindestzugangsvoraussetzungen für ein Amt? Bei den Griechen war man erst mit 30 Jahren stimmberechtigt und ein Amt konnte nur bekommen, der bekannt war und kleinere Aufgaben schon erfolgreich erledigt hatte.

Es gibt mehrere hundert Handwerks- und Akademische Berufe in Deutschland, in den man nur tätig werden darf, wenn man die Prüfung mit Erfolg abgeschlossen hat. Für die Steuerung einer ganzen Stadt, für die Zukunft von 95.000 Bürgern und 1.000 städtischen Angestellten kann man in der wohl so nicht funktionierenden Demokratie ohne jede dazu passende Qualifikation agieren, wenn man vom polizeilichen Führungszeugnis absieht. Wer hat diese Lücke zugelassen? Oder ist es ein Schachzug der großen Parteien, die die Regeln so gestalteten, dass jeder Unbedarfte, wenn er nur den Parteioberen nach dem Munde redet, auch in alle möglichen Ämter gehoben werden kann. Wie sollen die fleißigen Parteisoldaten denn auch belohnt werden, wenn sie sonst nichts vorzuweisen haben? Die alten Griechen hätten in ihrem Demokratieverständnis diesen Unfug nicht geduldet.

Im Geraer Wahlkampf stellt sich auch eine Frau mittleren Alters dem Wählervotum. Die Granden einer größeren Partei haben sie so lange gedrängt, für das Amt zu kandidieren, bis Sie am Ende die Kandidatur annahm. Bislang hatte sie sehr erfolgreich ein Finanzamt geleitet und sich nur am Rande mit der Kommunalpolitik beschäftigt. Ihr Wissen über diese Dinge hatte Sie aus der Tageszeitung bezogen. Im Wahlkampf glänzt sie in den Diskussionsrunden der Kandidaten mit nichtssagendem Phrasen. Einfach grausam! Nun wird sie gewählt und begreift vermutlich nach vier Wochen, an welch komplexe und komplizierte Aufgabe sie sich gewagt hat. Nun ist es zu spät, für sie und die Bürger der Stadt. Sie wird in Ihrer Unerfahrenheit drei Jahre benötigen um das Zusammenspiel mit dem Stadtrat und die Funktionsmechanismen der Verwaltung zu begreifen. In dieser Zeit wird aus Angst vor Fehlern nichts passieren oder es werden gravierende Fehler gemacht. Vermutlich wird beides passieren zum Nachteil für die Entwicklung in der Stadt.

Diesen Unfug verkauft man uns täglich als Demokratie. Nein und nochmals nein, so kann ich mir eine funktionierende Demokratie einfach nicht vorstellen. In der Wirtschaft wäre doch derart hahnbüchener Unfug auch nicht möglich, und irgendwie scheint unsere Wirtschaft, gemessen an den weltweiten Erfolgen, doch zu funktionieren. Da beschleicht mich der leise Verdacht, dass gerade die Wirtschaft an derart unerfahrenen und damit leicht zu beeinflussenden Politikern ein großes Interesse haben muss.

74

Existenzgründer

Oktober 2013

Eine tolle Idee, die Auslobung des »Thüringer Gründerpreises« durch die drei Thüringer Industrie- und Handelskammern, die Thüringer Handwerkskammern und das Wirtschaftsministerium des Freistaates. Wie auch soll der Wohlstand in unserem Land erhalten werden und möglichst weiter wachsen, wenn nicht neue Arbeitsplätze geschaffen werden. Grundlage sind tragfähige Geschäftsideen und mutige Existenzgründer.

In Vorbereitung auf die Vergabe des Gründerpreises 2013 wurde ich gebeten, für die Beurteilung von Businessplänen der Existenzgründer im Bereich Bau, Bauplanung und Verkehr als Juror tätig zu werden. Die Idee der Gründung eines hoch spezialisierten Bauunternehmens wurde von mir überdurchschnittlich gut bewertet. Der Co-Juror und die Kammern sahen das ähnlich, und so wurde einer der von mir zu beurteilenden Kandidaten mit dem 1. Preis in Höhe von 10.000 Euro in der Kategorie 1 »Businesspläne für Existenzgründungen« ausgezeichnet. Seine Platzierung erfuhr ich natürlich erst am Tag der Preisverleihung, die in Jena stattfand.

In einem feierlichen Rahmen wurde die Ehrung förmlich zelebriert, es sollte für die Ausgezeichneten zu einer bleibenden Erinnerung werden. Nun hatte ich erwartet, dass die Ehrung gestandene und erfolgreiche Unternehmerinnen und Unternehmer übernehmen, mit einer Art Vorbildwirkung für die Geehrten. Da hatte ich mich aber geirrt, denn das gesamte Programm, beginnend von der Eröffnungsrede bis zu den Ehrungen, übernahm ein Staatssekretär aus dem Wirtschaftsministerium in Erfurt. Der Mann muss vorher ein Schauspielstudium absolviert haben und ist dann rechtzeitig in die Politik gegangen, weil er erkannte, dass das Geschwätz im politischen Apparat viel mehr für den eigenen Geldbeutel bringt als die Schauspielerei.

Ich empfand es schockierend, dass die mit Witz und Charme vorgetragenen Lobeshymnen auf die Selbständigkeit, die in vielen Fällen mit unsicheren Einnahmen und geringen Renten am Ende eines Arbeitslebens verbunden sind, von einem Gehaltsempfänger kamen, dem an jedem Monatsende einen fünfstelligen Betrag auf das Konto überwiesen wird, ohne dass er sich darüber Gedanken machen muss.

Alle Laudatoren waren gut dotierte Mitarbeiter aus den Thüringer Kammern, Politiker und angestellte Geschäftsführer. Die Damen und Herren priesen das hohe Gut unternehmerischen Denkens und sprachen über die Bedeutung des Unternehmertums für das Gemeinwesen, ohne jemals selbst als Unternehmer tätig gewesen zu sein. Natürlich wussten die Redner wem sie den Wohlstand in unserem Land zu verdanken haben, das war keine Heuchelei. Die rechtschaffenen Existenzgründer müssen sich wie Exoten vorgekommen sein, in einer Veranstaltung, die ausnahmslos von Gehaltsempfängern und Schönrednern dominiert wurde.

Wir nähern uns in Deutschland immer mehr den 1990 über Bord geworfenen kommunistischen Idealen, in dem angeblich alles Tun dem Wohle der Arbeiterklasse diente. In der neuen Ordnung richten sich alle Bemühungen auf das Wohlergehen einer überbordenden Verwaltung auf allen Ebenen. Einem System, in dem jeder kleine Sachbearbeiter der Verwaltung am Monatsende mehr auf dem Konto hat, als die durchschnittlichen Selbstständigen, die als Milchkühe weiter gemolken werden, denen die Verwaltung mit den ins unendliche vermehrenden Vorschriften immer mehr das Leben schwer macht. Eine verdrehte Welt.

75

Rostow am Don

September 2014

Zusammen mit dem Präsidenten des Sportvereins TSV Gera-Zwötzen, Herrn Josef Wex, wurde ich 2011 vom damaligen Oberbürgermeister der Stadt Gera, Herrn Dr. Vornehm, gebeten, am Stadtfest in Rostow teilzunehmen. Zu dieser Zeit war ich Vorsitzender des 1. SV Gera. Zu den traditionellen Laufveranstaltungen des Verein hatten wir immer Sportler aus Rostow am Don eingeladen.

Im September 2011 nahmen wir am Stadtfest in Rostow am Don teil. Gleich am ersten Tag übergab im Park der Freundschaft der Stadt Rostow die Partnerstadt Le Mans (Frankreich) in einem feierlichen Rahmen ein Kunstwerk. Ganz spontan fassten wir den Entschluss, den für unsere Stadt vorbereiteten Sockel mit einem Kunstwerk aus Gera zu besetzen. Von der Idee im September 2011 bis zur Übergabe im September 2014 war es dann für Josef und mich ein langer und beschwerlicher Weg.

Zuerst schalteten wir in der OTZ, unserer Tageszeitung, mehrere Aufrufe an die Geraer Bürger, mit der Bitte, Vorschläge für ein Kunstwerk in der Partnerstadt zu unterbreiten. Leider kam kein einziger Vorschlag. Am 31.12.2011, zum Geraer Silvesterlauf, spreche ich mit dem Oberbürgermeister, der alle Unterstützung zusagt, wenn es kein Geld kostet.

Unseren nächsten Versuch starteten wir dann über den Kulturbereiches der Stadtverwaltung. Vereinbart wird ein Termin mit den Kunstvereinen der Stadt am 07.05.2012. Es kommen zwei Herren des Vereins Kunstschule e.V., sie wollten uns bis zum 02.07.2012 einen Vorschlag unterbreiten. Leider wieder ein Fehlschlag, denn wir bekommen keinen Vorschlag.

Ganz spontan fällt mir Frau Grafe ein, die aus Keramik Stadtansichten von Gera herstellt. Wir vereinbaren ein Gespräch mit ihr. Frau Grafe sagt ihre Mitwirkung zu und unterbreitet im März 2013 einen Gestaltungsvorschlag. Wir bitten Sie, uns ein Muster zu entwerfen. Schon am 31.03.2013 wird es präsentiert. Nun kommen die Bedenkenträger, die da feststellen, dass die Keramik den Witterungsunbilden nicht standhält. Der Geraer Steinmetzmeister Lars Müller hat eine Idee, er schlägt eine Vollplastik aus Granit vor. Bei der Nennung des Preises, mindestens 6.000 Euro in einer kleinen Ausführung, war der Vorschlag schnell vom Tisch.

Wir entscheiden uns für die Keramik, für die Frau Grafe einen Kostenvoranschlag unterbreitet. Für die Holzumrahmung, in die wir die Keramik zum Schutz vor Witterungsunbilden einfassen wollen, findet Herr Wex einen Fachmann im Sportverein, der für ein geringes Honorar die Arbeit übernimmt. In mehreren Gesprächsrunden wurde dann stundenlang über die endgültige Gestaltung gerungen und gestritten.

Die Oberbürgermeisterin, Frau Dr. Hahn, beauftragt uns am 28.05.2014, die Keramik im Auftrag der Stadtverwaltung Gera in Rostow am Don zum Stadtfest zu übergeben. Am 29.08. kommt der Tischler mit dem Rahmen, den ich am nächsten Tag dem Klempnermeister für die Montage eines Kupferdaches übergebe. Am 03.09. hole ich den Rahmen mit Kupferdach ab, am 09.09. befestige ich, gemeinsam mit Frau Grafe, die Keramik mit Edelstahlnägeln im Rahmen.

Wie kommt das Kunstwerk nun unbeschadet nach Rostow am Don? Für einen ordentlichen Transport mit einer Spezialfirma ist es zu spät. Die Turkish Airline wird von mir um Beförderung in der Kabine gebeten. Die Mitarbeiter stimmen zu, der Chef verbietet es. Das Kunstwerk muss ich nun als Gepäck vor dem Abflug aufgeben. Zum Schutz vor Beschädigung wird es im Druckhaus Gera mit Schaumstoff und viel Folie verpackt. Am Morgen des 19.09. landeten wir in Rostow am Don. Leider konnte Josef Wex wegen einer Erkrankung nicht mitfliegen, seinen Platz nahm Frau Riese ein, die über viele Jahre bei der Stadtverwaltung Gera verantwortliche Sachbearbeiterin für die Partnerstädte war. Am Abend, zum großen Empfang aller Partnerstädte, halte ich folgende Rede:

»дорогие друзья (Liebe Freunde),
sehr geehrter Herr Oberbürgermeister Tschernischew,
liebe Freunde der Rostower Partnerstädte, liebe Rostower,
im Auftrage unserer Oberbürgermeisterin, Frau Dr. Hahn, gratuliere ich Ihnen ganz herzlich zum 265. Geburtstag der Stadt Rostow am Don.
Frau Dr. Hahn lässt sich entschuldigen, sie ist heute in unserer Partnerstadt Arnheim in Holland. An der Brücke von Arnheim gab es heute vor 70 Jahren einen wichtigen Wendepunkt an der Westfront im zweiten Weltkrieg.
Meine Lebensgeschichte ist seit 71 Jahren mit dem Gebiet um Rostow am Don verbunden, denn im Jahre 1943 starb mein Vater in der Nähe von Krasni Lutsch. In diesem Gebiet fanden 1943 verlustreiche Kämpfe statt. Es war mein größter Wunsch gewesen, einmal in die Gegend zu kommen, wo mein Vater in dem von Deutschland begonnenen Krieg gestorben ist. 1979, vor 35 Jahren, war es dann soweit, gemeinsam mit meinen Söhnen konnte ich mir ein Bild von der Landschaft machen und besuchte auch ihre Stadt.
Mein größter Wunsch war und ist es, dass es nie wieder einen solch schrecklichen Krieg in dieser Gegend gibt. Ich bitte deshalb die Bürger von Rostow am Don und Herrn Oberbürgermeister Tschernischew, alles zu tun, was in ihren Kräften steht, dass bald wieder Frieden in Donezk und Lugansk herrscht.«

Am 21.09. wurde das Kunstwerk im Park der Freundschaft übergeben. Empfangen wird die kleine Geraer Delegation mit Brot und Salz, gemäß einer uralten russischen Tradition. Den Empfang säumen bestimmt an die 2.000 Bürger aus unserer Partnerstadt. Es ist einfach überwältigend. Vor einer vollbesetzten Freilichtbühne spreche ich zu den Besuchern aus Rostow am Don. Die Übersetzung übernimmt eine Lehrerin der Neulandschule in Gera, die zur gleichen Zeit mit einer Klasse in Rostow am Don weilt, und sie macht das richtig gut. Anschließend enthülle ich mit dem Oberbürgermeister das Kunstwerk unserer Stadt. Dem russische Fernsehsender »Rossia 1« gebe ich ein Interview.

Übergabe der Keramik im Park der Freundschaft

Und noch einmal 2. Weltkrieg

1944–1948

An einem sonnigen Nachmittag im März 2015 unternahm ich mit meiner Frau einen Ausflug in die Tälerdörfer, einer Kette malerisch gelegener Dörfer im Tal der Roda. Auf dem Spaziergang durch Ottendorf sah ich ganz zufällig einen älteren Herrn, der sichtbar zufrieden aus einem Fenster seines Hauses schaute. Wir kommen ins Gespräch. Er erzählte mir über sein Leben, und dazu gehörte auch ein Bericht aus der Zeit als Soldat im 2. Weltkrieg. Ich war fasziniert, das Gespräch ging mir tagelang nicht aus dem Kopf.

Mit diesem Mann musst du noch einmal sprechen dachte ich mir und suchte nach seiner Telefonnummer, den Namen hatte ich mir ja gemerkt. Ich vereinbarte einen Gesprächstermin. Am 25.04. und am 28.05.2015 sprach ich dann jeweils zweieinhalb Stunden mit einem 89-jährigen Mann, der ohne Stocken über längst vergangene Zeiten berichtete. Auf das Gespräch hatte er sich gut vorbereitet, denn einige Seiten Aufzeichnungen lagen vor ihm. Für mich war sofort klar, seine Aufzeichnungen und die Gespräche sollten Bestandteil meiner Episoden werden, die ich ja mit dem Bericht über den Tod meines Vaters im 2. Weltkrieg begonnen hatte.

Conrad Fritzsche hatte mehr Glück gehabt als mein Vater. Darüber möchte ich berichten und damit nochmals über die ganze Sinnlosigkeit von Krieg und den Auswirkungen auf die beteiligten und unbeteiligten Menschen.

Conrad Fritzsche wurde am 12.10.1925 in Ottendorf geboren. Er hätte im Mutterleib gesessen und musste deshalb mit einer Zange geholt werden. Die Zangen-Narbe kann man noch heute sehen. Die sitzende Haltung im Mutterleib, so sagt er, und zwinkert dabei mit den Augen, wäre auch die Ursache für seinen Buchhalter-Beruf, denn im Büro müsse man ja immer sitzen.

Nach der Grundschule in Ottendorf erlernt er im Sägewerk Franz Prager, im nahen Tröbnitz, den Beruf des Industriekaufmanns. Anschließend muss er zum damals obligatorischen Reichsarbeitsdienst. Im April 1943 wird er zur Wehrmacht eingezogen.

Nach der Grundausbildung kommt er nach Clermont-Ferrand in Mittelfrankreich. Im Dezember 1943 erfolgt die Verlegung seiner Einheit in die Sowjetunion. Vier Tage nach der Ankunft in Odessa wurde seine Einheit mit einem Flugzeug vom Typ JU 52 auf die Krim geflogen. Sie landen in Simferopol, im

Zentrum der Krim. Von Simferopol ging es dann in Eilmärschen an die Front bei Kertsch im Osten der Krim.

Hier begann die neue Front, entstanden durch die Landung sowjetischer Einheiten ab 01.11.1943 bei Eltigen. Die Höhe 333/3 bei Bulganak wechselte ständig den Besitzer. Einmal deutsch, einmal sowjetisch. Im Tagebuch des Oberkommandos der Wehrmacht wird die Höhe 333/3 als Mithridateshügel bezeichnet. Im Stellungskampf um die Höhe gerieten sie in einen schwerer Schneesturm. Viele seiner Kameraden sind beim Erstürmen der Höhe gefallen. Bei einem Sturmangriff seiner aus 10 Soldaten bestehenden Gruppe gerieten sie in eine Minensperre, fünf Kameraden starben vor und neben ihm.

Vier Wochen später, im April 1944 gibt es Alarm, Die Einheit wird mit einem Güterzug in den Norden der Halbinsel Krim, zur Landenge von Perekop, gefahren. Das Gelände war unendlich weit und flach. Sie schafften gerade noch das Eingraben in einer flachen Mulde, da begann am 10.04.1944 der Angriff der Roten Armee, die mit einer riesigen Übermacht antrat.

Den Angriff der sowjetischen Armee schildert Conrad Fritzsche so: »Der ganz Horizont war voller Fahrzeuge und Panzer, die mit hoher Geschwindigkeit auf unsere Stellungen zu fuhren. Flüchtende Pferde galoppierten vor den Fahrzeugen. Ein einziges Inferno. Mit einem Mal war die gegnerische Armee da.«

Viele seiner Kameraden wurden von Panzern überfahren, ein schreckliches Bild, überall Schmerzensschreie. Fliehen war nicht möglich, denn die Fahrzeuge der Gegner waren viel schneller. Von einem kleinen sowjetischen Fahrzeug, besetzt mit Schützen, wurde er gerufen mit »iti suta!« (komm her!). Er hob die Hände und ging auf das Auto zu, da gab es wieder ein Durcheinander. Das Fahrzeug fuhr in eine andere Richtung davon, die gegnerischen Soldaten haben nicht auf ihn geschossen. Sie hätten schießen können, sie taten es nicht. Er rannte weg! Er war wieder einmal dem Tod knapp entronnen.

Es gelang ihm nach Sewastopol zu gelangen. Er fand die Reste seiner Einheit, die am 09.05.1944 unter ständigem Beschuss Stellungen zur Verteidigung von Sewastopol bezog. 5 Uhr bekam er den Befehl vom Leutnant, hügelaufwärts zu gehen, um die Lage zu erkunden. Er hatte gerade den Laufgraben verlassen, als er instinktiv spürte, wie auf ihn geschossen wurde. Schnell warf er sich in ein Granatloch. Er musste aber weiter, weil die flache Mulde keine ausreichende Deckung bot. In der Nähe gab es aber keine Deckung. Vorsichtig spähte er nach einem Fluchtweg, da spürte er einen Schlag in der linken Schulterseite. Es brannte furchtbar, aus Mund und Nase floss Blut. Nun ist es vorbei, war sein erster Gedanke. Ich lebe noch, war der zweite Gedanke. Mit letzter Kraft raffte er sich auf und rannte so schnell wie noch möglich den Berg hinunter. Dort fand er auch gleich einen Rot-Kreuz Verbandspunkt. Der Geschosskanal zwischen der linken Schulter und dem Hals, war 20 cm lang, 4 cm breit und 3 cm tief. Nur wenige Millimeter Abweichung wären vermutlich tödlich gewesen.

Im Verbandspunkt muss er zwangsläufig die Versorgung der gerade angekommenen Verwundeten beobachten. Ein Sanitäter oder Arzt ist damit beschäftigt, zersplitterte oder zu stark verletzte Arme und Beine mit einer Säge abzuschneiden, die er dann scheinbar achtlos in eine Ecke wirft. Ein grauenhaftes Bild.

Mitte Mai wird er mit anderen Verwundeten mit dem Schiff von Sewastopol nach Constanza (Rumänien) transportiert. Von Constanza geht es mit der Reichsbahn über Wien und Prag ins oberschlesische Oppeln. Hier wird er im Lazarett von Nonnen gesund gepflegt. Im September 1944 ist Conrad Fritzsche wieder hergestellt, er bekommt Heimaturlaub. In Ottendorf hilft er bei der Ernte und feiert am 12.10.1944 seinen 19. Geburtstag. Nach dem Urlaub muss er sich in Donaueschingen wieder zum Dienst melden, anschließend geht es nach Frankreich.

Am 24.12.1944 gerät die Einheit Zeiher, zu der Conrad Fritzsche jetzt gehört, in der Gemeinde Bennweiher bei Colmar (Frankreich) unter schwerem Beschuss der amerikanischen Armee. Das Dorf brennt, die Kirche sieht er noch heute wie eine riesige Fackel. In der Nacht wurde er von einer einstürzenden Mauer verschüttet. Ein Kamerad gräbt in aus, er ist nicht verwundet. Conrad Fritzsche schläft nach den langen schlaflosen Nächten erschöpft ein, geweckt wird er von einem amerikanischen Soldat mit vorgehaltenem Gewehr. Er gerät in amerikanische Gefangenschaft.

Von den amerikanischen Soldaten werden ihnen alle Wertgegenstände abgenommen. Wegen eines Bildes seiner Eltern, das er später, nach dem Abgabebefehl aus der Tasche zieht, wird er von einem Amerikaner fast totgeschlagen. Es kommt zu Selektierungen und Scheinerschießungen, eine Art der Vergeltung der amerikanischen Soldaten, die den Krieg gewonnen hatten.

Im Januar 1945 übergeben die Amerikaner die Gefangenen an die Franzosen. Sie werden mit dem Zug ins Zentrum von Frankreich gefahren. Es ist Winter, es ist eisig kalt. In jedem Waggon sind 60 Soldaten, in den zwei Tagen Zugfahrt erhalten sie weder Essen noch Trinken. Den Durst kann Conrad nur mit dem Ablecken von Raureif stillen. Nach der Ankunft im Lager gibt es wieder etwas zu essen. Es ist wie im KZ, seine Kameraden werden immer schwächer. Wenn er heute Bilder ausgezehrter Menschen von der Befreiung Buchenwalds im Fernsehen sieht, dann sieht er sich selbst in diesem Frühjahr 1945. Beim Morgenappell fallen Männer vor Schwäche um, sie sind tot. Häufig werden sie von den Franzosen noch geschlagen, ehe die feststellen, dass sie Tote schlagen. Der Krieg gebiert auch derart furchtbare Rache.

Im März kommt er mit anderen Gefangenen in ein Schweigelager bei Fugerol. Schweigelager sind illegale Lager der Franzosen, die man dem Internationalen Roten Kreuz nicht gemeldet hatte. Es gab somit auch keinerlei Kontrolle über den Umgang mit den Gefangenen. Die Gefangenen wurden bis zum Kriegsende für das Aufmunitionieren von Bombern auf dem Flugplatz Straßburg eingesetzt. Sie müssen die Bomben zum Flugzeug transportieren und an den Trag-

flächen einhängen. Im Mai 1945 kommen sie nach Besançon. Zusammen mit einem Kamerad wird er an einen Bauer vermittelt, der die beiden wie Tiere hält.

In den Monaten bei diesem Bauer bauen sie ihm ein Wohnhaus und einen großen Stall. Nach Auseinandersetzungen mit dem 18-jährigen Sohn der Familie kommen sie zu einem anderen Bauern. Hier ist die Welt in Ordnung, sie werden ordentlich behandelt, es gibt ausreichend zu essen. Der Sohn des Bauern kommt einige Zeit später aus deutscher Gefangenschaft (Westfalen) zurück. Bernhardt, der etwa gleichaltrige Sohn des Bauern, wird ein Freund von Conrad Fritzsche und es entsteht eine lebenslange Verbindung.

Im Dezember 1948 wird Conrad Fritzsche aus der französischen Gefangenschaft entlassen. Zuerst werden die Männer mit Kindern entlassen, dann die Ledigen die älter sind und dann die Jungen, wie Conrad Fritzsche. Sechs Monate vor der Entlassung war er Freiarbeiter und erhielt den Lohn für seine Arbeit, bis dahin ging sein Lohn an das Stammlager.

Conrad Fritzsche bekommt wieder Arbeit in seinem ehemaligen Lehrbetrieb. 1953 heiratet er eine fünf Jahre jüngere Frau, für die er sich schon interessiert hatte, als sie ihn beim Vorbeigehen im Dorf grüßte. Er schwärmt noch heute von ihren schönen Zöpfen. Im Oktober 2015 beging er seinen 90. Geburtstag.

Nachwort

Über sein Leben kann jeder Mensch viel erzählen. Jedes Leben ist einzigartig und wäre es wert, aufgeschrieben zu werden. Jedes Leben hat faszinierende, bewegende, glückliche und traurige Momente. Dabei sind die Details, die scheinbar kleinen und unbedeutenden Wendungen, die wirklich wichtigen Dinge im Leben. Es kommt nur darauf an sie in Worte zu fassen.

Der Versuch, mein etwas über 70 Jahre währendes Leben in eine lesbare Form zu bringen, liegt nun vor. Ein breites Kaleidoskop von »Erlebnissen, Erfahrungen, Erinnerungen«, wie ich es im Untertitel nenne. In den ersten drei und in der achten Episode habe ich über den 2. Weltkrieg und seine furchtbare Auswirkung auf meine Familie berichtet. Meiner Abscheu gegen den Krieg, der »Fortsetzung der Politik mit anderen Mitteln«, wie es Carl von Clausewitz zu Beginn des 19. Jahrhunderts formulierte, habe ich wegen der aktuellen Situation im Nahen Osten noch die Episoden 67 und 76 hinzugefügt.

Gern hätte ich auch noch über meine Wanderungen durch unsere schöne Heimat berichtet, die Dörfer und kleinen Städte in Thüringen, über den Aufstieg aufs Brauneck bei Lenggries in den bayerischen Alpen am 09.10.2015 mit dem wunderschönen Blick auf die bunte Herbstlandschaft. Ein Wanderer, der kurz nach mir am Gipfel ankam, bezeichnete die bunte Pracht in einer Liebeserklärung an seine Heimat als »Barock«. Treffender kann man dieses Farbenwunder, diese Fülle, nicht beschreiben.

Und gern hätte ich auch darüber berichtet, wie ich die Entwicklung in unserem Land und in Europa 2016 sehe, wie ich mir die Frage stelle, ob unsere Art von Demokratie auch für die anderen Kulturen unserer Erde die richtige Regel für das Zusammenleben der Menschen in diesen Ländern darstellt. Für die vielen Ideen fehlte aber der Raum in diesem Buch, das mit 76 Episoden schon recht umfangreich wurde. Die Gedanken gehen mir aber nicht aus dem Kopf, sie lassen mir keine Ruhe. Ich werde mich wohl wieder an den Schreibtisch setzen müssen.

Verlag Erhard Lemm
Poris-Lengefeld 3, D-07551 Gera, Tel./Fax: +49 (0)365 7120402
E-Mail: elemm@t-online.de

Gesamtgestaltung: Jürgen Rückert, Gera
Gesamtherstellung: Druckerei Standartų Spaustuvė, Vilnius, Litauen
Fotos: Frank Schenke, Gera (5), Titel oben links und rechts, unten links,
Seiten 73, 222; Wikipedia, Berlin (11), Seiten 31, 48, 53, 76, 89, 107,
137, 178, 185, 228, 233; Archiv Dieter Müller, Gera (52)

ISBN 978-3-931635-92-3